国家民委重点学科社会学一级学科建设项目资助

城市化进程中
转制民族社区建设研究

唐 梅◎著

科学出版社
北京

内 容 简 介

在我国快速城市化的过程中，产生了一种既不同于城市社区也不同于农村社区的特殊社区类型——转制社区。社区建设是转制民族社区发展的重要途径。在转制民族社区建设中，政府、社区组织和居民是社区建设的三大主体。从社区建设的内容看，转制民族社区建设与一般的城市社区建设、农村社区建设的不同点在于：一是要重视转制居民市民化的问题；二是要特别关注少数民族的生活风俗及精神信仰；三是要考虑基层管理体制的转变。本书在已有研究的基础上，结合实地调查的案例，对转制民族社区建设进行了深入探讨。

本书适合对城市化、社区建设感兴趣的学生、研究人员及社会人士参阅。

图书在版编目(CIP)数据

城市化进程中转制民族社区建设研究/唐梅著.—北京：科学出版社，2016.10

ISBN 978-7-03-050351-0

I. ①城… II. ①唐… III. ①少数民族-社区建设-研究-中国 IV. ①D669.3

中国版本图书馆 CIP 数据核字（2016）第 259450 号

责任编辑：付 艳 苏利德 高丽丽 / 责任校对：郭瑞芝

责任印制：徐晓晨 / 整体设计：楠竹文化

编辑部电话：010-64033934

E-mail：fuyan@mail.sciencep.com

科学出版社出版

北京东黄城根北街 16 号

邮政编码：100717

http://www.sciencep.com

北京教图印刷有限公司印刷

科学出版社发行 各地新华书店经销

*

2016 年 10 月第 一 版 开本：720×1000 B5

2016 年 10 月第一次印刷 印张：15 3/8

字数：311 000

定价：79.00 元

（如有印装质量问题，我社负责调换〈科印〉）

前　　言

城市化是世界各国尤其是发展中国家的选择和发展趋向，也是目前中国各地正在积极推进的一项工程。在城市化过程中，“由于征地撤村、村庄合并、村落并入都市等原因，现在在中国的行政版图上，几乎每天都有约 70 个村落消失……每一年都有上万的村落在中国行政版图上消失”①。村落在行政版图上消失后并不是就此从社会中完全消失，它有一个过程，在这个长期的过程中，转制社区就登上了历史的舞台。这些消失的村落大多都成为处于农村社区和城市社区之间的转制社区，在我国不断提高城市化水平的过程中，还将有越来越多的转制社区产生，这种社区与城市社区（如单位社区、商品楼社区）、农村社区及近年新兴的虚拟社区都有许多不同点，这些差异使得转制社区很有研究价值。“这种社区地处城乡结合部，兼有城乡生活方式的特征，因而不同于一般概念中的郊区或农村”②，是一种“在城市和村落之间存在的‘混合社区’”③。可以说，转制社区既是一种过渡社区类型，也是一种特殊社区类型，需要得到更多、更进一步的研究，本书所关注的正是这样的社区。

对转制社区的关注，始于笔者个人的生活经历和学术兴趣，从 2004 年开始关注转制民族社区建设相关问题，至今已然过去十余年。在这个时期，笔者个人也经历了硕士、博士的求学生涯，以及高校教师的工作历程，从新疆乌鲁木齐市到北京市再到甘肃省兰州市，亲历了少数民族自治地区的撤村建居，也目睹了超级大城市中少数民族聚居社区的村改居，还调查了非少数民族自治地区的省会城市的城中村改造。这些经历和学术研究造就了本书。本书以北京市 CY 地区转制社区 MZJY 社区的社区建设为

① 〔法〕H. 孟德拉斯. 农民的终结. 李培林译. 北京：社会科学文献出版社，2005.
② 周大鸣，高崇. 城乡结合部社区的研究——广州南景村 50 年的变迁. 社会学研究，2001（4）：99-108.
③ 李培林. 巨变：村落的终结——都市里的村庄研究. 中国社会科学，2002（1）：168-179.

主线，辅之与新疆乌鲁木齐市转制社区 DW 社区的社区建设进行比较。这两个社区一个是笔者曾经居住的社区，一个是笔者多次调研的社区，具体情况及对两个社区的一些思考如下。

MZJY 社区与 DW 社区都是转制社区，都是少数民族聚居的社区，在转制民族社区建设中面临着一些相同的问题，当然也有各自的特点和特殊的需求，可以作为研究转制民族社区建设的案例，因此本书对这两个社区进行了比较。不过书中选择以MZJY 社区为主线，主要是基于以下考虑：首先，这是一个有着 600 多年历史的典型世居回族社区，正在经历农村到城市的转制过程。其次，MZJY 社区的转制社区建设的发展模式成为政府部门和新闻媒介关注的焦点，MZJY 社区的城市化工作模式已成为一种典范。[①]再次，笔者攻读博士学位期间对这个社区进行了长期调研，积累了丰富的一手资料，有较好的田野基础。最后，本书的主题是“城市化进程中转制民族社区建设研究”，MZJY 社区作为北京郊区少数民族规模最大的民族聚居社区之一，正处于农村社区到城市社区的转型过程中，社区建设实践具有典型性。

新疆乌鲁木齐市转制社区 DW 社区是 2004～2006 年笔者一直居住的社区，那是一个撤村建居的社区，居民的户口已经转为城镇户口，但还是实行村管理体制，而且居住环境和基础设施建设等公共事业还是乡村的模样和管理体制。社区居民主要为回族、维吾尔族及少量汉族。居住在那里的两年期间，笔者也入乡随俗，坚持清真饮食。那些日子经历了多次停水停电事件，有时甚至一停就是半个月到一个月，水虽然是自来水，但那是村里很早以前自己安装的，管道已旧损，经常跑水、漏水（居民要平摊这部分浪费的水费），水质也很不好；电还是农用电，比城市的用电价格高且不稳定；健身器材和路灯都没有；那里的路基本没有等级，就是石子路和土路；但与其相隔一条路的 HYC 电厂社区却完全是另一幅景象，站在路中间就能感觉到明显的城乡差异……这些经历给笔者留下了深刻的印象，让笔者开始思考关于城市化的一系列问题：只是户口的转变和统计上

① 于宁. CY 城市化工作模式成典范. 品常社区报，2009 年 6 月 18 日，第 46 期第 2 版.（考虑到地名匿名化处理，此处标题中的地名也统一用字母代替）

的城市人口数量增加，就是城市化率提高吗？仅是将农村地区划归城市管辖，就是城市化水平提高吗？真正的城市化、实质上的城市化应该是怎样的呢？需要哪些条件？于是，在做硕士毕业论文时，笔者就结合当时的专业将侧重点放在了“撤村建居后公共事业建设”方面。当时调查得出的认识是：如果说户籍和管辖级别的变化是城市化的制度保障的话，那么公共事业建设就是撤村建居点实现实质上城市化的基础和助推器，政府应加强对撤村建居社区公共事业的投入，为转制地区及其居民实现实质上的城市化创造条件。但是，在笔者完成硕士论文之后，仍感到遗留了许多需要进一步回答的问题。

2008 年到北京攻读博士学位后，笔者在 2009 年参与了导师的一个研究课题，走进了北京 CY 地区 MZJY 社区。此后多次暑期实践调查，笔者都将调查点选在了那里。经过调研，笔者发现那个社区也是一个正在经历转制的社区，也是以回族为主的民族社区。不过其情况是，只有一部分居民的户口转成了城镇户口，但整个社区的基础设施建设得都很好，与一般城市小区并无二致，而且正在进行由村到社区的转制，只是访谈中居民还是大都认为自己仍然是农民，他们在生产方式、生活方式、思想观念和身份认同等方面还面临一些问题。因此，笔者开始反思硕士论文中的一些思考，开始认识到，仅仅是基础设施等公共事业建设得到了改善，转制地区和转制居民依然难以实现实质上的城市化。那么，关于转制社区还应该关注什么呢？经过多次在 CY 地区的实地观察和与居民的交谈，笔者感到包括基础设施建设和社区体制转变在内的系统的社区建设工程对转制社区来讲应该是一个重点和突破口，而且其中转制居民的市民化更应是关注的重点，城市化的实质也是人的城市化、市民化。正如王青山所言：“社区建设之所以应该以城市化为主题，这是因为社区建设原本就是城市化的产物。所谓城市化的产物，其实主要是指正是为了解决工业化、城市化以及现代化所引发的一系列社会问题，概括说就是要解决城市化的社会问题，才需要社区建设的。社区建设从其历史使命而论，说到底是为城市化服务的。”[①]由此，笔者在关注转制社区时把关注点放在了社区建设上。

---

① 王青山，刘继同. 中国社区建设模式研究. 北京：中国社会科学出版社，2004：329.

本书资料收集的方法主要包括问卷法、访谈法和观察法。问卷法主要收集社区人口构成，居民对社区环境、社区服务的评价，居民间的社区交往，居民的社区参与、社区认同、社区归属等资料。访谈法主要收集居民对社区变迁、居民思想观念变化等方面的信息。观察法主要用于对居民在公共活动空间的活动及交往进行观察，如公园、社区居民活动中心、清真寺等。

对这两个社区的调查经历如下。

对新疆乌鲁木齐市 DW 社区的调查主要是在 2007 年 1～2 月进行的，调查中访谈 12 个村队的居民 41 户，访谈撤村建居后成立的股份公司负责人和工作人员 6 位，撤村建居居民所在的社区居委会、街道办 9 个，以及原 DW 乡、TS 区党委、民政局相关领导和乌鲁木齐市社会保险基金中心工作人员等。调研期间共做观察记录 12 份，拍摄相关照片 346 张。

根据本书的研究框架，笔者在 MZJY 社区进行了多次调查，每个阶段都侧重不同的主题，选择不同的调查对象，以获得对所调查社区更全面的了解。实地调查的具体过程如下。

第一阶段：在 2009 年 1～2 月主要运用座谈会和问卷法了解社区概况。先后召开了 CHY 区和 CY 地区相关人员座谈会。那时居民虽然已经上楼但还是由原来的各村管理，所以在居民的问卷调查中，调查对象的抽取还是按以前村队情况进行，根据各村人数不同，分别抽取 12～14 户，共调查村（居）民 102 户。此次调查主要是采用访谈式问卷法。根据设计好的问卷，与调查对象进行一对一的调查。

第二阶段：在 2009 年 7～9 月的调查主要采用的是访谈法和观察法。主要关注政府角度的社区建设内容。先后到 CY 地区民政科、组宣科、社保所、文化站、劳动科、MZJY 社区党委、社区居委会、社区服务站、《品常社区报》编辑部等有关部门和单位做访谈，同时还在 CY 公园、社区服务站、CY 清真寺、CY 清真菜市场等做非参与式观察。

第三阶段：2010 年 5～6 月主要运用了访谈法和问卷法，关注的是社区社会组织的情况。访谈了书法队、乒乓球队、空竹队等一些社区社会组织负责人，并对其组织成员进行了问卷调查。

第四阶段：2010 年 7~8 月，主要采用问卷法和访谈法，重点关注居民的社区归属感和转制居民市民化等相关问题。随机抽取 200 户，由于有人不在家或拒访的，实际发放问卷 180 份，回收 165 份，有效问卷 158 份。回收的有效问卷中本地居民为 146 份，租房居民为 12 份；书中以原住居民的 146 份为主要分析样本。调查中还包括对 10 位调查对象的深入访谈。具体调查过程是：于 7 月 7 日在 MZJY 社区会议室召开了楼长座谈会，并做了问卷的试调查；然后，7 月 8~9 日根据了解到的基本情况和试调查的结果，对问卷进行了修改，做正式调查的准备工作；7 月 10~20 日实施问卷调查。对于调查对象能自己填写的就做自填问卷，对于不识字或其他原因而无法填写的，由调查员根据问卷的问题做结构式访谈。然后，7 月 21 日~25 日调查组成员对问卷资料做大致整理，确定重点访谈对象。7 月 26 日~8 月 9 日对确定的重点访谈对象，根据访谈大纲做深入访谈。

鉴于两次的居民问卷调查在调查时间上有一年之隔，调查对象也有一些不同的特点，所以在书中会对两次的居民调查数据做一些比较分析。

书中所引数据，如未做注释和说明的，则皆为笔者的实地调查所得。

书中对具体的社区名称及访谈对象的姓名都做了匿名处理。另外，对于一些包含所调查社区名称的文献题目也做了相应的匿名处理。

结合已有调查研究和思考，本书试图在以下方面进行尝试：

本书选择了学术界目前开始关注但相关成果较少的研究主题——城市化进程中的转制民族社区建设问题研究。在已有的社区建设模式讨论中，主要是关于城市社区建设、农村社区建设和一般转制社区建设模式问题的探讨，而关于转制民族社区建设模式的研究很少。本书是一种积极的尝试，为进一步的相关比较研究提供了基础；为进一步认识中国城市化，特别是少数民族城市化的途径和特点，提供了案例。

在理论视角上，以社区治理理论和社会空间理论为研究视角。对于这两个理论，在其他研究领域中有很多介绍和运用，但在社区建设模式的研究中应用得很少。本书以社区治理和社会空间理论为基础，在探讨转制民族社区建设中政府、社区组织、居民三大主体及主体间的关系的同时，从社会空间理论的视角探讨空间生产和居民行为的关系，由此拓展已有研究中多基于国家-社会关系视角下进行社区建设问题探讨的研究思路。

在内容架构上，选择从转制民族社区建设主体及主体间的关系、转制民族社区建设的内容两个角度进行全篇布局，改变了以往大多数社区建设研究主要从内容入手的模式，而且重点突出了转制民族社区建设中的转制居民市民化、少数民族习俗及宗教信仰等问题的探讨。通过与其他民族地区和一般模式的比较，总结提出转制民族社区建设研究的框架，即在社区治理理论和社会空间理论下关注社区建设的主体和特殊内容，提出转制民族社区建设中应重点关注的三方面：一是要重视转制居民市民化的问题；二是要特别关注少数民族的生活风俗及精神信仰需求；三是要考虑基层管理体制的转变。

唐　梅

2016年6月

目　录

第一章

社区与转制民族社区

第一节 社　区

自滕尼斯提出社区概念以来，社区的内涵和外延已发生很大变化，学者对社区也已形成许多不同的定义。对社区的界定，我国在实践和理论上都有一些不同的观点，有的主张按城市中的街道划分，一个街道就是一个社区；有的主张界定在居委会，一个居委会辖区就是一个社区。对于转制社区，其乡或地区相当于城市的街道一级，事实上这两个层面很多时候也是很难区分开的。比如，在本书中，如何定位“社区”也不是一件易事，因为本书选择的 MZJY 社区在成立社区以前是 CY 乡的 8 个村（居），与东三村共同组成以前的民族乡；虽然转居上楼后，MZJY 社区只是目前 CY 地区的 6 个社区之一，但社区建设的很多方面与 CY 地区的政策是息息相关的。本书所关注的主题决定了将在不同层次的社区之间切换来展开研究。总之，虽然笔者聚焦在 MZJY 社区，但在许多内容的展开上会涉及 CY 地区的层面。政府主导的转制社区建设现状决定了研究中无法局限于一个具体的社区层面。所以，本书中的社区既在具体的社区层面使用，也在地区或乡的层面使用，因为在社区建设的许多方面，单个的小社区与所在地区的大社区总是相互联系、相互影响的，而且很多社区服务项目都是地区组织或地区出资在各社区落实。因此，本书中涉及的许多社区建设项目会提到地区或乡。

第二节 社区建设

自从 1991 年中国社会工作者协会首届会长崔乃夫公开提出和使用“社区建设”一词，至今已有 20 多年。在这 20 多年中，各地积极开展社区建设活动，已经形成了多个社区建设模式。1999 年，民政部在全国选择和命名了 26 个“全国社区建设实验区”；2002 年又正式命名了 27 个全国社区建设示范市、148 个全国社区建设示范城区。民政部在全国选择和命名的“全国社区建设实验区”及全国社区建设示范市、城区很多都发展成社区建设模式，根据文献检索，公开报道并被称为模式的有 20 多个。[①]随着各地社区建设实践的开展，关于社区建设模式的研究也逐渐多了起来。比如，王青山和刘继同编著的《中国社区建设模式研

① 王青山，刘继同. 中国社区建设模式研究. 北京：中国社会科学出版社，2004：205，314.

究》、黎熙元等著的《社区建设——理念、实践与模式比较》等，还有一些研究社区建设模式的论文，如胡宗山的《全国社区建设模式评析》，尹立家、尤红洁、顾锁群的《构建具有中国特色的社区建设模式》，陈伟东的《江汉：社区建设的模式创新》等。这些研究涉及了镇江模式、青岛模式、上海模式、沈阳模式、武汉模式、天津模式、北京模式、南京模式、江汉模式、四平模式等，这些模式都各有特点，但都是有关城市社区的探讨，几乎不涉及转制社区的研究。

在转制社区的研究中，转制社区建设研究是重要的研究议题之一。转制社区建设得好坏直接影响着当地城市化水平及社会稳定。目前，现有的一些相关研究成果，从学科上讲，主要是政治学与行政管理学和社会学的研究，前者侧重于从政府的角度，主要研究社区建设中公共事业的建设和公共服务的提供情况、存在的问题和解决措施；后者侧重于从社区建设中居民的社区参与和社区认同感、归属感方面进行研究。这两方面的研究成果都很多，不过各学科都主要是在自己的领域进行研究。但社区建设的实践则是综合而复杂的，需要结合各学科的优势进行系统研究。在本书中，笔者将结合自身行政管理和社会学的专业背景，对转制民族社区建设进行系统综合研究。

由于转制社区处在农村社区和城市社区的过渡阶段，所以讨论转制社区建设也需要关注有关农村社区建设模式的研究。自从我国大力开展新农村建设运动以来，农村社区建设也随之受到重视。目前，关于农村社区建设模式的成果也陆续出版，比如，潘屹的《家园建设：中国农村社区建设模式分析》等著作，从中可以看到农村社区建设与城市社区建设的不同。而转制社区建设是兼有两者的特点，还有一些自己的独特之处，值得单独研究。

在本书中，笔者主要通过社区建设的主体及主体间关系、社区建设的主要内容和目标等方面来讨论转制民族社区建设。

转制民族社区建设的特殊性主要是源于其“转制”和“民族”的特点。由于是转制社区，其在社区建设的主体和内容上都与城市社区有较大的区别。从社区建设的主体来看，转制社区都是城市化的产物，而政府推动的城市化又是我国城市化的主要特点。所以，在转制社区建设中，政府的作用比一般社区大，而社区社会组织则发展欠缺，还难以承担社区建设的主体作用。从社区建设内容上看，转制民族社区建设中还特别关注农民市民化问题，要关注少数民族特殊的生活需求，比如，对穆斯林社区的清真饮食的满足和做礼拜的清真寺等活动场所。

在社区建设主体及主体间关系的定位方面已有许多研究成果，也有一些不同的看法，笔者认为社区治理理论视角下的社区建设主体间的关系和角色定位的发展过程应是：从强政府、强社会的政府主导型治理模式，经政府推动与社区自治相结合的合作型治理模式，向社区主导与政府支持的小政府、大社会的社区自治型治理模式转变，比如，居站分设。从这个角度讲，笔者比较赞同王青山等提出的“从社区建设行为主体考察，我国社区建设过程表明，社区建设行为主体的角色是变迁的。其基本走向是政府主导→政府与社区相结合主导→社区主导的漫长过程。现阶段由政府启动，由政府主导。这既是客观事实，也是实践需要的，是实事求是的。因为资源主要集中在政府手里，因为在人民群众心目中政府有绝对权威和诚信。显然，在这样现实条件下如果一味强调社区主导是不现实的，因而是不合理的。下一步，当‘社区’建设起来，社区建设将会是政府与社区相结合的实践活动过程。政府与社区都是社区建设的行为主体。再发展下去，终将会是社区主导。当然，社区主导是有条件的”①。

关于社区建设的内容，在民政部发布的相关文件中，主要归纳了社会建设五个方面的内容：社区服务、社区卫生、社区文化、社区环境、社区治安。民政部同时还要求各地结合实际不断丰富内容。因此，各地在实践中发展出了自己的社区建设内容体系。一些以实践为例的研究著作也将社区建设内容体系扩大，从 5 项到 14 项乃至更多项内容。社区建设的内容是随着社区的发展而不断发展和变化的，总的趋势是越来越丰富，包括的内容越来越多。转制民族社区建设有着与其他社区相同的社区建设内容，如社区服务、社区卫生、社区文化、社区环境、社区治安等。但还有与一般城市社区建设中不同的内容，比如，要特别关注农民市民化问题，要关注少数民族特殊的生活需求，包括对穆斯林社区的清真饮食的满足和做礼拜的清真寺等活动场所的建设。

第三节　转制社区

目前，有关转制社区的研究成果主要探讨了以下内容。

一、对转制社区定义和特征的探讨

转制社区产生于我国城市化过程中，兼有城市社区和农村社区的特点，但又是与二者不尽相同的特殊社区，而且在全国各地都有不同的表现形式，所以在已有的相关研究成果中，对这种社区也有不同的概括和提法。有些研究偏重农村转变的角度，如村落的终结②、新村社共同体③、超级村庄④、城中村、城郊村等；

---

① 王青山，刘继同. 中国社区建设模式研究. 北京：中国社会科学出版社，2004：317.

② 李培林. 村落的终结：羊城村的故事. 北京：商务印书馆，2004.

③ 蓝宇蕴. 都市里的村庄——一个“新村社共同体”的实地研究. 北京：生活·读书·新知三联书店，2005.

④ 折晓叶，陈婴婴. 超级村庄的基本特征及“中间”形态. 社会学研究，1997（6）：35-43.

有些研究偏重转入城市的角度，如城市化社区、撤村建居社区、村改居社区、转制社区、转型社区等，还有的称为城乡结合部社区、城市边缘社区等。

关于转型社区的产生，学者们基本达成共识，即转型社区是指城中村、城郊村等通过撤村建居、村改居等方式产生的从农村到城市转型的社区。这种社区与因单位制解体而形成的一种城市社区在社区建设的目标上有很大的不同，后者是要增强社区认同，为人们提供一种归属，使人们通过一种新的形式团结起来，不至于失范、无序；而转制社区本身一般都是从较为团结的农村社区转型而来，所以转制社区的建设目标是要让共同体得以延续，使转制中的居民尽快适应变化了的环境、社会及体制。与城市中商品楼小区的陌生人情景下关注社区的形成、共同体的形成不同，转制社区一般都是原本的熟人社会，即便产业发生了变化，也多是在半熟人的情景中。与虚拟社区相比，转制社区是处在现实空间的，有着具体的范围、组织机构、办公场所等，不仅仅是精神的家园，还能办理许多具体的事务，和农村社区相比较而言，也有很大的不同，从体制、机制到生产、生活等各方面都发生了很大的改变。总之，转制社区有着与目前各种社区类型所不同的特点，这些差异使得转制社区很有研究价值。另外，作为城乡二元体制转变产物的转制社区，又兼有城市社区和农村社区的特点，同时有许多其自身的特点，所以既是一种过渡社区类型也是一种特殊社区类型，需要得到更多、更进一步的研究。

本书选择转制社区的提法，原因在于：①我国转制社区的产生与特殊的城乡二元结构体制密切相关，用“转制社区”更能体现这种特殊性；②从村落到社区，体制的转变具有根本的影响力，用“转制社区”更能反映这种转变；③我国的城市化是政府主导的城市化，学术界也多用被动城市化来描述失地农民面临的城市化，用“转制社区”更能体现这种特点。另外，转型社区多用在我国由于计划经济向市场经济转变而出现的社区，以及国外由于经济发展导致的农村城市化的社区，与这里探讨的转制社区在产生原因和表现及特点等方面都有较大区别，因此本书选择“转制社区”来指从农村社区向城市社区转变过程中的社区类型，而本书要探讨的“转制民族社区”是指处在从农村社区向城市社区转变过程中的少数民族聚居的社区。这里的转制包括区划、户籍上的转变，生产、生活方式的转变及居民心理认同和适应的转变。根据这几个方面的实现情况，目前的转制社区可以大致被分为 3 种类型，如北京一些整体搬迁上楼、实行城市社区管理体制的转制社区模式；带着发展较好的集体经济转制的广州社区；只是转了户籍，但保留自建房、划归不同城市老社区管理的乌鲁木齐的转制社区等。总的来说，各种社区是在某一方面或某几方面实现了转制，结合当地实际采取一些地方政策，形成了不同的转制社区，而且各种类型的转制社区在各城市都可能并存，对某一具体的转制社区而言，也就是处于不同发展阶段而可能属于不同类型，在其今后的发展中也还会变为其他类型。

二、对转制社区相关问题、对策及途径的探讨

关于转制社区问题，有学者认为主要有小农观念浓厚、社区意识缺乏、农转非居民就业难、社区管理专业水平差、一些城市社会保障制度无法落实等，并对此提出了相应对策：加强农转非社区居民文化公德素质教育，开展社区职业技能培训，引导社区居民多渠道就业、健全和完善农转非社区管理机制，加快完善有关社区法制建设①；还有从中观层次提出对策及途径的，认为转制社区建设的路径是实现体制形态城市化、物质形态城市化、经济形态城市化、组织形态城市化、人的城市化等。②这些讨论指出了一些问题的所在，也提出了较好的建议，但笔者认为转制社区建设是一个系统工程，政府、社区组织、居民缺一不可，要综合探讨。

三、转制社区建设内容和评价指标

关于转制社区建设的内容，学者在论文和专著中有不同的侧重和选择，也有一些共同的方面。在笔者查阅的资料中，专著一般涉及的内容比较全，如《转制社区干部培训实用读本》14 章内容涉及了社区建设的多个方面；而论文一般涉及社区建设的某一个方面，如治安方面有孙林的《广州市转制社区治安管理困境原因探析》，社区党建方面有朱元的《关于转制社区党建的若干思考》，李淑霞的《村委会、居委会改制后社区党建面临的问题与对策》，陈德俊的《转制社区集体经济审计初探》等。

已有研究中还从不同角度提出了对转制社区建设评价的指标，有从农转居公寓满意度方面提出指标的，如徐婷婷的《杭州市农转居公寓满意度评价指标体系研究》，提出了建筑与设计、配套设施、小区环境、物业管理指标。③还有从转制社区城市化方面提出指标的，如指标体系主要从经济发展、社会发展及基础设施与治安三个方面来考虑，在经济发展上选择集体经济可支配收入、人均股份分红 2 个指标；在社会发展上，选择建有文化广场数、经常参加体育锻炼人口比例、居民消费水平、恩格尔系数、原农村合作医疗覆盖率 5 个指标；在基础设施与治安上选择社区主要道路路灯安装率、环卫设施综合配套达标率、出租屋符合出租

---

① 吴绍琪，薛育余. 重庆城郊农转非社区问题及对策——石桥镇柳背桥小区个案分析. 城市问题，2004（6）：76-79.

② 李永伟. 城市化背景下转制社区建设的路径选择. 上海城市管理职业技术学院学报，2007（11）：41-44.

③ 徐婷婷. 杭州市农转居公寓满意度评价指标体系研究. 经济论坛，2008（22）：33-35.

条件达标率 3 个指标，共计 10 个指标组成了转制社区城市化指标体系。[①]这些指标对本书研究的指标选择和设计都有参考和借鉴意义。

总之，以上研究主要讨论了转制社区的定义、内涵和特征，转制社区建设的问题、对策及途径、评价指标等。不过这些研究成果主要都是基于汉族社区作出的，专门研究转制后民族社区建设的则比较少见。由于少数民族特殊的民族、宗教特点和需求，在民族社区建设过程中有许多不同于汉族社区的特殊性，值得深入研究。本书试图通过具体的社区案例展示及其探讨，拓展转制民族社区建设问题的相关研究，有助于更好地认识改革开放后中国特色的城市化，以及转制民族社区建设的途径、特点和发展趋势，也为以后相关政策的制定提供了参考。

本书的转制社区主要是指从农村社区向城市社区转变过程中的社区类型。这里的转制包括区划、户籍上的转变，生产生活方式的转变及居民心理认同和适应的转变。

第四节　转制民族社区

对于转制民族社区，目前没有见到统一的界定。在本书中，转制民族社区是指处在从农村社区向城市社区转变过程中的少数民族聚居的社区。

转制民族社区建设的内容：本书中的转制民族社区建设的内容，除了一般的社区建设的内容外，还包括农民市民化和满足少数民族生活特殊需求的如清真饮食和开展正常宗教活动的场所等的建设。

第五节　城市化进程中的少数民族

目前，在转制社区的研究中，研究者主要关注的都是汉族社区，较少涉及民族社区。但是一些关于城市化进程的少数民族研究，对转制民族社区建设研究也是有启发的。在关于城市化进程中的少数民族相关研究的众多成果中，从社区建设角度出发，讨论转制民族社区的还较少见。不过，已有研究成果中关于流动少数民族在城市的适应、少数民族城市化中现代性获得研究、城市民族社区拆迁改

① 郭艳华，冯广俊. 转制社区城市化、城市社区现代化——以广州市黄埔区为例. 南方论坛，2007（1）：50-52.

造的影响及其变迁等方面的成果，对本书有不同程度的启发，在此做一些整理。

一、关于流动少数民族在城市的适应性研究

随着城市化的不断发展，城市化进程中的少数民族问题也逐渐引起学者的关注，涌现出了一大批研究成果。流动少数民族或少数民族移民的研究成果也相对较多，这类研究与本书中少数民族对城市性的适应问题比较相关，比如，弗洛里安·兹纳涅茨基（Florian Znaniecki）与威廉·托马斯（William Thomas）著的《身处欧美的波兰农民》（*The Polish Peasant in Europe and America*）、周敏的《唐人街——深具社会经济潜质的华人社会》（*Chinatown：The Socioeconomic Potential of an Urban Enclave*）、张继焦的《城市的适应——迁移者的就业和创业》等。这些著作从研究方法（如托马斯等的生活研究法）到理论（关于适应性的一些理论），以及研究视角等，对本书的相关探讨都会提供一些参考。因为在探讨转制民族社区建设时，居民的城市适应也是重要内容，当然这种世居居民与流动人口的适应策略可能会有所不同，但已有研究对本书在考察适应性的具体方面和策略上还是有一定参考和借鉴意义的。

二、关于民族地区或民族社区的城市化、现代化的研究

关于民族地区或民族社区的城市化、现代化的研究虽然不是从社区建设的角度进行的，但与笔者的研究也是比较相关，有许多有启发性的文献。比如，有些是从宏观角度探讨少数民族地区城市化战略、途径，如林钧昌的博士论文《城市化进程中的城市民族问题研究》；有些做具体个案研究的，也主要是选择少数民族地区或民族自治地区的社区，如刘天明的《西北回族社区现代化模式的独特性与条件性》等。还有李立刚、王志雄等著的《城市化理论与实践——云南城市化进程的若干研究》，周大鸣等的《乡村都市化》和《城市化进程中的民族问题研究》，杨文炯博士的《互动、调试与重构——西北城市回族社区及其文化变迁研究》，束锡红等著的《西北回族社区现代化实践的新探索》等，都从不同角度谈到了城市化对少数民族的影响，但很少从社区建设的角度探讨。而马里斯·吉列特（Maris Gillette）的《在北京和麦加之间：城市中的中国穆斯林的现代化和消费》（*Between Mecca and Beijing：Modernization and Consumption Among Urban Chinese Muslims*），从消费的角度探讨了穆斯林现代化的相关议题，与本书的选题也有相关之处。以上研究为本书在选择转制居民市民化和民族社区城市化的指标方面提供了有益的参考。

三、城市中涉及拆迁改造的民族社区或民族社区建设的研究

从笔者查阅的文献来看，良警宇教授的《牛街：一个城市回族社区的变迁》、白友涛博士的《盘根草——城市现代化背景下的回族社区》等文献与笔者的研究相关度较高，但他们主要是从文化或变迁的角度进行研究的，而且主要关注的是城市社区，对转制民族社区涉及较少，与笔者的侧重点有所不同。不过其都探讨了城市化或城市拆迁改造对回族社区的影响，或多或少也涉及一些民族社区建设的内容，而笔者的研究希望突出转制民族社区建设的关键和重点。涉及社区建设的有蒋连华的《关于我国少数民族散居城市的民族社区建设的思考》、裴圣愚的《城市民族社区建设研究——以湖北省襄樊市友谊街回族社区为例》等，不过这几篇文章讨论的内容都不够深入。综合来看，这些相关文章对本书都有一些启发，但这些文章也少见探讨转制民族社区建设的，或者谈到一些内容，但还不够全面、系统、深入，本书将在这些方面展开探讨。

本书将以社区治理理论和社会空间理论为主要理论框架，通过社区治理理论建构社区建设主体及各主体间的关系和角色定位。社会空间理论主要是被运用在社区建设内容的分析中。

本书试图从政府、社区组织、居民等三个方面对北京 CY 地区 MZJY 社区进行考察和描述，结合与新疆乌鲁木齐市 DW 社区的比较，对转制民族社区建设作出思考和探讨。具体而言，政府主要是考察其为社区居民提供的客观环境和各种服务是否到位，包括基础设施建设、社会保障体系建设、公共空间建设等；对于社区组织，主要考察社区的社区党组织、社区自治组织、社区服务站、社区社会组织等；在居民方面，主要关注居民在社区建设中的参与情况、居民的诉求、对政府提供的设施服务的评价，居民的市民化过程中的角色转变，居民的社区认同和社区归属感等方面。

政府、社区组织和居民在转制民族社区建设系统工程中的作用可分别概括为：政府主要是为社区建设奠定物质基础，创造良好的客观环境，具体而言，包括为社区建设提供良好的基础设施，为居民建设足够的公共空间和提供完善的社会保障；社区组织在社区建设的系统工程中起到实施各项社会服务、团结居民、增强社区凝聚力、提高居民社区归属感的桥梁和纽带作用，为居民提供更多的社区参与机会和渠道，既能联系政府和居民，又能独立发挥作用；居民是社区建设的目标所向，转制民族社区建设的目标正是通过政府、社区组织和居民的共同努力实现转制居民市民化，提高居民社区参与度，培育其社区认同感和社区归属感。

第二章

社区变迁

第一节　社区历史变迁

第二节　居民生活变迁

了解社区的历史变迁可以更好地了解社区发展的阶段，以及居民需求变化的历史继承性。比如，各年龄段的人对市民化的理解和接受程度不同，对社区建设的要求也会不同；不同民族居民的生活习俗不同，在生活方面的需求也不同。这些都会影响社区建设的目标和社区建设的侧重点。从社区历史变迁中我们也能看到该社区有哪些利于社区建设的资源可以开发，比如，在历史悠久的社区中，社会资本比较丰富，社区建设中需要保护和充分发挥这些资源，增强社区归属感。另外，回顾社区历史变迁也有利于掌握社区建设的阻碍因素和一些可能引发问题的隐患。比如，MZJY 社区自形成社区以来就是一个回族、汉族混居的社区，而在长久的历史中，大多数时候都是回族占多数，所以这个社区是一个有清真饮食习俗的社区，在社区建设中无论是社区经济的发展还是社区流动人口管理等，都要注意这方面的情况，以免引发一些纠纷。总之，回顾社区的历史变迁对研究社区建设的意义重大。

在 CY 地区 MZJY 社区的发展中，对居民生产、生活及整个社区的建设和发展影响比较明显的大事件主要是新中国的成立和改革开放，因此，下文在探讨社区历史变迁时，也主要以此分段，结合行政隶属和居民生活两方面的变迁展开。

第一节　社区历史变迁

一、改革开放前的变迁

CY 地区 MZJY 社区是一个历史悠久的社区，它的初步形成可追溯到元明时期。经过历史的发展，逐渐形成 CY 村，发展为 CY 乡。它以前属于河北省，历经多次行政隶属变迁和多次历史事件的洗礼，发展到今天，从当初的几十户人家到几百户，再到今天的 4000 多户。在此期间所经历的不仅仅是人数的增减，更有居民生产、生活的变化和社区的变迁。

（一）社区的最初形成

据说，CY 村在元朝就有了，那时在一座名叫白衣庵的古庙周围住着十几家汉民。大约在 1368 年，明朝一 C 姓的回民大将攻打通州，在这一带安营扎寨，CY 村便因此得名。营寨撤走后，留下张、李、丁、戴等八姓回民，这就是 CY 村最早的回民。后来，又陆续从山东及河北河间、沧县等地迁来不少回民，使这里在五六百年前就形成了以回族为主的少数民族聚居的社区。再后来，山西逃荒过来的一些汉族也在此定居。村里的人逐渐增多，到了清末便有500多户人家了。[①]

在发展过程中，CY 村由一个村变成十几个村，后来形成了 CY 回族乡，包括 8 个回族村、3 个汉族村。在这一过程中，它也经历了多次行政隶属变化。再后来发展成 10 个村委会、2 个居委会和 1 个居委会筹备组，总人口 11 422 人，其中回族人口 6855 人，占总人口的 60%。

（二）新中国成立前的概况（1949 年以前）

回族有经商的传统，新中国成立前在 CY 地区流传的顺口溜描述了人们的生活状态和主要的生计模式，比如，“CY 地区有三宝，推干葱、卖干草、拉洋车的也不少，没有能耐的去赶脚”，“回回两把刀，一把牛羊肉、一把卖切糕”。那时人们大多推小车子（木头轱辘）、挑八根绳、租洋车做小买卖，没法生活就给地主、富农扛长活打短工。[②]

（三）新中国成立后的概况（1949～1978 年）

1. 1949～1958 年的社区（归属河北通县期间）

新中国成立后，1949 年冬天土改工作组也进了 CY 村，开展土改工作。根据“中间不动两头平”的原则，贫农、地主每人平均 1 亩 6 分地，中农、富农每人平均 2 亩 6 分地。同时，还把地主、富农的房子分给贫雇农，实现人人有房住，耕者有其田。在之后的 20 世纪 50 年代的合作化过程中，CY 人也都是以种地为主要生计，主要种麦子、水稻，做生意的减少，转变了他们的传统生计模式。1953 年 7 月成立了“CY 回族乡”。[③]

2. 1958～1978 年的社区（划归北京市 CHY 区后）

在 1958 年后，CY 村从河北通县划出，归属北京市 CHY 区管辖。CY 地区曾经一度是北京的副食品供应基地，以种菜为主。在这段历史中，CY 地区经历了频繁的行政归属和名称的变化，还有“三年经济困难”时期的饥饿记忆，以及特殊的集体劳动时期。1958 年下半年，国家把高压线架到 CY 村，全村安上了 6 台变压器，CY 村有了电，从此就开始向电气化发展，CY 村一队食堂安上了电灯。1959 年以后陆续添了 20 台电动机，1960 年安装了 4 盘电磨，1962 年又打了 6 眼机井，全村各家各户陆续安上了电灯。村里成立广播站，装上 11 个喇叭，社

① 安瑞龙. CY 一村村史（内部印刷）. 2000：1.
② 安瑞龙. CY 一村村史（内部印刷）. 2000：2.
③ 安瑞龙. CY 一村村史（内部印刷）. 2000：3-4.

员坐在家里就能听到北京电台的广播，了解到国内外大事。[①]

二、改革开放后的发展

（一）拆迁改造前的状况（1978～2000 年）

改革开放后，CY 人做生意的又多起来了。特别是到 20 世纪 80 年代末至 90 年代初，很多人认为种地挣不上钱，都把地承包给生产队，生产队再把地承包出去。1987～1994 年赶马车帮人拉东西，1995 年后换成 130（一种大卡车），目前开出租。改革开放前后，家家从八里桥进菜，倒菜卖，还有卖鞋帽、服装的等。[②]那时村办企业、乡办企业也很多，许多年轻人或是自己做生意，或是进厂工作，种地的很少了。所以，笔者在调查中也发现，40 岁以下的人很少有种地经历的。后来集体企业改制，私营经济发展较快，或个人家庭办小厂，或几个人合办小厂。这一阶段的变迁有利于居民的职业非农化进程，能促进他们在社区转制后实现市民化。

（二）拆迁改造及搬迁上楼过程（2001～2010 年）

2000 年，CY 乡被市政府整体纳入绿化隔离地区建设范围，CY 乡的城市化过程也由此展开，CY 乡政府同时挂牌 CY 地区政府（所以后文中对 CY 是乡、地区并用）。2001 年，基本拆迁完毕，到 2005 年左右，居民都已搬上楼房居住，形成了 CY 乡目前的格局。目前，CY 地区主要包括 6 大社区，分别是 CY 地区 MZJY 社区、LXY 社区、HWH 社区、XZJY 社区、WXXT 社区、PGP 社区。其中，CY 地区 MZJY 社区和 LXY 社区主要是 CY 地区拆迁改造后整体搬迁上楼的原住村（居）民形成的社区，MZJY 社区主要为 CY 一～七村和 C 一居的回族居民，LXY 社区主要为东三村的汉族居民，其他 4 个社区都是商品楼形成的社区，又以 HWH 社区为较早。本书所涉及的主要就是 MZJY 社区，该社区在 2008 年筹备成立，于 2009 年正式实施城市社区管理模式，撤销了村委会，但还没有完全完成转制，主要有两方面没有转：一是居民的户口除 8 村在 1995 年时集体转了户，其他 7 个村还都是农村户口；二是各村的集体资产还未作处置，各村的经济合作社还保留着。

CY 地区主要因为绿化隔离带建设而拆迁。拆迁时间主要在 2000 年，还有 1999 年拆迁的是因为修建朝阳北路。搬迁上楼时间是根据住房的建设情况规定的，到目前为止，CY 地区 MZJY 社区已完成三期建设。这样，最早搬迁上楼的

---

① 安瑞龙. CY 一村村史（内部印刷）. 2000：6-7.

② 根据 MK 访谈记录整理。

是在 2000 年年底、2001 年年初第一期建成之时，第二批搬迁上楼的集中在 2003 年、2004 年，第三批搬迁上楼的集中在 2010 年。笔者在 2010 年 7 月的调查中了解到，居民领上了三期房的钥匙，但还无法入住，居民反映这期的房屋质量存在不少问题。当然，各户根据自己的拆迁情况，上楼的具体时间会有些区别，但相差不多。

因为拆迁和具体上楼时间有间隔，许多居民都经历过拆迁、租房、再上楼的过程。笔者在 2009 年调查时，第三期还未完工，还有相当一部分人家在租房，等待期房下来，特别是四村和六村有期房的人家较多。最先拆迁的有在其他人家的平房院落租房的，一部分人上楼后，等期房的就有在街坊邻里的楼房租房的，也有一些到北京 CY 地区以外的其他地方租房的。

当时对于等期房的人的主要政策是：等待不到 4 年的每人每月补助 300 元，等待超过 4 年的每人每月补助 600 元。居民反映这些钱租房不是很够，特别是等待不到 4 年的，一家两人的话才 600 元，但在 CY 地区一般租一套独居也要 1000 多元。

CY 地区是因绿化隔离带建设而整体拆迁、整体上楼的，并且 CY 地区是作为 CHY 区农转居试点地区。具体安置时是不同村队混合安置，根据个人签订拆迁协议的时间和选择的户型进行抓阄，决定住哪幢楼哪套房。

其具体的拆迁补偿结合了原来的住房面积、人口、年龄等因素。拆迁前对房屋的评估主要以 1993 年的产权证为依据，有产权的按区位价 2500 元/m^2 算（而当时办产权时也基本是按人数算的，每人 30m^2）；其他产权外的住房面积根据房屋情况按地上物折价，而且 2004 年 5 月前盖的房子算，之后盖的也不算。搬迁上楼时，男满 22 岁、女满 20 岁算达到分户标准，可要一套房。具体房价是：均价 2500 元/m^2，规定人均 30m^2，再照顾 15m^2，比如一个三口之家 145m^2 内都按 2500 元/m^2 算，超过的按 2800 元/m^2 算，每人又照顾 10m^2，按 2000 元/m^2 算，在 CY 地区有户口而没房的照顾的面积可按 1600 元/m^2 算，人口补偿 3000 元/人。现在每家基本都有两套房。这里的户型有多种：三居有 102m^2、118m^2、122m^2 的，两居有 87m^2、90m^2、95m^2 的，一居有 59m^2、66.7m^2 的等。

目前，房子的产权证都没有发到各户，应算是绿化隔离带地区农民回迁房。拆迁的村民原来也都是住在 MZJY 社区附近这个范围，没超过方圆 200 米左右的范围。MZJY 社区住的都是本地村民，旁边的 BLAY、WXXT 是商品房住宅区。

通过调查，我们发现，城市的拆迁改造对少数民族聚居区产生了很大影响，主要体现在以下方面。

（1）对家庭结构的影响。拆迁前后的家庭模式有所不同，拆迁前 47.1%为主干家庭，拆迁后 49.0%为核心家庭（拆迁后选取调查者本人所在的家庭模式）。也就是说，拆迁改造改变了人们的家庭模式，拆迁前大多是几代人的大家庭，而拆迁后由于分户及房屋面积类型所限，大多分成了小家庭，通常就是夫妻家庭及夫妻与未婚子女组成的核心家庭。

（2）对交往的影响。整体来看，54.9%的人认为上楼后与邻里的交往比以前减少了，也就是说，从独家院落到多层楼房的居住形式和空间变化，给人们的交往带来了巨大的影响和变化。拆迁上楼后，人们以前串门的交往方式基本消失，邻里守望相助的模式和作用也在减弱。交往的场所也从各家门前小院转移到一些公共场所，如公园。

（3）对生活的影响。在调查中，82.4%的受访者都选择有影响，主要是日常生活负担增加，而收入来源减少，就业问题突出。另外，生活方式、作息规律也发生了变化。

（4）对社区服务与社区环境的影响。从这方面来说，拆迁改造、搬迁上楼让失地农民也享受到了城市社区的服务和环境，受访者对此都给予了很高的评价。

（5）对亲情的影响。在调查中，居民们谈到对自己生活影响和印象比较深刻的事件时，都会提到拆迁改造。拆迁改造带来的影响除了上面提到的还有就是对亲情的影响，在搬迁上楼的过程中，为争取更多拆迁补偿费，多分几套房，人们变得很逐利，亲情让位于经济利益，受到不小的影响和破坏。

（三）社区现状

MZJY 社区于 2008 年 10 月 1 日筹备成立，11 月挂牌。其位于 CY 地区核心地带，辖区面积 0.55 平方千米，东起 DW 路，西与 PGP 社区相接，南至 CHY 北路，北边与 CY 公园相临。该社区的少数民族主要是原住村（居）民，整体拆迁上楼；另外，还有一些外来租房人员及外来媳妇。在第六次全国人口普查中，该社区总户数 4541 户，总人数 11 796 人；其中有 CY 地区户籍的为 3672 户，总人数 7884 人；外来人口（截止到 2008 年 12 月）864 户，2382 人。该社区有回族 5980 人，占 74.8%；汉族 1966 人，占 24.59%；其他民族 54 人，主要是结婚的外来媳妇及流动人口，有满族、藏族、朝鲜族等。这个社区的外来人口主要是亲戚介绍来的，还有从城内拆迁来的。社区人口中党员 239 人；残疾人 232 人；低保户共 290 人，其中农民 175 人，居民 114 人，五保户 1 人。

该社区共有楼房 81 幢，其中居民入住 74 幢，单元门 370 个。社区内有幼儿园、CY 清真寺、北京市民族学校、综合商业楼、锅炉房。辖区内还有紫光园、海天一色、东来顺、京客隆超市、紫竹药业公司等十几家共建单位。社区规划面积 55.35 公顷，其中住宅面积 45.5 公顷。该社区的民族宗教活动场所和文化文物遗迹主要是 CY 清真寺、CY 公园。

第二节 居民生活变迁

在 CY 地区 600 多年的漫长历史中，CY 人的生活经历了巨大的变迁，限于篇幅，本书无法一一展开论述，只能择其要点，从衣、食、住、行、教育、休闲娱乐等方面做一些简单梳理，时间上主要讨论新中国成立前后至今的变化。

一、衣

从以前比较明显的回族穿戴到融合各种穿衣特点，以前回民大多喜欢穿长衫，并用不同颜色区分年龄段和性别，如老年女性喜欢穿白色的长衫，现在在 CY 地区还能见到这样的老年人，特别是主麻日从清真寺出来的大多是这样的穿戴。以前回族男士多戴白帽，女士要戴头巾，不过这些习俗现在有些变化，很多年轻人没有沿袭这些习俗，现在在 CY 地区年轻人戴白帽和头巾的很少了，不过在一些大的节庆活动如开斋上还会都戴上，再有就是进清真寺的一般都会戴上白帽和头巾。

穿的变迁线索是："20 世纪 70 年代一件衣服四季穿，到八九十年代开始追求流行衣服，现在是只要喜欢没有什么不可以。"[①]以前人们在过节时才舍得穿新衣服，新布或新衣服都要很费周折地进城去买。现在人们只要高兴想什么时候穿新衣服就什么时候穿。随着城市化各项工作的开展，修通多条道路，加之地铁 6 号线的开通，人们出行方便了，想去哪里买衣服也很容易；不想跑到远处的，社区商业街上也有不少服装店，还有人也已学会和习惯在网上买衣服。总之，目前穿已不是问题了，很方便而且人们有充分的选择权。

二、食

在吃的方面，CY 地区以回族居民为主，所以这里的饮食风俗也是一直坚持清真饮食。CY 地区的汉族在吃的方面也是从尊重回族饮食到自己也坚持清真饮食，所以一些回族到了汉族家里也能自然地交流，小孩子如果在哪家吃个饭也能接受，因为他们知道这些都是清真的。回汉杂居几百年来，汉族也与回族一样形成了清真饮食的习惯，回族不吃的东西，汉族也不吃，特别是在其他地方汉族常吃

① 品常社区报. 2008 年 10 月 30 日，第 17 期第 3 版.

的大肉（即猪肉）在这里的汉族是绝不吃的，甚至许多汉族也反感这类食品。访谈中许多居民还会给我们提到不少这方面的例子，比如，CY 地区某家的汉族女子嫁到其他地方后，婆家一吃大肉她都会呕吐，一些受不了的还是回了 CY 地区居住。回族居民说到这些汉族居民时常会说："他们都跟我们一样的。"而这个社区的汉族居民说到回族风俗时，也都会说："我们尊重回族居民的习惯，他们不吃的我们也都不吃。"因为有这样的基础，所以这里的回汉通婚还是有的，但大多限于 CY 地区范围内。随着 CY 地区的不断发展，与外界的交流增多，外来的人口也有所增加，特别是随着 CY 地区社会经济发展和城市化的步伐加快，吸引了很多人来这里创业、就业。这些外来人口中有回族也有汉族，还有其他民族，但外来的汉族显然不像在 CY 地区的汉族居民那样熟悉和了解回族的饮食习惯，由此引发的一些摩擦和矛盾成了建设转制社区过程中必须重视的问题。比如，有许多人联名要求将社区的名称由"MZJY 社区"改为"回民小区或回族社区"的理由之一就是，这样能让更多人了解这里是回族社区，提醒人们尊重回族的饮食习惯。在实际生活中，因为有租房的人吃大肉而引发的邻里矛盾增多，这也影响了人们对民族关系的评价。笔者在 2009 年 2 月调查时，调查对象对民族关系表示满意的占 96.1%；但在 2010 年 7 月的调查中，调查对象对民族关系表示满意的降到了 87.6%。可见，要做好转制民族社区建设工作，对这方面的情况也必须加以重视。

对于 CY 人在吃方面的变迁可以概括为："50 年代吃不到，60 年代吃不饱，70 年代勉强饱，如今是要吃得好，追求健康科学的饮食。"[①]在吃的内容和方式上也经历了与其他地方相类似的过程。访谈中，人们常说的就是，以前吃的东西没什么选择性，那时（20 世纪 50 年代）提供的东西本身很有限，很多还是凭票供应或限制供应，即使有钱也不一定能买上，何况大多数人那时都不富，所以那个年代通常几个季节都是吃白菜。很多人家里都有一口大缸用来腌白菜以解决冬天至初春的吃菜问题。而如今在 CY 地区就很少能见到那种大缸了，当最后一家放弃腌菜大缸时，一些电视台还来做了节目。现在人们每天都有很多新鲜蔬菜可以买到，而且一年四季都有，想吃什么市场上也都有，各家的冰箱里也常常是满满的牛羊肉和各种蔬菜，所以也不再需要腌菜大缸了，即便想吃酸菜也是可以买到的。特别是拆迁改造，搬迁上楼后那种大缸也没有合适的位置放。于是乎腌菜大缸就逐渐成了历史，而这也是 CY 人在吃方面变迁的见证。

生活条件比以前好得多了，改革开放好，有能耐的就能赚上钱，就能过上好生活。以前东西是便宜，但一般人还是买不起，现在即便贵了，20 多元一斤的肉也经常买着吃。过去连玉米面都吃不上，自己小时候捡煤核。以前

① 品常社区报. 2008 年 10 月 16 日，第 15 期第 4 版.

就居民有票有本能买些，农民什么都买不上，也没油炒菜，就是煮。那时候就是煮牛羊骨头，浮油各家分点吃着就不错了。以前没得选，只能吃那些；现在生活好了，都不知道吃什么了，选择很多。（个案 BSH）

20 世纪 60 年代在很多人心中都是记忆很深的，在问到居民在 CY 地区生活这些年中印象最深刻的有哪些事的时候，大多数人都会把 20 世纪 60 年代的挨饿作为最难忘的事件之一。如今人们除非为了减肥，否则就不用再挨饿了，大家倒是会发愁吃什么，怎样才能吃得又好又有营养，人们在吃的内容和方式上都有了很大的选择范围和自主的选择权利。CY 地区在转制社区建设过程中还发展了清真饮食一条街，人们除了自己在家做饭吃，还可以到餐馆点菜吃。现在不少 CY 人也会将婚宴选在饭店办了。以前 CY 地区的一些餐馆生意并不是太好，只有几家，现在餐馆、饭店都有近十家，而且生意还很好。有些人还说 CY 人比较好吃，有些人的拆迁款都用在吃上了，甚至说河北大厂养牛场的牛肉都供应了 CY 人。总之，现在人们的生活水平还是有所提高，在吃方面的消费也放得开。

从吃方面的变迁可以看出，转制民族社区建设要注意少数民族饮食风俗及其需求的变迁，做好外来人口尊重当地少数民族饮食风俗等方面的引导工作。

三、住

说起住，在 CY 地区发生了翻天覆地的变化，是每个人都能看得见和感受得到的。住要先从房子说起，以前 CY 地区的房子都是低矮的平房，后来随着变化，人们住得稍微宽敞些，有些盖了四合院（调查中还有居民给我们展示了他当时拍的自家的四合院老房的照片），有些是三合院或独院。大约 20 世纪 80 年代后，一些人家开始盖起小二楼，如今家家都住进了多层楼房。

房子里的地面也随着住的变迁而变迁，最开始的时候都是直接的土地面，进了房子也依然是到处灰土土的，打扫也很麻烦。后来有些富裕些的人家开始弄成砖铺的地面，并随之普及。再后来，有了水泥地面，房子里干净了很多，打扫也容易得多，但在舒适性上还有些欠缺，居民晚上起夜不小心踩地上很凉，老人、孩子不小心摔一跤也会出现很严重的后果。进入 21 世纪后，CY 地区的居民也用上了地板革和木质地板，有些有条件的人家还对地板的种类、质量，以及附加的防滑、抗菌、静音等功能提出更多要求。①

随着居住条件的改变，家具的消费也发生了很大的变化。很早以前普通人家能算的上家具的要数炕了。那时的炕一般是自家垒的，一方面铺上被褥就是床；另一方面最重要的功能是解决冬季供暖问题。但睡在炕上容易上火，热气也不均

① 参照《品常社区报》（2008 年 11 月 27 日，第 21 期第 5 版）相关内容整理。

匀。后来人们家里逐渐有了木板床、钢丝床及席梦思床，炕也被暖气替代。CY 地区曾经流行过自己做家具，那时人们买不起家具，自己做多少能省些钱，很多人家现在还留有那时的一些立柜之类的家具。不过到 20 世纪八九十年代后自己做家具的就少了，大多是买的家具。而且现在人们的生活水平提高了，各家的电器也增多了，对家具的需求也增加了，很多人家也是买成套的家具了，还有的也会考虑与整个房子的装修风格保持相一致，等等。[①]

四、行

（一）路的变迁

CY 地区以前主要就有两条环乡路作为出行的主路，一条是 DW 路，另一条是 CHY 北路，都是很初级的公路，居民想去稍远些的地方都要到 GZ 等地倒车。1998 年对 DW 路做了翻修，2003 年又翻修了 CHY 北路、CY 北路，使这些路更宽、更好了，还新建了 YJD 路、CY 西路。这样，CY 人出行就四通八达了，人们要去哪里都很方便了。[②]目前，6 号地铁线也已开通，人们的出行更加便捷了。

（二）交通工具的变迁

很早以前人们对出行的交通工具的可选择性很小，而且速度一般不太高，穷的人家一般都是靠双腿走，富裕些的人家才有马车等，还有就是人力车，拉洋车也曾是一些 CY 人的求生方式。随着社会的发展和一些新的交通工具的引入，CY 人也骑上了自行车、摩托车。而如今许多人家都已买上了家用轿车。没车的人出门也可以坐出租车或乘公交、地铁。交通工具的变迁也拉近了 CY 人与中心城区的距离，以前人们常讲的“进城”一词逐渐消失，一方面，CY 地区这些年的发展很快，在内城有的东西在 CY 地区也能买到；另一方面，人们到内城也更方便了，不像以前要一天才进得了城，这种快速的进入也会让人们忘记空间的距离，去一趟内城变得更方便。[③]用居民们的话来说就是“以前一小时的路程现在十几分钟就到了”。还有就是路灯也亮了，居民晚上也可以放心地出门了，许多居民也养成了饭后散步的习惯。[④]随着环境的改变，居民的生活习惯也在悄然地发生改变。

---

① 参照《品常社区报》（2009 年 1 月 8 日，第 26 期第 5 版）相关内容整理。
② 参照《品常社区报》（2008 年 9 月 25 日，第 13 期第 4 版）相关内容整理。
③ 参照《品常社区报》（2008 年 10 月 23 日，第 16 期第 3 版）相关内容整理。
④ 参照《品常社区报》（2009 年 2 月 19 日，第 30 期第 5 版）相关内容整理。

五、教育

（一）教育观念的变迁

在 CY 地区，以前普通人家里都很穷，孩子稍长大点就要帮家里干活，很少有上学的，很长一段时期文盲都很多。CY 地区有一个关于 ZZQ 办学的传说，讲的是一个叫 ZZQ 的有识之士想用文化教育改变家乡，自己买了土地盖起学堂，让 CY 人免费接受教育，不交学费，还发书、本、铅笔等。他为了让穷苦人家的孩子也接受教育，还给来念书的人家每天发2 斤[①]玉米面，对于那时的穷苦人家来说，2 斤玉米面是很有吸引力的，所以念书的孩子逐渐多了起来，当时流行的歌谣就是“弟子规，不白念，一天二斤棒子面”[②]。然而，这种个人的促进作用还是有限的。如今，人们逐渐认识到教育的重要性，政府也制定了许多鼓励上学的措施和优惠政策，CY 小学也发展为北京市民族学校。孩子们都能按时接受义务教育，每年也有不少人考上各级各类大中专院校。年轻家长对孩子的教育很重视，也很舍得为孩子的教育投资，各种辅导班、兴趣班也受到了 CY 地区孩子家长的青睐。教育从娃娃抓起，孩子从上幼儿园开始就学习了很多知识和培养各种兴趣爱好。在寒暑假，孩子们也有了许多不同于以前人的消遣方式，如上网是孩子们生活中很重要的一部分。尤其是人们搬迁上楼后，不再像以前那样经常串门，孩子们也不再像以前一样把房前屋后作为玩耍的场所。另外，还有许多家长为了孩子的成长，充分利用寒暑假时间让孩子进入各种辅导班或夏令营、冬令营学习、锻炼。总之，这些年人们的教育观念发生了很大的变化，即从以前不重视教育、没条件重视教育到现在一切为孩子的教育着想。

（二）学校的变迁

说到教育自然要谈到民族学校，这是 CY 地区几代人接受教育的地方。坐落在 CY 地区的北京民族学校前身是 CY 小学。1995 年，CY 小学从平房搬到楼房，1997 年增设初中部，由 CY 小学更名为民族学校，1998～1999 年先后与邻近两所小学合并，2003 年再次搬迁到现在的校址，并开始采用现代教学设备，2004 年对学校操场进行翻建。如今的校园如花园般美丽，孩子们勤奋好学，教师耐心施教，还被评为“北京市科技示范学校”。学校还增设了两门校本课程即书法和武术，让孩子们文武双全。[③]

这些年来，CY 地区在教育方面所做的工作也得到了社会各界和教育部门的

---

① 1 斤＝500 克。
② 安瑞龙. CY 一村村史（内部印刷）. 2000：14.
③ 参照《品常社区报》（2008 年 12 月 4 日，第 22 期第 5 版）相关内容整理。

好评。实施了十几年的对考上大专院校应届生的奖励政策，已奖励了 400 多人。其针对城市化带给居民们的影响，促进他们就业观念的转变，还经常开展对农村劳动力的职业培训和教育，开办文明市民学校，组织社区周末大讲堂等，全面促进各层次的教育进步。[①]

六、休闲娱乐

一个地区人们休闲娱乐的时间、方式和内容，在一定程度上也反映了这个地区人们的生活水平和精神面貌。在 CY 地区的发展历史中，人们的休闲娱乐也经历了巨大的变迁。

（一）休闲娱乐的时间

在以农业生产为主的时期，人们披星戴月地干农活，没有多少时间用于休闲娱乐，而且一天下来累得也没心情做别的事。只有在农闲的时候，才会有时间开展休闲娱乐活动。对于回族群众来说，他们的劳动之余有很多都是在做各种宗教仪式，比如，一日五时礼，七日一聚礼，还有一年两会等。在以商业交换为主的时期，很多人家都会做些小生意或给一些生意做大的人家当伙计，这一阶段人们也会将大量时间用在生意上，日常的闲暇时间很少。在城市化过程中，人们逐渐脱离了农业生产，很多人开始进入各种现代化的工作单位，实行 8 小时工作制，加之国家的各种节假日，人们的业余时间开始增多。在农业生产时期，即便节假日，如果农忙，也休息不了，而在单位上班，遇上节假日不加班就可以休息，是全国统一的；还有些在城市化过程中，由于实行社会保障制度，也有了退休（以前农村是没有“退休”之说的）。人们在退休之后就有了完全可以自己支配的时间，可用于各种休闲了。总之，现在的 CY 人在休闲娱乐的时间上比以前增加了许多。

（二）休闲娱乐的方式

从休闲娱乐的方式看，以前人们的休闲娱乐是以个体的形式为主，自娱自乐为多。如今有多种兴趣团体供人们选择，人们的娱乐方式出现了群体化和组织化的趋势。另外，人们从以前自己都吃不饱到现在还开始养起了宠物狗、观赏鱼等，借以丰富自己的休闲娱乐生活。

① 参照《品常社区报》（2009 年 2 月 19 日，第 30 期第 3 版）相关内容整理。

（三）休闲娱乐的内容

从休闲娱乐的内容上来看，变化也是很大的，当然这与社会的发展是分不开的。比如，青少年的休闲娱乐，以前孩子们会聚在一起玩“拍元宝”、打弹珠、滚铁环等，现在这些游戏几乎消失；孩子们课余要参加各种培训班、兴趣班，或者就是看电视、上网等。大人以前没事的时候主要是聚在一起聊聊天、拉家常。有一段时间是样板戏比较流行，看样板戏是人们生活中的主要休闲娱乐内容。如今，几乎家家都有电视，在自己家看电视是很多人的休闲内容。参加各种团体活动，在休闲的同时还能让自己有所提高，因此CY地区在城市化过程中成立的20多个文化团体聚集了四五百人参与。另外，健身也逐渐进入人们的生活中。活动场所的建设和健身设施的增加，促使更多的人参与到健身行列中，有些老年人还在锻炼中治好了病。总之，人们的休闲娱乐内容从以前较为单一的串门、聊天发展到现在看电视、看电影、上网、参加兴趣团体的活动等，变得丰富多彩。

七、其他方面

除了以上列举的变迁，CY 人还经历了多方面的变迁。比如，以前交通不便，社会发展有限的时候，人们要买些东西都是很困难的，到办年货的时候在去集市的路上也要花一两天时间，能买到的东西也很有限，如今 CY 人也赶上了网上购物的便利，想买什么都有的买，再也不用费那么大的劲去卖东西的地方选购，买好东西很快就有人送货上门。另外，晚上上厕所也不用再像以前那样摸黑出门还挨冻，现在各家各户住进楼房都有了自己的卫生间。在农村时为了安全，很多人家都要养狗，如今小区都有保安，还安装了电子眼。以前人们要与远方的亲人联系也很难，一封信从寄出去到收到回信要好几个月，不会写字的还得找人帮忙写信。刚有电话时打通电话既麻烦还很费钱，如今固定电话、手机已经普及，想与谁联系，一秒之间就能实现了，另外网上聊天既快捷又省钱；还有视频电话的出现，使人们不仅可以实时通话，还能看见彼此。

第三章

政府角色及其实践

社区治理理论主张多个主体共同参与社区治理，政府在其中只有有限的责任，比如，提供基础设施建设、公共空间建设、社会保障建设等。以下将具体介绍 CY 地区在这些方面的具体实践。

第一节 基础设施建设

由于 MZJY 社区是拆迁改造后形成的回迁楼社区，大部分基础设施都在建楼时就统一规划建设了。但由于是转制社区，有些设施还经历了过渡和改造。

一、水电气暖等市政公共设施建设

自来水设施在建小区时就安装到位了，暖气是在 2008 年才全部使用的，电力是从 2007 年 11 月政府投入 8 万多元开始改造的，到 2009 年 1 月 15 日才全部完成从乡临时供电到市统一供电的转变，之后小区到处是电线、电线杆的局面得以改变，电压也更稳定了，居民一些功率大的用电器也能派上用场了。天然气入户工作是从 2007 年 11 月开始的，从 F 区、J 区、G 区到 CD 区，最后是 B 区，直到 2009 年 1 月 20 日 MZJY 小区的各居民楼都通上了天然气，从此居民们结束了扛煤气罐的历史，而且访谈中居民们也表示用天然气比用煤气要省钱得多。

根据拆迁时对居民们的承诺，水费、暖气费、物业费在 20 年内免收，目前最早搬进楼房的也是 2001 年，都没到 20 年，所以本地居民在这几方面确实都还没有被收费。但对于来租房子的人而言，从 2008 年开始就已经征收暖气费、物业费了。

二、环卫设施建设

环卫设施比较齐全、到位，又有足够的保洁人员，所以之前做问卷调查时，有 87.3%的受访者对环境卫生都表示满意，社区内建有垃圾分类处理站。在环境卫生方面，反映的问题主要是楼道不太干净，还有乱放东西的现象；管理不够，夏天放垃圾桶的地方有很多苍蝇，下水道容易堵，有污水溢出来时没人及时清理。在回迁的新建楼小区，社区环境较以前村时代有了很大改善。在绿化隔离带建设、整体拆迁上楼和农转居的过程中，CY 地区成立的绿化公司、物业公司、保洁公司专门负责 CY 社区绿化、物业和保洁等服务，所以整体环境还是能令大多数居民满意的。从 2009 年的问卷统计结果看，对社区环境和社区绿化选择满意的比例分别达到了 87.3%、83.3%。

三、道路与公共交通设施建设

居民的出行范围对其交往半径有很大影响，道路和公交设施无疑是影响出行范围的两大要素。如果是一直在城市的街道上行走的人，也许体会不到那种道路的改变带给 CY 人的触动。在 CY 地区，以前人们出行是很麻烦和困难的事情，那时道路就是泥土路或仅铺了一些沙和石子混合的简易公路，遇上雨雪天气出门就太困难了；如今 CHY 北路（在这条路的位置上以前就是一条大沟）、CY 北路、YJD 路新修或翻修后，CY 地区几条重要的通往各方向的标准公路陆续建好，小区里再也见不到泥土路了，人们的出行不再受雨雪天的限制了。交通工具经历了双脚→毛驴车→自行车→摩托车→公交车/小汽车的演变，尤其是现在的公共交通设施对居民来说很方便，以前人们要到 GZ 坐车，现在小区附近就有 499、506、991、758、306、675、364、639、488 等多路公交穿行，有几路车还是直接从小区穿过，设有好几个站点，很是方便。随着 CY 地区的发展，一些人们乘坐较多的车次还增加了数量，缩短了发车间隔时间，增加了座位数等，方便居民出行；有的公交车上还增添了无障碍设施，便于残疾人出行。所以，笔者在 2009 年做问卷调查时，96.1%的人在公共交通方面都选择了满意。

第二节　公共空间建设

转制社区的许多变化都是源于空间的改变，空间生产了居民新的行为，居民的行为也在生产新的空间，比如，搬迁上楼对居民的生产生活带来了巨大的改变，居民也在新空间的使用中形成了新的生活模式，赋予公园、清真寺、穆斯林服务中心、社区文化活动中心等生活空间以新的内涵。下面就介绍几个对 CY 人来说比较重要的公共空间的建设。

一、清真寺

CY 清真寺始建于明朝正德年间（1502～1521 年），距今已有 500 多年的历史，是北京市近郊区历史悠久、规模较大的一座清真寺，也是 CHY 区的重点文物保护单位，还是 CY 地区回民主要的精神寄托，也是古尔邦节、开斋节等民族宗教节日最主要的活动场地。据村史记载，到新中国成立时 CY 地区有 5 座清真寺，除现在的大寺外，还有东中义学、西中义学、东女寺、西女寺。东中义学在六队，西中义学在五队，这两个义学，除去能洗礼外，还能为孩子们教经。大寺在村西头，约占地 30 多亩①。“文化大革命”时清真寺遭到破坏，1979 年落实宗教政策时只恢复了一座大寺，后来在大寺建了女殿。目前，再到 CY 地区见到的就只是在以前大寺基础上扩建维修的了。②

历史上，CY 清真寺经历过多次毁坏和修缮。有记载的最早一次是在清朝嘉庆元年（1796），前后用了近三年时间进行了较大规模的修缮和扩建。“文化大革命”期间，清真寺再次遭到严重破坏，广大穆斯林群众被迫停止正常的宗教活动。直到 1983 年党的十一届三中全会后，CY 地区穆斯林群众才恢复了正常的宗教活动。CY 社区在 1993～1995 年陆续对清真寺进行修缮的基础上，于 1998 年 3 月正式启动了 CY 清真寺改扩建设工程。整个工程分为二期：一期工程从 1998 年 3 月开始至 10 月结束，前后 7 个多月时间。2002 年 5 月 11 日～2004 年 10 月底历时两年零 5 个月实施了 CY 清真寺二期改造工程。改扩建后的 CY 清真寺气势雄伟、设施完善，受到中国伊斯兰教协会、北京市民族事务委员会、CHY 区区委和区政府各级领导的赞誉。现在的 CY 清真寺可同时容纳 2000 人进行宗教活动，同时吸引了一批批国际国内宗教界人士前来参观和活动，成为北京市乃至国家对外开展宗教交流的一个重要窗口。③

二、丧葬服务中心及墓地

“CY 穆斯林服务中心”隶属于 CY 清真寺，也是二期改扩建工程的重点项目之一。该中心位于 CY 地区 MZJY 社区西南侧，毗邻 CY 清真寺，占地面积 5460 平方米，总共投资约 650 万元。工程于 2003 年 6 月 20 日动工，2004 年 8 月竣工交付使用，是北京市唯一的专为穆斯林群众提供办理丧事的服务场所。

该建筑局部为二层框架结构，建筑面积 1784 平方米。主建筑东侧为一层建筑，是供亡人洗礼及亲友悼念用的场所，设有 200 平方米“者那则”④厅 1 个，瞻仰室、处置室及道具库房各 2 个，南、北 2 个瞻仰室与“者那则”厅间各有一条 2.4 米宽、7.4 米长的回廊与之相通，一个外径为 7.2 米、高 9 米和两个外径为

① 1 亩≈666.7 平方米。

② 安瑞龙. CY 一村村史（内部印刷）. 2000：1，13.

③ CY 地区政府网. http：//cydq.bjchy.gov.cn［2007-12-07］.

④ 意指穆斯林的殡葬仪式。

4.4 米、高 5.4 米的外侧金色、内侧彩绘的穹顶分别建在“者那则”厅和瞻仰室的顶部。主建筑西侧为二层结构，每层均设有厨房操作间，并备有 2 部食梯、冷荤间、洗碗间和 2 间面积各为 220 平方米的大餐厅和两个雅座间，供参加悼念的亲友用餐。该建筑的东南侧设有一个 30 米高的标志性建筑物——邦克楼。主建筑四周是 3.5～5 米宽的环形砼通道，北大门是人行通道，入口处设有停车场，西大门为牲畜车道，底层设有屠宰室，场区内总绿地面积约 1750 平方米。整座建筑可同时承办两宗丧事。①

由于现在的年轻人大多对丧葬习俗不太了解，加之现在的人都很忙，没有更多的时间花在丧葬事宜中；而丧葬服务中心正好可以为居民提供各种丧葬服务，并由十分了解丧葬习俗的人告诉人们何时何地做何事。

回民有土葬的习俗，为了尊重这个习俗，政府在国家倡导火葬的大趋势下，依然划拨大片土地作为回民的公共墓地使用，公墓就在 CY 公园后面。在 CY 回民公墓有个义工，他是原来常三村一个普通的 CY 地区原住民，几年来“不论什么季节，他都坚持在回民公墓义务劳动，为墓地清理杂草，修复树木，垫平坑洼的道路”②。记得一个下雪天，笔者到 CY 公园调查，还见到那位居民骑着小三轮车往公墓方向去了。

三、公园

在这个被称为“CY 人的后花园”的地方，留下了 CY 人锻炼身体的背影，留下了各文化团体排练节目的艰辛，留下了其他文化单位来演出的足迹，留下了大家、小家的欢声笑语。

CY 公园位于 CY 地区西北部绿化隔离带千亩银杏林中，北侧与 DB 乡相接，西侧与 PF 乡相邻，东、南紧邻 DDW 路和 YJD 路，占地约 74.29 万平方米。公园一期于 2008 年 4 月 29 日开园，依托公园已有植物结构，建设了中心景山、花之舞运动文化林荫广场、健身广场、休闲广场、林间运动场、林间慢跑道；二期于 2009 年 4 月 29 日开园，以宣传银杏树文化和银杏养生保健知识为主，以银杏走廊为主体，把银杏台、杏花谷、香花广场、芍药圃、樱花岛、四季绿亭、柏树园等景观贯穿起来。CY 公园的建设适应了 CY 地区统筹改善民生、满足人民群众日益增长的物质精神生活的需求，既为地区百姓提供了一个集文化、体育、休闲于一体的活动场所，满足了群众对高品位文化精神生活的要求，也提升了地区的形象。③

---

① CY 地区政府网. http：//cydq.bjchy.gov.cn［2007-12-07］.

② 品常社区报. 2008 年 7 月 2 日，第 1 期，第 4-5 版.

③ CY 地区政府网. http：//cydq.bjchy.gov.cn［2009-05-04］.

CY 公园建成后，不仅成为 MZJY 社区居民的主要文化活动和健身场所，还吸引了许多其他社区的居民，有些人还特意骑自行车或坐公交车来公园散步、锻炼身体、参加各种活动。在笔者进行实地考察期间，即便在一个雨后的早晨八点前后，健身器材处随时都有 30～50 人在使用各种健身器材锻炼，以及打乒乓球、踢毽子、练太极拳等；在花瓣广场（也叫廉政文化广场）也一直有 30～50 人在练剑、打羽毛球、聊天、散步、看廉政文化宣传栏等，公园里经常能听到吹、拉、弹、唱的音乐声。在公园活动的人上至白发苍苍的老人，下至咿呀学语的幼童，男女老少都玩得不亦乐乎。由于公园环境好、场地大，许多活动都会选择在这里举办，如“星火工程”文化进社区活动、金秋艺术节在这里举办过，“凤朝阳”艺术团、残疾人艺术团等也在这里举办过活动，还有许多地区居民自发的活动也是在这里开展。

CY 公园不仅为人们提供了开展各种活动的场所，还为居民间、家庭亲人间的交流提供了更多机会，居民们常常会在来公园的路上碰见许多熟人，一起打个招呼，一边聊天一边就走到了公园，还可能通过一些集体活动或需要互相配合的运动进行更多的交流。而对于每个家庭来讲，每天或每周带着孩子或年迈的父母到公园遛个弯，参加或观看一些活动，对增进彼此的交流和加深亲情都很有好处。有一位居民给社区报投稿说，他看了社区报上登的居民照的一幅 CY 公园的秋景，觉得很美，就带着家人和孩子也到公园来赏景，说自己好久没和孩子那样开心地玩了，而且感觉在游玩过程中孩子的性格也变得开朗了很多。

CY 公园为社区各文化团体和各种来此演出的文化团体，以及社区、乡开展各种文化活动都提供了一个很好的场所，各种居民文化也在此交汇。鉴于公园在人们生活中的巨大影响，“CY 公园”入选了 2008 年 CY 地区年度十大关键词。

四、社区文化活动中心

在寒冷的冬天，人们的活动就会受到很多限制，而有些活动本身就需要室内活动场所。在 2009 年 2 月的问卷调查中，许多居民都提到希望能有室内的活动场所，在 2010 年 7 月去调查时，看到社区已经建设了社区文化活动中心。该活动中心有 120 多平方米，可容纳 80 人开展活动。活动室有一些基本的器材和设备，如数字电影放映设备、乒乓球台案、文件柜、DVD 机等，活动室内电、暖设备齐全，还配有空调、80 把椅子等设施。在具体的访谈中，笔者了解到，居民活动室已正式向居民免费开放。诗书画协会、乒乓球队等组织已经在那里开展了多期活动，还有数字电影放映厅也已经放映了多部影片。这样，冬天室外活动不便时，居民就可以到活动室来参加活动了。这将使居民的文化生活更加丰富，活动场所也更多、更好。

第三节　社会保障体系建设

一、社会保障体系简介

我国的社会保障体系主要包括社会保险、社会救助、社会福利、优抚安置。①在本章里，笔者主要介绍 CY 地区的三大社会保障，社会救助和社会福利将主要放在社区服务部分进行介绍。

由于 MZJY 社区处在转制阶段，辖区内大部分居民的户口还是农村户口，他们还只能享受农村的社会保障。在我国城乡二元结构体系下，社会保障也是二元的，以前农村基本没有社会保障这一块，主要靠村队的集体互助，如对五保户的照顾。近年来，随着我国各项事业的发展，农村的社会保障也逐渐提上讨论日程，也有了各种创新的体制、机制，如新型农村合作医疗、新型农村社会养老保险、城乡居民养老保险等。这些就使得转制社区居民的社会保障与一般城市社区有很大不同。为了让转制居民更了解社会保障相关各方面的内容，社会保障事务所工作人员还经常派人入户调查、宣传，给居民发放联系卡，组织一些学习、培训。

二、CY 地区的三大社会保障

随着社会的发展，商业保险也走进了 CY 人家，但由于收入有限和人们对新事物的接受有一个过程等原因，在 CY 地区有 85.7%的人都没有参加过商业保险。所以，接下来主要介绍 CY 地区的养老保障、医疗保障和就业保障。

（一）养老保障

在以前的体制中，农民是没有退休这一说的，所以即便农村户口的人交了城市的养老保险，到退休年龄时也领不到退休工资。目前，正在实施的新型农村社会养老保险会给这种情况带来一些改善。下面结合在其他社区的调查，对 MZJY 社区居民的养老保障做一些介绍，同时与其他非农居民的养老保障做一些比较。

1. 农村户口人员的养老保障

在 CY 地区，以前农村户口老人的养老主要是家庭养老模式，村里或乡上会

① 史柏年. 社会保障概论. 北京：高等教育出版社，2004：13-14.

根据各年的情况给一些补助，以前是给到年龄的老人每月发 200 元。2001 年实施绿化隔离带建设，拆迁改造完成后，男满 55 周岁、女满 50 周岁可以领取乡上发的每月 450 元的生活补助，满 60 周岁的还可以额外再领到市里发的 200 元补助。

CY 地区的养老保障政策有过几次大的变化，2006 年左右有一次大的变动，2008 年之前实行“老农保”，“老农保”还有一个月 8 元钱的，“新农保”出来后就直接被合并了。2008 年实行“新农保”，2009 年开始实行城乡居民养老保险。其在养老上有城乡统一的趋势，比如，以前农民不能上城保，现在是鼓励农民上城保，他们在找到工作单位后上城保，政府也会给补贴。

鉴于调研期间正在积极推行“北京市城乡居民养老保险办法”，笔者针对居民参保情况做了进一步调查，具体反馈情况如表 3-1 所示。

表 3-1 城乡居民养老保险参与情况（2010 年调查数据）

选项	频次/次	百分比/%
已参加	50	34.5
没参加	96	65.5
合计	146	100.0

虽然北京市城乡居民养老保险从 2009 年 1 月 1 日起就实施了，但在 2010 年 7 月的调查中，参与的人还是不多，有些人还并不知道这个保险是怎么回事。从表 3-1 可以看到，表示已参加新城乡居民养老保险的有 50 人，占 34.5%，没参加的有 96 人，占 65.5%。当然 2010 年也才是第二年，还需要进一步推广。

另外，在参与的缴费金额上差异较大，虽然只有 39 人对此做了回答，却有 19 个答案。一方面可能是因为有人还未把新老养老保险区分开，还有些人不是自己去交的钱也就不是很了解；另一方面有些差异也是在合理范围内，因为缴费有最低和最高限额，在这之间的都应该是合理的，还有就是有重残等特殊人群的补贴。但总的来说，普及率和人们对此的了解还是较少。不过还是有 1/3 的人回答的数额与我们所了解的政策规定的数额相符，填 266 元/年的有 13 人，占 33.3%。

在家庭参加人数方面，一般都是 2 人以下参加，占 93.2%，其中 1 人参加的有 19 人，占 43.2%，2 人参加的有 22 个样本，占 50.0%。这说明，一方面可能有些人由于对政策不是太了解，就让 1 人先参加，如果感觉可以，其他人再参加，另一方面也可以说明 CY 地区的家庭规模在小型化，调查数据显示，拆迁前 47.1%为主干家庭，拆迁后 49.0%为核心家庭。

至于没参加新型城乡居民养老保险的原因如表 3-2 所示，主要还是参加了社会养老保险，占 54.0%，在 CY 地区四大公司工作的人都是统一上的社保，他们基本不参加新型城乡居民养老保险，还有些是在企事业单位上班的也先上了社保，还有 12 人（占 19.0%）是已退休开始领养老金或养老补助了，就不再参加了。再有就是不少人不知道怎么参加，有 11 人，占 17.5%。而由于没有足够的钱和感觉参加也没用的还是占少数，都只有 3 人选择，分别占 4.8%。

表 3-2 没参加城乡居民养老保险的原因（2010 年调查数据）

选项	频次/次	百分比/%
没有足够的钱	3	4.8
感觉参加了也没有用	3	4.8
不知道怎么参加	11	17.5
参加的是社会养老保险	34	54.0
已退休	12	19.0
合计	63	100.0

2. 非农户口人员的养老保障相关情况

（1）农转非人员的退休金。先实现农转非的八村即 C 一居的人们在 1995 年时补交接近 2 万元的保险，到退休年龄时就可领到退休金，后来涨到 900 多元/月，现在有些由于几次调高退休金标准和退休的年限比较长，已领到 1000 多元/月。笔者了解到的其他转制社区的农转非人员的退休金情况与此相似。

（2）一般企业单位工作人员退休工资。我们在大兴区 XHZL 社区调查时了解到了一个北京非农户口人士正常从企业退休后能领取的退休工资计算办法和大致金额。受访者是 2005 年 6 月退休，7 月 1 日发的《北京市企业职工退休证》，退休证上详细写明了他当时的退休工资构成、计算方法和具体金额。企业职工按月领取的基本养老金由基础养老金、个人账户养老金、过渡性养老金、综合性补贴等 4 大部分组成。其中基础养老金是按退休时上一年北京市职工平均工资的 20%发，我们的受访者是 2005 年退休的，2004 年北京市职工平均工资是 28 348 元，其 20%为 5669.6 元，平均到 12 个月，他能得到的基础养老金是 472.47 元；而每月能领的个人账户养老金是退休时个人账户储存金额的1/120，那时他的个人账户储存金额为 11 227.49 元，按比例可领取的个人养老金就是 93.56 元；当时他能领取到的过渡性养老金为 318.37 元；另外他的综合性补贴是 149.5 元，其中矿企津贴 20.25 元，洗礼费 16 元，房补 80 元，把这几项加起来就是他 2005 年刚退休时每月能领取到的基本养老金总额，当时是1033.90元。后来，每年会涨一些，加上近几年国家多次调高企业退休人员养老金标准，在访谈时，该受访者每月能领取到 2200 多元的退休金。这比农民的养老补助或农转非人员的养老金多很多。从我们调查了解的数据来看，大体上农民的养老补助只有农转非人员的一半，而农转非人员的养老金又只有企业退休人员退休金的一半。可见，转制人员的养老问题还需进一步研究，而且转制人员的养老办法与城市退休养老政策需要更合理、更人性的转接政策。

（二）医疗保障

处于转制进程中的 CY 地区 MZJY 社区在医疗保障上使用的还是新型农村合作医疗，而且从 2009 年开始实行“零起付”，这样确实能降低居民的医疗成本。

2009年，新型农村合作医疗政策做了一些调整，参合费用有所提高，但居民可享受到更多实惠。地区农业户口人员参合费在2009年为100元（其中基本医疗费用为70元，大病统筹为30元）。一级医院实行“零起付”，意味着只要参加了新型农村合作医疗大病统筹，就能在指定的一级医院住院不设起付线，只要发生了住院费用就可通过新型农村合作医疗报销。二级以上医院起付线也下调了1000元，以进一步减轻参保人员的经济负担。政策还对报销大病统筹封顶线做了调整，由现在的成人7万元、学生17万元，统一调整为17万元。[①]另外，城镇无医疗保障的“一老一少”大病医疗保险如下：保险当中规定了如城镇老年人大病医保缴费的标准是每人每年1400元，个人交300元，财政补助1100元，报销的起付标准是1300元，超过的部分按60%的比例报销，在医疗保险年度内累计支付的最高限额是7万元，学生及婴幼儿的大病缴费标准是每人100元，其中个人缴费50元，财政补贴50元，报销的起付标准是650元，超过的部分按照70%的比例报销，在医保年度内缴费当年9月1日到次年的8月31日之内，累计支付的最高限额是17万元。[②]从2008年6月25日开始，无业人员交600元也可参保[③]，使医疗保险覆盖面扩大。

参加新型农村合作医疗的人比参加“新农保”的还是多一些。从表 3-3 可以看到，2010 年参加新型农村合作医疗的有 83 人，占 57.6%，没参加的是 61 人，占 42.4%，看起来参与度也不是太高。不过在选择没有参加的理由上，也是参与了社会医疗保险的占多数，为 40 人，占 81.6%。而选择没有足够钱的也只有 1 人，占 2.0%，那么从这样的数据来看，居民的基本生活应该还是有保障的。

表 3-3　新型农村合作医疗参与情况（2010 年调查数据）

选项	频次/次	百分比/%
已参加	83	57.6
没参加	61	42.4
合计	144	100.0

在参加年数上，一半以上是参加了 3～5 年，有 37 人，占 55.2%，5 年以下的占 62.7%，还有就是参加了 7 年的有 15 人，占 22.4%，最长的是参加了 12 年

① 品常社区报. 2008 年 12 月 18 日，第 24 期第 1 版.
② 新浪网. 北京阳光热线.
③ 品常社区报. 2008 年 7 月 2 日，第 1 期第 6 版.

的有 1 人，占 1.5%，参加 10 年的有 2 人，占 3.0%

在参与的缴费金额上作答的有68人，其中一半多的人（即38人，占55.9%）填的是120元/年，这与我们了解的政策是相符的。这说明看病问题与百姓密切相关，大家比较关注，而且新型农村合作医疗实施时间相对于城乡居民养老保险而言要早些，了解的人也多些。而且报销过的有69人，占93.2%，只有5人没报销过，占6.8%。至于报销次数和报销金额，就因人而异了，对于报销次数，有37人作答，比例大的是报销过5次，有9人，占24.3%；对于报销金额，有39人作答，以1000元为多，有6人，占15.4%，1000元以下（含1000元）的占61.8%。虽然报销次数和报销金额都不多，但87.1%的受访者表示还是选择会继续参加，大家都认识到了这种保障作用。

从所了解到的整体数据来看，有4000多人参加了新型农村合作医疗，报销过的有2700多人次；在2009年参合的有5476人，报销过的有4700多人次。

（三）就业保障

CY 地区自2001年进行绿化隔离带建设后，土地都归乡上统一作绿化建设用，居民们便不再以种地为生，由此就业问题就凸显出来了。不过，市政府、乡政府都为解决他们的就业问题出台了一系列促进措施和政策。以前的 C 八村在1993年、1994年时都转了居，当时是给每人补偿3万元，然后让他们自谋职业，现在这些人中还有未就业的或就业后又失业等待再就业的人。这使得 MZJY 社区的就业问题显得有些复杂。

1. 就业政策

在绿化隔离带建设和拆迁改造期间，CY 地区成立了四大公司：绿化公司、物业公司、商贸公司、保洁公司。其中，保洁公司是由 CY 乡过去的库房企业过渡而来的，绿化公司是由原来各村管绿化的过渡而来的，物业公司是新成立的，主要是服务于 MZJY 社区的物业，在 MZJY 社区成立早期还管理了多项社区杂务，在一定程度上解决了一部分村（居）民的就业问题。

四大公司的员工主要是拆迁的本地人，给员工的工资都是统一的，基本都是按北京最低工资水平由乡里统一发放，从最初的 300 元/月，调到 400 元/月，又调到 500 元/月、800 元/月，2010 年是 1000 元/月，给员工都交了“五险”，但由于还没有转居，所以到退休年龄的人，目前还是转到村委会社保所的，还难以和市民享受同等退休待遇（所以村民们尤其是年纪大的村民希望尽快转居，能享受市民待遇的养老金；绿化公司领导也希望尽快转居，那样员工没有了后顾之忧，也更好管理）。

四大公司解决了 1000 多人的就业问题，当时的政策是：居民可自愿选择是否去四大公司上班。对于不愿到四大公司上班而自己找工作的转移就业人员，政府会发给200元/月的补助。近年还出台了一些新的促进就业的政策，如《北京市CHY区人民政府关于印发鼓励农村劳动力转移就业奖励办法的通知》朝政发〔2007〕26号《CHY区鼓励农村劳动力转移就业奖励办法》(以下简称“26号文件”)，以及《关于印发〈鼓励用人单位招用本市农村就业困难人员的岗位补贴和社会保险补贴办法〉的通知》(京劳社就发〔2009〕15号，以下简称“15号文件”)等。

在这些政策的激励下，很多人都找到了工作，截止到2009年7月初已有1421人享受了市政府每月300元的转移就业补助，有970人享受了乡政府每月200元的转移就业补助。

2. 就业培训

为增强居民的就业实力，乡里每年都举办多次免费就业能力培训和就业指导，为鼓励居民参加，政府对居民参加一次就业培训奖励100元，参加一次就业指导奖励50元，这样，居民参加就业培训和就业指导的积极性一直很高。每年的培训主要由巴里庄那边的CHY区职业培训学校的老师来担任培训员，培训员的费用由CHY区农业委员会提供，居民的劳工费由乡政府负担。培训结束时，居民如能通过相关考试，就能取得职业等级证书。不过一般主办的培训主要也就是保洁、绿化之类技术含量不太高、就业前景很一般的内容。政府也鼓励居民自己去参加其他培训，如果取得相关职业证书，区农业委员会会报销学费，乡里还给奖励200元。据了解，在消防、燃气、锅炉、客车司机等相关培训中取得的职业等级证书在就业中的作用比较大，这方面的工作也比较好找，但这样的证书一般也不容易取得。

3. 就业信息

社保所积极为居民提供各种就业信息，《品常社区报》也与社保所联系，在第6版安排了常设栏目“一周就业信息”，把各种招聘信息通过每周出版的报纸提供给居民，而且确实有些居民正是通过这个渠道找到工作的。社保所的招聘信息来源主要是与辖区内的企业积极联系，与周边其他社保所共享信息。当然也有企业主动给社保所提供信息来招聘本地居民就业的，一方面，招本地人有地缘优势，对就业者和企业都有利；另一方面，政府的各种促进本地人就业的政策措施能让录用本地人的企业获得许多优惠。此外，CY地区在城市化过程和拆迁改造中也新建了许多商品楼小区，这些小区从社区工作者到物业的各岗位都会需要一些人员，这些也都是居民的一大就业途径。比如，据报道自WXXT物业管理处成立以来，到2008年已为CY地区内的失业人员提供职位超过50个。[①]

① 品常社区报. 2008年7月31日，第5期第2版.

4. 就业政策落实情况

笔者在对居民的问卷调查中，根据这些政策的落实情况和居民们的反应，也设计了一些相关问题，具体反馈情况如下。

对于是否参加过就业培训，144 位调查对象都作了回答，具体情况如表 3-4 所示。其中有 99 位居民表示没参加过，占 68.8%，只有 45 位即 31.3%的人表示参加过就业培训，所以接下来对于相关的几个问题的回答者就是 45 人左右。

表 3-4 是否参加过就业培训（2010 年调查数据）

选项	频次/次	百分比/%
参加过	45	31.3
没参加过	99	68.8
合计	144	100.0

注：百分比是用频次除以回答此题的样本数得出的，进行了四舍五入，所以统计的百分比合计可能不为 100%，余同

从表 3-5 来看，在参加过就业培训的人中，一半的人是参加 1 次，还有 1/3 左右的人参加过 2 次，也有 14.6%（6 人）参加过 3 次，在 3 次以上的只有 2 人，约占 4.8%。

表 3-5 参加就业培训次数（2010 年调查数据）

次数	频次/次	百分比/%
1	21	51.2
2	12	29.3
3	6	14.6
4	1	2.4
6	1	2.4
合计	41	100.0

关于组织培训的机构如表 3-6 所示，竟然有 53.5%的人选择是社区。其实据笔者调查所了解，大部分应该都是乡社保所组织的，而选择这项的人只有 39.5%，笔者认为这可能是由于通知大家去培训的主要是社区，所以他们就以为是社区组织的。从几次访谈和遇到他们去参加培训的情况看，一般培训都是乡社保所确定好时间、地点，请来老师，然后社区通知到居民，居民去听课，而社区通知的人一般是社区的积极分子，如楼长等。

表 3-6 参与的就业培训是哪些机构组织的（2010 年调查数据）

组织培训的机构	频次/次	百分比/%
社区	23	53.5
乡社保所	17	39.5
CHY 区社保机构	3	2.0

续表

组织培训的机构	频次/次	百分比/%
北京市社保机构	1	0.7
其他	3	2.0
样本数	43	—

注：表格中没有合适的数据处都用“—”表示

关于是否领到培训补助，调查显示，有32人都表示没有领到过培训补助，占74.4%，只有11人说领到过补助，占25.6%。这与在相关部门了解到的情况有差异，原因可能是：有人不愿意说，或确实没有全部发。

在领到补助的11人中，有10人填了领到的补助金额，这与前期了解的情况也有差异，不过还不算大，有5人即50%的人说是100元/次，其他有1人说是70元/次，有2人说是50元/次，2人说是20元/次。具体原因如下：一方面，参加培训和指导的补助是不一样的，还有可能是有些人坚持不下去，每次上课上一会儿就走，还有些可能是听不懂，不认字等，如果两次点名其中有一次不在的，可能也领不上补助，或补助金额也会有差异。在访谈中就有人提到过，他们在参加培训时，好多人都坐不住，两小时的课，有些听不到半小时就走了。这在一定程度上也反映出，CY人的市民化程度还较低，本身的教育程度不高，当然不排除课上得不好等原因。

从培训后是否取得相关资格证书的调查来看（表3-7），大部分人都取得了相应的资格证书。不过这些资格证书大多都是保安、保洁、绿化、物业、营业员之类的，一方面是上面只给培训了这些；另一方面，对居民们来说，确实太难的他们也学不会，即便是这样简单的，有些也可能由于不识字或识字较少而难以通过考试，拿不到证书。

表3-7 就业培训后是否取得相关资格证书（2010年调查数据）

是否取得资格证	频次/次	百分比/%
取得了相关资格证书	32	76.2
没取得相关资格证书	10	23.8
合计	42	100.0

对于培训的作用（表3-8），一半以上的人认为没什么帮助，不过还是有44.4%的人认为有很大帮助。

表3-8 就业培训的作用（2010年调查数据）

选项	频次/次	百分比/%
帮助很大，培训后就找到工作了	16	44.4
没什么帮助，找的工作与培训没有关系	19	52.8
培训的都是就业饱和的技能	1	2.8
合计	36	100.0

至于没参加过就业培训的原因，从表 3-9 来看，有 51 人是已经有工作或已经退休而不需要，占 60%。但也有近 1/3（即 23 人，占 27.1%）的人认为是没人组织过，也就是说，在就业培训的宣传上，或说对居民而言这些培训的可及性上还是有些不够。

表 3-9　没参加过就业培训的原因（2010 年调查数据）

选项	频次/次	百分比/%
没人组织过	23	27.1
不感兴趣	2	2.4
参加了也没用	5	5.9
一直有工作	30	35.3
已退休或年龄大了	21	24.7
其他原因	4	4.7
合计	85	100.0

从表 3-10 的数据看，除了 1/3 左右的人不需要或不想培训，在希望得到的培训中，选择较多的是“提高文化和知识水平的”，有 20 人，占 21.1%；还有希望是“好就业的”和“简单易学的”，二者比较相近，分别占 15.8%和 12.6%。这样看来，居民们对文化知识还是非常渴求的，但自身文化水平还是低，也就只能学些简单易学的，看来像社保所开办的一些培训项目也还是比较适合他们的。但这之中确实还有不少问题，那些简单易学的，不用学也能去工作，学了也还是那样，而难度稍大些的，他们可能也学不了。由此，转制社区居民的就业依然是一个大问题。但整体来看，年轻一代基本已出来，在解决自己的就业问题上比四五十岁的人还是好多了，这从居民的职业状况可见一斑。

表 3-10　希望得到的就业培训（2010 年调查数据）

选项	频次/次	百分比/%
简单易学的，如关于绿化、家政等	12	12.6
有技术含量的	9	9.5
好就业的	15	15.8
提高文化和知识水平的	20	21.1
已退休或年龄大了等原因不需要、不想再培训	33	34.7
其他	6	6.3
合计	95	100.0

第四章

社区组织建设

第一节　社区三大组织建设及社区服务

第二节　社区社会组织

CY 地区 MZJY 社区组织概况，具体如下。

社区组织包括社区党委组织、社区自治组织、社区服务站及各类社会组织等。MZJY 社区从村体制转为社区后，积极组建组织体系，于 2008 年 10 月 21 日成立了社区筹备组，11 月挂牌，2009 年 2 月对外办公，并产生了社区党委。社区服务站也在 2009 年正式把原来各村委会的居民服务业务接手过来，并代办政府在社区的各项公共服务。经过 2009 年 5 月 17 日的民主选举后产生了正式的 MZJY 社区居委会各成员。从 2001 年拆迁上楼后，各种社会组织相继成立，到 2010 年，CY 地区 MZJY 社区的社会组织已有近 30 个。

第一节　社区三大组织建设及社区服务

一、社区组织体系建设

（一）社区三大组织及相互关系

社区三大组织主要是指社区党委、社区居委会、社区服务站，关于这三者的各自职责及相互关系，在“CHY 区社会建设 1+4 文件”的《CHY 区社区管理办法（试行）》中有明确的规定。

社区党委由党员大会或党员代表大会选举产生，在街道、地区工委的领导下开展工作。社区居委会是社区居民自我管理、自我服务、自我教育、自我监督的基层群众性自治组织，由本居住地区居民依法选举产生。社区服务站是政府在社区层面设立的公共服务平台，在街道、地区办事处的领导和政府职能部门的指导下开展工作，同时接受社区党委的领导和社区居委会的监督。社区服务站是非营利性公共服务机构，要坚持“依法、公开、高效、便民”的工作原则，为社区居民提供优质服务。①

根据《CHY 区社区管理办法（试行）》的规定和对社区组织负责人的访谈，笔者整理出这三个社区组织的关系是：社区党委全面负责，领导社区居委会和社区服务站，社区居委会监督社区服务站的工作，可用图 4-1 表示。

① “CHY 区社会建设 1+4 文件”之《CHY 区社区管理办法（试行）》，46-49.

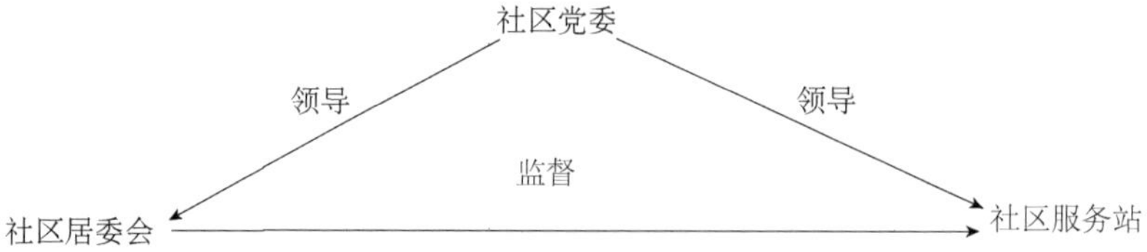

图 4-1　社区三大组织间的关系

从 MZJY 社区以上职责分工和相互关系，社区实际运行以来的状况，以及居民对此的反应来看，这种安排与以前的村体制相比，能更好地为居民提供服务、提高办事效率、理顺各组织间的关系。特别是在居民各家已没有耕地，都搬迁上楼的社区，更需要这种社区体制的安排。以前一个村委会一般 5～9 人，分工不明确，有些事大家都去做，有些事却没人做的情况经常出现；共同办公，什么都做，就很难在某一业务上做精。而在现在的社区体制中，各组织、各工作人员都有自己明确的业务范围和职责，遇事也能找到专门的部门和人员办理；而工作人员在长期办理相同业务的过程中，也能逐渐提高职业技能和办事效率。

（二）社区三大组织的人员构成

通过与转制前的各村委会人员构成相比较，可以看出社区工作人员的构成更年轻化、专业化、知识化。不过作为民族聚居区，少数民族工作人员占多数的情况变化不大，以便于他们更好地开展工作。表 4-1 是转制前各村委会［转制前有 8 个村（居），下面的资料是其中的 5 个］与转制后社区工作人员构成的一些比较。

表 4-1　村（居）委会人员构成比较（2009 年调查数据）

社区	总人数	受教育程度/%					民族/%	年龄/%	
		小学	初中	高中/中专	大专	本科	回族	≤50 岁	≥51 岁
转制前的 5 个村（居）	28	3.6	21.4	14.3	28.6	32.1	92.9	67.9	32.1
MZJY 社区	36	0.0	8.3	11.1	47.2	33.3	80.6	100.0	0.0

注：表中百分数为各项人数占该社区总人数的百分比。由于原来 8 个村（居）的人员构成情况差异不大，且数据用的是各项人数占该项总人数的百分比，所以用转制前 5 个村（居）的数据与新成立的社区进行比较不会影响分析结果

由于是转制民族社区，在人员构成上还有一些特殊性，比如，在《CHY 区社区管理办法（试行）》中规定：“社区党组织一般设置 3 至 5 名专职成员，……社区居委会成员一般由 5 至 9 人组成，……社区服务站一般设置 5 至 9 名专职工作

人员”[①]，但在 CY 地区 MZJY 目前的社区各组织的人员职数都比这多，具体是社区党委 11 人、居委会 9 人、社区服务站 16 人（其中，有交叉任职的人员）。再如，管理办法中对社区服务站中的专职工作者应具备条件的规定是：“年龄在 40 周岁以下，具有大专以上（应届毕业生大学本科以上）学历”[②]，但在 MZJY 社区服务站还有 1/4 的工作人员达不到这样的要求。这些设置上的差异与该社区是转制民族社区有很大关系，主要原因如下：①转制时，原来的七村一居有许多工作人员需要安置转移。当时的规定是，年龄在 50 岁以下有大专以上学历的原村居工作人员，一方面可转至新成立的社区各组织中，另一方面还有调到附近新建社区及穆斯林丧葬服务中心的；对于已到退休年龄或接近退休年龄的工作人员安排退休。原来 8 个村（居）的工作人员转到一个社区，人员相对就会多一些。②目前，该社区人数较多，加上流动人口有 1 万多人，所以设计的工作人员职数也较多。③转制后由原村委会转移来的工作人员，文化程度参差不齐，无法与直接招聘大学生的服务站工作人员的文化程度相比。④刚转制过来的社区，尤其是在大多居民户籍还未转为非农的社区，一方面社区本身建设上有许多工作要做；另一方面，还有许多农村社区或者说涉农事务要处理，这自然比一般城市社区工作量要大，所以经申请，MZJY 社区服务站留了 16 名工作人员。据副站长介绍，等以后各项工作转接完，转居完成后，服务站的工作人员数会减少。为提高社区工作人员的工作能力和素质，地区多次组织工作人员培训，并到其他城市社区挂职锻炼，观摩学习。

（三）居民对社区服务站的评价

从基层组织建设的角度而言，社区服务站的建立本来是作为这个社区城市化的表现之一，也曾认为到服务站集中办事会比去村委会方便很多，但没想到居民们对此的反应却并不是这样的。的确，对于个人生活而言，有需要才会去找，没什么事是不会有瓜葛的。在调查样本中竟然只有不到一半的人（占47.9%）去过社区服务站（表4-2）。记得很多人的回答都是“没去过，没什么事，去那里干嘛”“我们要办的事不是在那里的，也很少去”“去那里就是孩子上学，领养老钱什么的，现在打卡上了，也不用去那里了”。还有人甚至说：“我们是居民，不去那里。”不过去过社区服务站办事的居民中，有70.8%的人都表示满意，在这之中44.4%的人都是表示很满意的，但也还有都不满意的，占了11.1%，具体数据如表4-3所示。

---

① “CHY 区社会建设 1+4 文件”之《CHY 区社区管理办法（试行）》，63.

② “CHY 区社会建设 1+4 文件”之《CHY 区社区管理办法（试行）》，64.

表 4-2 是否去过社区服务站办事（2010 年调查数据）

选项	频次/次	百分比/%
去过	69	47.9
没去过	75	52.1
合计	144	100.0

表 4-3 对社区服务站办事结果的评价（2010 年调查数据）

选项	频次/次	百分比/%
都很满意	32	44.4
满意的多于不满意的	19	26.4
都不满意	8	11.1
不满意的多于满意的	13	18.1
合计	72	100.0

在与以前去村委会办事相比时，有 38.9%的人认为办事效率比以前高了，有 45.2%的人认为工作人员的态度也比以前好了，但认为“没什么变化，和以前差不多”的人也与此人数相当。还有些人说去服务站办事还不如以前去村委会，有 19.4%的人认为办事效率不如以前，有 16.4%的人认为工作人员的态度不如以前，他们觉得以前同一个村的还都认识，现在 8 个村合并了，服务站有些人还不太认识，有些人对居民总是板着脸（表 4-4）。

表 4-4 去社区服务站办事与以前去村委会办事相比（2010 年调查数据）

选项	办事效率比以前		工作人员态度比以前	
	频次/次	百分比/%	频次/次	百分比/%
比以前高了，比以前好	28	38.9	33	45.2
没什么变化，和以前差不多	30	41.7	28	38.4
还不如以前	14	19.4	12	16.4
合计	72	100.0	73	100.0

关于社区工作者需要提高的方面，从表4-5来看，大家选的比较多的是都需要提高，看来社区工作者与居民们的期望相差还较大，需要努力，其次是关于办事效率，有25.4%的人选择此项。不过也有23.9%的人认为都很好，不需要提高。从单项来看，办事效率、专业能力和工作态度需要提高，也许大家觉得从事那些工作有一定文化水平即可，不需要太高的文化水平。

表 4-5 社区工作者需要提高的方面（2010 年调查数据）

选项	频次/次	百分比/%
不需要提高	32	23.9

续表

选项	频次/次	百分比/%
提高办事效率	34	25.4
提高工作态度	16	11.9
提高文化水平	9	6.7
提高专业能力	16	11.9
都需要提高	38	28.4
其他	14	10.4
样本数	134	—

二、社区服务体系建设

社区服务体系是社区开展社区建设的基础，为居民提供完善的社区服务，是社区组织的主要工作方向。在对居民社区服务满意度的调查中，笔者选取了表 4-6 中的 13 项服务内容。之后对 CY 地区 MZJY 社区的老年人服务、残疾人服务、公共卫生服务、法律咨询服务、便民利民服务、贫困救助服务和心理咨询服务进行了详细介绍。

表 4-6　对社区各项服务和环境等的评价（2009 年调查数据）

项目	选项/%				样本数/人
	满意	一般	不满意	不知道	
老病残特殊服务	57.8	21.6	4.9	15.7	102
育婴托儿服务	39.2	16.7	9.8	34.3	102
法律咨询服务	34.3	19.6	3.9	42.2	102
社区便民服务项目和设施	78.4	15.7	5.9	0.0	102
体育健身设施和场所	72.6	18.6	7.8	1.0	102
文化娱乐休闲设施和场所	48.1	25.3	5.1	21.5	79
健康医疗服务	66.7	20.6	8.8	3.9	102
民族宗教活动设施和场所	90.2	4.9	0.0	4.9	102
环境卫生	87.2	11.8	1.0	0.0	102
社区绿化	83.4	12.7	3.9	0.0	102
社区治安	66.7	24.5	8.8	0.0	102
市政公共设施	96.1	3.9	0.0	0.0	102
公共交通设施	96.1	2.9	1.0	0.0	102

综上可见，满意度在 80.0%以上的项目有 5 项，主要是民族宗教活动设施和

场所、环境卫生、社区绿化、市政公共设施、公共交通设施，满意率分别为90.2%、87.2%、83.4%、96.1%、96.1%。

满意度在50.0%以下的项目有3项，主要是育婴托儿服务、法律咨询服务、文化娱乐休闲设施和场所，满意率分别为39.2%、34.3%、48.1%。不过这些项目虽然满意率低，却大多不是因为不满意，而是不知道的为多，表示不知道这些服务的分别有34.3%、42.2%、21.5%。究其原因，一方面是一些居民与这些项目关系不大，没有需求，也就没关注这些；另一方面，也说明我们的社区在这些方面的宣传还有些少，居民都不太了解。

（一）老年人服务

MZJY 社区的老年人能享受到的服务主要有：为老年人提供的免费服务、居家养老服务、组织老年人游园活动、老年人运动会、高龄补贴等。所以，问卷调查结果显示，57.8%的人对老病残特殊服务表示满意。

1. 免费服务项目

为老年人提供的免费服务主要有组织老年人免费体检，免费为 60 岁以上老年人注射流感疫苗，过节前为高龄老年人免费清洗抽油烟机，免费安装厕所扶手等。

免费安装厕所扶手是 CHY 区民政局 2009 年开展“为老服务”的内容之一，CY 地区民政科工作人员接到通知后认真做好信息采集工作，并积极向上级部门申请，希望地区内 80 岁以上有需求的老人都能免费安装厕所扶手，最终为地区 158 位 80 岁以上老人免费安装了厕所扶手。这样可以更好地保障高龄老人行动的安全，为其生活提供方便。①

2008 年年底至 2009 年年初，CY 地区 200 多户 80 岁以上的老人陆续得到了免费擦洗抽油烟机服务，这项服务是区民政局举办的“爱心助老行动”的一部分。该次活动由政府拨款，社区服务中心承办，专门聘请了帅康公司具有专业资格证明的工人为老人提供服务，属于政府出资购买服务的活动。②

2. 居家养老服务

居家养老服务从 2008 年开始，从摸底调查到了解居民需求的前期调研，再到落实居家养老服务对象。2008 年有 23 名老人，2009 年有近 400 名老人接受了居家养老服务。

居家养老服务，是指以家庭为核心、以社区为依托、以专业化服务为依靠，为居住在家的老年人提供以解决日常生活困难为主要内容的社会化服务。“居家养老”是相对于“机构养老”而言的，目前，我国整个养老机构的床位数只占

① CY 地区政府网. http：//cydq.bjchy.gov.cn［2009-07-29］.
② CY 地区政府网. http：//cydq.bjchy.gov.cn［2009-01-21］.

1.16%，近99%的老人还住不进去。

此外，受传统的家庭伦理观念的影响，我国大多数老年人不愿离开自己的家庭和社区，到一个新的环境中去养老，居家养老服务采取让老年人在自己家里和社区接受生活照料的服务形式，适应了老年人的生活习惯，满足了老年人的心理需求，有助于帮助他们更好地安度晚年。

居家养老服务内容主要包括以下四点：一是生活照料。包括为符合条件的老年人提供日间照料服务，如做（买）饭、家宴帮厨、代购物品、户外活动等服务；提供送水换气、洗涤衣被、缝纫修补、打扫卫生、家电维修、管道疏通、安全服务等服务。二是康复理疗。包括健康指导、保健咨询、慢性病预防、残疾人康复指导、康复护理、组织老年人体检、建立健康档案、残疾预防等。三是精神慰藉。包括图书预览、读书读报、文体活动、谈心交友、老年课堂、心理咨询等。四是提供安全防范方面的活动。符合以下条件的空巢老人都可以享受到居家养老服务，其中包括60岁以上的城镇“三无”或农村“五保”老人；60岁以上享受最低生活保障生活半自理、不能自理的老人；60岁以上生活半自理、不能自理独居的老人；80～89岁的生活半自理、不能自理的老人；90岁以上的高龄老人；100岁以上的老人；60岁以上的市级以上劳模、困难归侨老人。①

在2010年的调查中，笔者对居家养老服务券的相关情况也做了调研。但统计结果有些令人感到意外，因为很多人都不知道居家养老服务券。只有11位个案表示自己或家里有老人领取过服务券，只占调查对象的9.4%。当然，这样的结果也与此次调查对象的年龄结构有关系，因为这次并不是做居家养老专题，只是在整体调查中加入了居家养老的问题，从调查结果来看，调查对象中80岁以上的老年人只有3位，60岁以上的占32.2%。上面的介绍中对享受居家养老服务有具体的条件限制。而且从接受过居家养老服务的对象来看，居民们对此的整体评价还是比较高的。下面的表格详细展示了居家养老服务券的领取情况（表4-7）、服务券的用途（表4-8）及对服务的满意度（表4-9）。

表4-7　居家养老服务券的领取情况（2010年调查数据）

选项	频次/次	百分比/%
领取过	11	9.4
没领取过	106	90.6
合计	117	100.0

服务券的用途主要是老年餐桌和家政，合计占81.8%，而医疗保健和心理咨询没人选，用于购物的也少，只有1人选择（表4-8）。

① CY地区政府网. http://cydq.bjchy.gov.cn［2008-08-23］.

表 4-8　居家养老服务券的用途（2010 年调查数据）

选项	频次/次	百分比/%
老年餐桌	3	27.3
家政	2	18.1
老年餐桌和家政	4	36.4
购物	1	9.1
其他	1	9.1
样本数	11	—

对居家养老服务的满意度情况如表 4-9 所示，选择比较满意的占多数，为 45.4%，加上非常满意的，两项合计为 72.7%，非常满意和不太满意的都为 27.3%，没人选很不满意。

表 4-9　对居家养老服务的满意度（2010 年调查数据）

选项	频次/次	百分比/%
非常满意	3	27.3
比较满意	5	45.4
不太满意	3	27.3
合计	11	100.0

从表 4-10 的数据看，在作答的样本中，大多数老人是有养老金或补助的，有 8 人选“家里老人有养老金或补助”，占 61.5%，金额上在 600～2000 元。

表 4-10　家里老人有没有领取退休金或生活补助（2010 年调查数据）

选项	频次/次	百分比/%
有	8	61.5
没有	5	38.5
合计	13	100.0

（二）残疾人服务

在 MZJY 社区有残疾人 232 人。小区新建楼房时就为残疾人建设了附带无障碍设施的房型；为了给残疾朋友提供活动、康复的场所和设施，新成立了“温馨家园”，进一步完善了残疾人康复站的建设，建成了残疾人职业康复基地，为地区部分残疾人康复、就业搭建了良好平台。为促进残疾人与外界的交流，增强他们的自信心和丰富他们的生活，还举办了多次残疾人运动会。这些服务和活动对促进残疾人的康复，增强他们的生活自理能力，都发挥了积极作用。下面对这几项分别做详细介绍。

1. 无障碍设施

在建造回迁房时，特意设计了带无障碍设施的房子；在回迁房屋时，残疾人经申请就可以住进带无障碍设施的一楼房屋。不过有一段时间这种户型就有些不够了，于是又把一些房子改成带无障碍通道的房型。在这些年的发展中，人们对无障碍通道的情况也一直监督，还设有地区无障碍监督员，一发现有在无障碍通道上堆放自行车、杂物的都尽快清理掉，还有对于在盲道上停车的也尽快劝导，《品常社区报》也利用报纸的宣传和监督作用，曝光过一些这样的事，并号召大家用爱为残疾人创造无碍的环境。

为真正方便残疾人的生活，地区每年都会实施重残家庭无障碍设施改造工程。改造内容包括：为重残家庭配发轮椅，卫生间内安装尼龙材料制成的浴凳和折叠浴凳、L 形和一字形扶手、浴头升降杆等，方便残疾人在卫生间使用的各种设施。据了解，选择尼龙材料的设施，是因为尼龙制品具有手感舒服、不易滑倒且冬天接触不凉等优点。重残家庭无障碍改造工程的完成，极大地方便了重度残疾人的日常生活，使他们今后的生活中有了极大的保障。①

2. 经济资助

对于困难的残疾人及残疾人家庭，社区和地区都会提供一些特别的服务和帮助。比如，在节假日送慰问金、慰问品；组织他们免费参加一些体检，免费享受一些服务；在交纳新型农村合作医疗、新型农村社会养老保险、大病统筹等项目时，政府都会给特困的残疾人以补贴，他们个人只需交纳少部分或不交而依然能享受各种政策优惠。

3. 康复中心——温馨家园

坐落于 MZJY 社区的温馨家园装修一新后，面向残疾人开放，温馨家园现在已经通过市级验收，成为示范性温馨家园，接待过 22 个街乡的观摩学习。在这里有齐全的康复器材，还有可以让残疾朋友康复训练后休息时观看的 VCD。另外，通过各方联系协调，有企业为他们提供了一些毛绒玩具，残疾人朋友可以完成这些玩具的填充工作，这样他们在得到康复训练的同时，也能增加一些技巧及一点收入。在温馨家园还会为特定的残疾人组织开展专门的康复训练，如盲人定向行走训练，通过工作人员和接受训练的人共同努力，有一位盲人孩子顺利通过了审核，以后她就可以自己在盲道上行走了。为了表达感激，在地区一位音乐人的帮助下，这位盲人孩子还录制了一首歌送给温馨家园的工作人员。

4. 文体活动

为丰富残疾人的精神生活，CY 地区为残疾人开展了一系列精彩的文体活动，如残疾人运动会、残疾人唱歌比赛、残疾人健身节等，还成立了残疾人合唱

---

① CY 地区政府网. http：//cydq.bjchy.gov.cn［2008-07-30］.

队。为帮助残疾人开阔视野，还组织残疾人免费参观故宫博物院，游览朝阳公园、颐和园等。在一些节日来临时，还会组织残疾人开展联谊会、座谈会、文艺晚会等。通过这些活动，一些平时不怎么出门的残疾人在家人的陪同下跨出房门，感受到了社会的温暖；通过比赛展现自己的实力和魅力，增强他们的自信心。在各种设施的训练中，在各种活动的促进下，残疾人的精神状态变得更好了。另外，外界力量的鼓励也很重要，如残疾人艺术团在 CY 公园的节目表演，就鼓舞了更多残疾人自强自立。

（三）公共卫生服务

CY 地区将 2009 年定为地区的“健康服务年”，通过发放健康“绿卡通”、成立专家医疗队伍、培养家庭保健员、推进“家庭医生”服务模式、推出“军地医疗帮扶结对子服务”等工作，推动地区医疗卫生资源向基层社区倾斜，为地区群众提供疾病防治、妇幼保健、健康教育等基本公共卫生服务，缩小城乡基本公共卫生服务差距。

“绿卡通”是 CY 乡为地区 60 岁以上的常住人口发放的。凭借这个绿卡通，地区居民将享受免费的物理检查、健康咨询等多项服务。据了解，CY 地区将 2009 年确定为百姓“健康服务年”，第一批绿卡通将针对地区 60 岁以上常住人口进行发放，地区老人可凭借此卡享受由社区服务中心提供的全年免费体检一次，慢性病患者则可在中心内免费使用相关仪器，享受健康管理等服务项目。①

社区为保障居民健康也作出了不懈努力，开展了许多活动，特别是社区在北京市的统一部署下，2008 年 8 月正式成立社区卫生服务站后，卫生服务站还请来了中医专家坐诊，创建中医堂。国家规定的零差率药品也在卫生服务站有售。社区服务站还会为高龄老人提供一些上门打预防针等服务。

社区在卫生方面提供的免费服务主要有：经常组织老年人、妇女、儿童进行免费体检，对特殊人群的专项疾病如糖尿病、白内障、子宫癌、乳腺癌等进行免费筛查活动，为符合条件的糖尿病、高血压患者免费发放测量仪。

社区还组织过一些健康养生讲座，开展肥胖人群干预项目、防治慢性疾病等活动。

笔者在对调查的问卷做统计时发现，总体对卫生服务的评价还是满意居多，达到 66.7%。有 8.8%的人选择了“不满意”，提到的问题和建议主要有：①社区医院出诊时间不合理，应长期有人，通常下班看病就找不到人了，晚上出诊不方便；②社区医院主要是实习医生，有经验的医生太少，责任心也不强，服务态度不好；③没有好的医生，医生技术太差，有个一般的病也不敢接，去看病总被推

---

① 北京朝阳新闻网. http://www.chynews.cn［2009-08-20］.

到别的地方；④药品不全。

（四）法律咨询服务

1. 律师进社区活动

2009 年 4 月 23 日上午 9 点，CY 地区举行了法律服务室建设启动暨律师进社区签约仪式，2009 年以来，在 CHY 区司法局领导的大力支持下，结合 CY 地区社区建设的实际情况，地区司法所及时加大宣传力度，积极推进律师进社区工作，经与北京华舟律师事务所、北京中润律师事务所反复磋商，分别在地区 6 个社区、地区社区服务中心、北京市民族学校内建立了法律服务室，试运行期间共接受群众咨询案件 34 起，得到了地区群众的认可和好评。区司法局原副局长廖春迎就推进律师服务进社区、进乡村“三个一”工作目标进行了详细的诠释，即每个街（乡）至少与一家律师事务所签订法律服务协议；每个社区至少建立一个法律服务平台；每个社区的居民有法律需求时至少能够找到一名律师。同时，廖局长还对 CY 地区律师进社区工作给予了充分的肯定，她说：“今年，CY 地区在达到‘三个一’工作目标的同时实现了两个突破，一是将市、区要求的与一家律师事务所合作拓展到与两家律师事务所合携手；二是在社区建立法律服务室的基础上将法律服务延伸至北京市民族学校，使地区居民、律所、地区政府真正达到三赢。”MZJY 社区的义务法律咨询律师是在每周三下午 1 点到 5 点接受居民前来免费咨询。2009 年 6 月 1 日，在北京市民族学校成立了 CY 地区青少年普法教育基地，通过“律师进校园”，每周四全天都会有律师在学校法律咨询室开展面向全体师生及家长的义务法律服务工作。[①]

2. 法律宣传

除了以上的特色法律咨询服务，地区还经常组织普法讲座，开展普法宣传活动，而且在普法日会通过一些本社区的文化团体的表演活动来吸引居民参加普法活动，为大家免费发放普法宣传资料。

随着《品常社区报》的创刊，社区报也逐渐成了法律宣传与法律咨询的一个重要平台，使社区居民法律咨询服务又多了一个新的途径。现在社区报几乎每期都有“身边有法”的栏目，这个栏目通过一些生动的案例向人们讲述法律知识；还有互动栏目，会将居民咨询的一些问题，通过双桥司法所的解答在报纸上刊登。

（五）便民利民服务

MZJY 社区居民以前都是在早市上买菜，虽然社区南面、西面都有市场，但

---

① CY 地区政府网. http: //cydq.bjchy.gov.cn［2009-08-20］.

有人认为对老人来讲还是有些远、不方便，而且只是早市，中午就没地方买菜；还有就是认为早市的菜太贵。2009 年 3 月 18 日，建在社区内的清真菜市场正式营业了，这为居民买菜提供了很大的方便，而且由于建的是清真市场，回族居民在这买菜买肉也放心多了。笔者在调查时还到清真菜市场进行了观察，那里的菜、熟食等的品种都很多，价格与其他地方一般菜市场相比差别不大。不过在吃早点上，居民们还是不太方便，虽然有东来顺的早点，但一些居民认为对普通消费者来说不是很合适，他们希望有更多提供经济实惠的早餐的地方。

关于便民服务，调查中居民提到在小区附近还需增设便民点，包括：买天然气、买电的点，增设银行（如北京银行）以方便大家领养老生活补助，以及修自行车的摊点等。

（六）贫困救助

MZJY 社区有 255 人需要低保，残疾人 80 多人，家里收入人均不足 410 元。为缓解这些残疾人家庭和困难家庭的生活压力，地区政府专项拨款建成了爱心超市，每周一上午、周四下午为地区残疾家庭和困难家庭开放。符合条件的家庭会得到爱心救助卡（卡上有 60 元/月的补助，半年共 360 元），他们再拿卡到爱心超市刷卡购买所需的生活必需品。困难家庭是由专项评选小组选出的，每半年进行一次调整。[①]

2008 年 6 月 25 日上午，CY 地区隆重举行地区社区服务中心、朝阳慈善协会 CY 地区分会和 CY 地区爱心家园揭牌启动仪式。在朝阳慈善协会 CY 地区分会成立当天，现场募集善款 166.2 万元，分会的成立为地区贫困人口又新增了一个救济渠道。[②]现场还向 5 位受救助困难家庭发放了救助金，并发放了第一批爱心救助卡。

（七）心理咨询服务

针对农村城市化过程中生产生活方式的改变给居民带来的心理影响，在北京市 CHY 区教育委员会的支持下，CY 地区于 2009 年 10 月份启动了“关注民生，构建和谐——农村城市化进程中社区心理健康行动”项目，引进心理专业机构，根据社区居民的心理需求，开展渐进式心理健康教育。每个周一的下午都有来自“读你心意心理咨询中心”的专业心理治疗师到社区免费坐诊。据统计，项目启动以来，举办心理健康知识讲座 3 场，受众达 1200 余人次，印发心理健康宣传折页 3000 份、宣传海报 120 张，在《品常社区报》上开辟心理健康专栏 22 期。

---

① 品常社区报. 2008 年 8 月 7 日，第 6 期第 6 版.
② 品常社区报. 2008 年 7 月 2 日，第 1 期第 3 版.

通过了解掌握心理健康常识，社区居民关注心理健康的意识明显增强，自我心理调节能力有了一定提高。随着社区居民心理调节需求的不断增加，CY 地区又开通了地区心理咨询热线电话，在 CY 地区 MZJY 社区建立了社区心理咨询室，每周安排两个半天请心理专家接诊，为广大社区居民提供心理危机事件的干预途径，及时掌握和解决社区居民的心理问题。同时，为了让心理咨询服务成为 CY 地区一项长期、常规的社区服务项目，CY 地区还在 BLAY 小区建立了专门的心理咨询室，并积极准备培养一批持证上岗的“社区心理辅导员”，在每个社区至少配备一名“心理辅导员”。目前，地区已经将心理咨询服务纳入地区“绿卡通”服务项目，持有绿卡通的居民都可以到位于 MZJY 社区服务站的心理咨询室寻求帮助。[①]

笔者 2010 年在调查时还巧遇一居民在向咨询心理咨询师问题，寻求帮助。可见，心理咨询已走进人们的生活，将会得到更多的认可。

第二节 社区社会组织

一、关于社区社会组织

随着我国社会的发展，产生了大量的社区社会组织，这些组织在社区建设中发挥了重要作用，也引起了学者的关注。不过我国社区社会组织基本处于发展的初期阶段，所以目前的研究主要关注的领域还比较有限，而且所关注的社区也主要是以城市社区为主，对转制社区的社会组织的研究还较少，对转制民族社区社会组织的研究就更少了。已有研究主要关注了以下方面。

（一）社区社会组织的定义

社区社会组织，有的也称为社区中介组织、社区非政府组织、社区非营利组织、社区第三部门、社区民间组织等。本书用“社会组织”一词，具体原因如下：一是这种名称，政府和社会容易接受，如北京社区建设“1+4 文件”中用的就是社区社会组织，目前学界研究中也有越来越多的专家和学者选用社区社会组织的概念；二是这样更能表达这些组织的特点。具体对社区社会组织的定义上，徐济益、刘爱莲认为“社区民间组织是指由社区组织或个人在社区范围内单独或

---

① 曹农轩. CY 地区拓展政府工作新领域 引进专业机构开展社区心理健康教育. 朝阳报，2010 年 4 月 27 日.（考虑到地名匿名化处理，此处标题中的地名也统一用字母代替）

联合举办的，以本社区成员为主体，以本社区区域为主要活动场所，遵守国家法律、法规，尊重社会公德，以自我管理、自我教育、自我娱乐为主要活动目的，满足社区居民不同需求的、自发形成的群众团体队伍或组织”①。侯玉兰认为社区社会组织“是指以社区居民为成员、以社区地域为活动范围、以满足社区居民的不同需求为目的、由居民自主成立或参加、介于社区主体组织（社区党组织和社区居民委员会）和居民个体之间的组织”②。综合来看，目前的定义都有地域基础，即在社区范围内，本社区居民为满足不同需求而成立的政府和企业之外的组织。

（二）社区社会组织兴起的原因和作用相关研究

关于社区社会组织兴起的原因，何金晖认为是“我国‘总体性社会’向‘后总体性社会’转轨的产物，也是国家一元化结构向国家、市场、社区三元化结构转型的结果。此外，单位社会职能外溢、城市社区人口结构变化、城市居民闲暇时间增多等也是社区民间组织兴起的重要原因”③。更多的研究者提到了社区社会组织的作用，邓恩远认为社区社会组织可以“加强社区管理、推进社区自治、拓展社区服务、凝聚社区力量、加强精神文明建设”④；唐政秋的观点是“社区社会组织作为和谐社区建设中的重要社会力量，可以通过各种活动和服务，参与所在社区的社会管理、社区服务、社会事务等，弥补政府功能的不足，化解各种社区矛盾，实现社会自治”⑤；宋雪飞对社区社会组织做了新功能的解释，认为是“解决‘后单位现象’的有效途径”⑥。的确，许多专家和学者都对社区社会组织寄予厚望，希望能发挥各种作用，那么实际中的社区社会组织能在多大程度上发挥作用，本书将通过实例对这方面作出一些回应。

（三）关于社区社会组织发展现状、问题、原因、建议等的研究

由于我国社区社会组织的发展还处在初期阶段，对其发展现状的研究还是比较有必要的，也是许多研究首先要做的，白友涛、朱玲芳等研究了南京城市社区民间组织的现状；吴新叶、康晓强等研究了上海的社区社会组织；侯玉兰、万军、张希等关注到了北京的社区社会组织。目前，全国各地学者都不同程度地关注到了社区社会组织的发展。这些研究为其他后来的研究提供了许多参考与

① 徐济益，刘爱莲. 城市社区民间组织与驱动功能分析——以南京鼓楼区社区民间组织为例. 城市问题，2005（5）：95-100.

② 侯玉兰. 石景山社区中介组织的现状与发展研究. 新视野，2005（3）：59-61.

③ 何金晖. 社区民间组织兴起缘由及发展策略探讨. 社会主义研究，2010（1）：96-101.

④ 邓恩远. 社区民间组织的特征与功能定位分析. 中州学刊，2006（4）：107-109.

⑤ 唐政秋. 社区社会组织参与和谐社区建设相关问题研究. 长沙民政职业技术学院学报，2008（4）：6-8.

⑥ 宋雪飞. 社区民间组织新功能解释——后单位现象解决方案之一. 兰州学刊，2008（11）：109-114.

借鉴。

在谈到社区社会组织发展的问题时，徐济益、刘爱莲认为主要受以下几种因素制约："经费投入和政策扶持上的'瓶颈'制约、规章制度上的'瓶颈'制约、认识和观念上的'瓶颈'制约、组织自身结构上的'瓶颈'制约、政府机构管理力量上的'瓶颈'制约。"①还有关于社区社会组织参与社区建设的途径、方式，张苏辉认为，"社区社会组织参与应通过参与社区社会管理、提供社区服务、开展社区文化活动、承担社区事务性工作、化解社区矛盾、动员社区成员参与、拓宽社区资金来源、影响社会政策制定等途径，通过志愿服务、机构服务、政社合作、组织建设等具体方式来发挥作用"②。面对社区社会组织发展的问题与困境，学者提出了各种建议，综合来看，主要涉及国家、政府相关部门和社区社会组织自身。国家应该完善相关法律制度，构筑有效的监督管理机制。政府部门要转变观念，转变政府职能，积极培育和发展社区社会组织，鼓励、引导、支持社区社会组织参与和谐社区建设；加强对社区民间组织的扶持力度和分类管理；建设有利于社区民间组织健康发展的制度环境。社区民间组织必须加强自身的能力建设，不断提高对社区居民的吸引力，完善内部治理结构，提升社区民间组织自我发展功能。③

（四）关于社区社会组织发展较成熟的地区和国家经验、模式借鉴

叶艇的文章主要介绍了成为支撑香港经济和社会事业发展的重要力量的香港社区社会组织的生存和发展；蒋学基等介绍了美国社区社会组织的运行情况及启示；在郭广雷的论文中，则介绍了新加坡、日本等多国的社区社会组织发展模式。这些对社区社会组织发展较成熟的地区和国家的经验和模式的介绍，为我们的进一步研究提供了很好的参考和借鉴。

综合笔者目前查阅的文献来看，已有关于社区社会组织的研究，主要是关于城市社区的，对转制社区社会组织的关注较少，对转制民族社区社会组织的关注就更少了。而随着我国城市化的快速推进，越来越多的转制社区产生，这类社区中的社会组织是值得研究的社区建设力量。转制民族社区的社会组织在产生的原因、发挥的作用等方面除了与以上学者研究的社区社会组织有一些相同之处外，还有一些特殊之处。本书中将具体考察 CY 地区 MZJY 社区中的社会组织在转制民族社区建设实践中已经发挥的作用表现在哪些方面，还有哪些方面有发挥的空间，从而探讨在转制民族社区建设中的社区社会组织角色定位和作用发挥领域及

① 徐济益，刘爱莲. 城市社区民间组织与驱动功能分析——以南京鼓楼区社区民间组织为例. 城市问题，2005（5）：95-100.

② 张苏辉. 社区社会组织参与和谐社区建设的途径和方式研究. 中南林业科技大学学报（社会科学版），2009（2）：34-36.

③ 此处综合了杨贵华、邓恩远、赵学昌、唐政秋等多人的观点。

发挥作用的特点。

目前，CY 地区 MZJY 社区的社会组织有近 30 个，成员近 500 人，主要是文化团体，还有计划生育协会、妇女联合会、清真寺管理委员会、CY 地区 MZJY 社区残疾人联合会、楼门长组织等。在这些组织中，文化团体基本都是居民自发组织成立的，以个人兴趣爱好为基础。其他的组织都是地区政府或社区根据居民需求或当地事务发展的需要而组织成立的。在这里主要介绍居民自发成立的文化团体和清真寺管理委员会。

二、文化团体组织

（一）文化团体概况

在 CY 地区 MZJY 社区，2001年拆迁上楼后，居民基于个人兴趣爱好，在一些社区精英（带头人）的组织下逐渐组成了22个文化团体，有19名负责人，成员有400多人。这些文化团体主要包括太极拳太极剑健身操队、合唱队（2个队）、星期一乐队、管乐队、交谊舞街舞模特队、空竹队（2个队）、舞蹈队、快板队、书法队、陀螺羽毛球队、花毽队、乒乓球队、京剧队、象棋队、健身队、腰鼓队、轮滑队、少儿才艺队等。其中的一些文化团体多次赴各地演出，参加各种比赛，获得了很多不错的成绩，比如，2008年6月20日，原四村合唱队在地区举行的有18支队参赛的“迎奥运　颂党情　当先锋”主题合唱比赛上获得冠军。在2009年北京市民族传统体育项目邀请赛中，CY 地区 MZJY 社区陀螺羽毛球队代表 CHY 区参赛，最终夺得女子项目冠军等。健身操队获得过北京市比赛的银奖，合唱队、快板队获得过 CHY 区相关比赛的银奖，空竹队获得过多个集体和个人的奖项等。以上文化团体都是成立于搬迁上楼后，最早的是2002年成立的舞蹈队，其他都是在2003～2009年正式成立的。

文化团体在丰富社区居民精神文化方面发挥了很大作用，也带动了更多的居民参与社区活动，为增进居民间的相互交流提供了很好的平台。MZJY 社区的文化活动在 CY 地区 6 个社区中是比较丰富的，团体也是比较多的。另外，新建的有 120 多平方米的居民活动室已正式面对居民开放，各文化团体都可申请到活动室开展活动。

下面对文化团体中有代表性的书法队和空竹队做一些介绍。

CY 地区的诗书画协会也可以说是一个分会，CHY 区有个总会，领导分会。经过多年发展，人数已增加了 5 倍，作品的数量比以前多了，质量也比以前高了。目前，CY 地区诗书画协会的会员主要是退休的老人，也有一些小孩，来自 CY 地区各个社区，他们每周四在 MZJY 社区居民活动中心开展讲座，每周六开展写画和互评活动，每次活动都有 20～30 人参加。他们的讲座是由一个曾在天津上过老年大学的老人志愿当老师，每周给大家讲课、批改作业。在调查中笔者也参与了他们的一堂课，每位会员年龄虽然都在 50 岁以上，但都像小学生一样认真地听老师讲课，课下和老师热烈地讨论如何把书法练好。以前没活动场地时，会长经常组织大家每周在自己家练半天字。这个协会已在公园举办过两次书画展，吸引了许多居民前去欣赏、观看。成员还积极给《品常社区报》投稿，常见报上刊登他们的作品。他们也经常与总会联系，参加 CHY 区、北京市的一些活动。据会长介绍，他们诗书画协会有一套独特的教学方式，使不会书法的人也渐渐喜欢上了书法。为了方便教学，协会采取了“临帖”教学方法。“临帖”教学，就是拿一幅作品，让学员集中练习，一般都需要二三百张纸去练习，每练完一幅字就裱出来，然后跟自己现在的作品做比较，不断提高大家的书法水平。这样既可以激发学员的兴趣，也能够让学员有信心练好书法。

CY 地区的空竹队现在已名声在外，参加过“全国空竹技艺交流大会”、河北保定的“空竹艺术节”、北京奥运会开幕前的表演活动、朝阳民俗文化节、CHY 区的农民运动会等，另外经常在 CY 公园演出，为地区一些活动宣传助兴等。空竹队全名是“北京市 CHY 区 CY 地区大型空竹抖技艺术团体”，该团体在 CY 地区有登记，属 CHY 区文体协会空竹分会，成立于 2005 年 4 月。这个团体当初成立时，主要是出于组织者的个人兴趣爱好，后来得到了 CY 二村村委会的支持。村委会出了大部分资金，加上组织者个人的投入，为成员购置了统一的服装，他们经常参加各种活动，分别获过个人项目和集体项目的奖。逢年过节，CY 地区也会组织安排他们到公园等地表演。该团体目前有稳定成员 80 多人，人数最多时达到 170 多人，其中秧歌队有 40 多人，打鼓队 10 多人，空竹队原来有 10 人，现还有 5 人，其他项目 30 多人，他们每晚在 CY 公园组织活动（笔者在参观 CY 公园时，见指示牌上特意指明空竹广场的位置和方位），就会吸引许多群众参与其中。

（二）文化团体兴起的原因

通过调查和思考，笔者认为，MZJY 社区的文化团体的兴起及其活动比较活跃的原因主要有以下几个方面：①政策的支持和引导。CY 地区一直比较注重居民文化团体的发展，各社区也鼓励、组织成立各类文化团体。CY 地区文化站为 CY 地区的文化活动确立的目标是“月月有活动，季季有高潮，年年有品牌”。这种目标的确定，也激发了各文化团体开展活动的积极性。在社区和居民的努力下，MZJY 社区回民舞蹈队成为 2009 年 CY 地区的文化品牌。②在 CY 地区 MZJY 社区的居民都是以前 CY 一村到八村的，总体上来说还是一个熟人社区，比较容易组织起来。③在拆迁改造后，居民们已经没有土地可以耕种，一些四五十岁左右的人也很难再找到合适的工作，社区的非全职工作人员增加，人们有了更多的闲暇时间，参加各种文化团体就成为人们打发这些时间的较好选择。④由于 MZJY 社区是整体搬迁上楼，居住进楼房的居民，不能再像以前那样方便地互相串门。在搬迁上楼后，人们的那种串门聊天的交往方式需要寻找一些替代方式，组织或参加各种文化团体也可以看作是他们适应变化的一种策略选择。

（三）文化团体的发展

1. 组织的自主性

除了舞蹈队是由地区倡导、社区组织成立的外，其他都是居民自发组织成立的。在正式成立社区后，对社区内的各文化团体进行整合。整体而言，CY地区MZJY社区的这些文化团体还是自主性较强的社会组织。

2. 组织的规范性

目前，这些文化团体都只是在社区登记备案，还没有正式的书面章程，管理上也主要依靠发起者的个人威信，整体上来说不是很规范的组织运作。

3. 组织经费来源

各社区社会组织的活动经费主要是由组织成员自费承担，但有活动时居委会都会给予一些支持，比如，租服装、请一些指导老师等；CHY 区政府每年都会有一些支持社区文化活动的经费，这些经费拨到社区，各团体有活动时，向社区负责文化团体的委员提出申请，批下来就会给团体提供一些经费支持。

4. 组织的活动场所

CY 地区 MZJY 社区文化团体的活动场所主要有两个：一个是 2009 年正式对居民开放的社区文化活动中心；另一个是 CY 公园，占地约 1114 亩，位置就在 CY 地区 MZJY 社区边上，居民步行到公园近的 5 分钟，远的 10～20 分钟就可走到。CY 公园的建设为地区百姓提供了一个集文化、体育、休闲于一体的活动场所，所以也是 CY 地区 MZJY 社区多个文化团体的主要活动场所。

在社区活动中心活动的文化团体主要有合唱队、舞蹈队、书法队、京剧队。

在 CY 公园活动的文化团体主要有太极拳太极剑健身操队、交谊舞街舞模特队、空竹队、陀螺羽毛球队、花毽队、健身队（主要是“赵之心——健康大步走”的练习）。

既在社区活动中心也在 CY 公园活动的文化团体主要有管乐队、快板队、乒乓球队、象棋队等。

5. 组织的活动范围

由于组织的活动场所相对固定，都在社区范围，所以各组织开展活动的范围也主要在本社区内。

6. 各组织间的联系

从调查了解的情况来看，各组织间联系较少，只是有些队员会同时参加几个团体，但这种情况也不是很普遍。

7. 组织成员

这部分主要是根据在书法队和乒乓球队做的成员调查问卷整理的。①基本情况。各组织的成员基本情况分异比较明显，比如，从性别上看，舞蹈队基本为女性，乒乓球队、书法队80%以上为男性。从年龄上看，书法队目前除了1位是47岁的，其他都是50岁以上的；而乒乓球队除了一位是53岁的，其他都是50岁以下的；相应的工作状态是，书法队只有2人是在职，其他都是退休的，而乒乓球队除2人非在职，其他都是上班族。这种基本情况的分异，可以让各社会组织吸引不同人群，各组织的成员群体较稳定，目标明确，开展活动的针对性较强，时间安排也能统一。②加入组织的原因。主要都是感兴趣（占45.8%）、想提高自己的水平（占37.5%）、可以和更多的人交流（占37.5%）。③加入组织的渠道。主要是朋友邀请（占66.7%）、会长邀请（占14.3%）、自己看到相关通知参加的（占14.3%）。④参与频率。从调查的情况来看，成员的参与率较高，表示经常参加的有91.7%。⑤关于活动。有75%的队员都认为活动内容很丰富，有83.3%的队员认为参加完团体活动后感觉心情愉快。

8. 组织在发展中的困难

通过与社区文体宣传的负责人、一些文化团体的负责人的访谈，在参与一些组织活动的过程中，笔者发现这些文体组织发展中的困难主要有：①资源不足，经费不足。比如，舞蹈队排练新的舞蹈需要老师指导，但地区没有找到合适的老师来教；即便通过一些机构找到志愿者，也会由于这里较远，队员学得慢等原因，而难以长期留住。②居民在参与方面的热情还是挺高，问题主要是太不稳定，时来时不来，毕竟是自愿参加，自发组织的，约束性小，也没什么管理可言。③目前的社区文化活动中心还是太小，周一上午、下午、晚上都有活动安排，周一到周日都是全排满的。有些团体希望能有自己独立的活动场所，目前还是实现不了。总之，这些文化团体要发展还是有困难，只能是维持住，让有兴趣的居民可以参加。

三、清真寺管理委员会

（一）清真寺管理委员会简介

在 CY 地区，清真寺管理委员会的管理形式是从 2003 年、2004 年开始实行的。改革开放前，社区人口不多，清真寺没有固定工作人员，主要是穆斯林尽义务，有负责灌水的人员和阿訇就够了。随着地区的发展，社区人员增加，清真寺也在 2002 年扩建，2004 年完工。清真寺面积更大了，寺里的各种电器也增加了不少，可容纳做礼拜的人多了。以前传统的管理模式已不适合发展的形势，需要实行新的管理模式，在其他清真寺已实验有效的清真寺管理委员会的模式被适时引入。

1. 寺务管理

具体在管理上，阿訇面向穆斯林群众，带领其进行五时拜功。阿訇是宗教职业者，是穆斯林的师长，北京市对阿訇也有专门的规定和要求。而清真寺管理委员会负责管理清真寺的日常事务，组织安全、防火、防盗、防暴等活动，以及重大节日的保障工作，如奥运会、60 周年国庆等都有安检任务。一年两次的消防训练时，把教职员工、阿訇都组织起来学习消防安全，夜里三个值班的，做完礼拜就要拉闸限电。CY 清真寺是全国百所模范清真寺之一，是窗口。

2. 财务管理

清真寺对财务实施正规管理，有会计、出纳。清真寺土地所有权没转居之前都是集体所有，新中国成立前有 400 多亩地，新中国成立后都归国有，这个寺传下来 500 多年，养寺、养阿訇。乜贴箱，几个月一满。在一些节日、纪念日，穆斯林群众都会来给清真寺捐乜贴，出几十元、几百元、几千元的都有。对于社会赈灾，在国家需要的时候，清真寺都会捐款。比如，捐给抗旱赈灾的款，仅 2010 年 6～7 月这两个月就已经捐了 1.6 万多元。

对于乜贴，给清真寺的归清真寺，给阿訇的归阿訇个人。对阿訇是管饭，每月给 800 元补贴。在政府补贴方面，乡政府一年给 50 万元，这些钱主要用于支付 6 个阿訇加保卫人员、保洁人员及服务中心等 30 多人补贴（Z、W 等人还不算在此，他们拿乡里的工资）。洗埋台的有 4 人，两男两女，还有管卫生、管水房的寺师傅，管宰牲的刀师傅。办事、了事、大节时，才是阿訇负责。

清真寺的修缮、维护一般都是乡政府出钱，这也是 CY 乡的一个窗口。以前有一次是通过写乜贴的方式募款，乡政府和 CHY 区宗教局再分拨一些配套款项。

3. 教务人员管理

清真寺管理委员会组成人员的产生途径是由政府、伊斯兰教协会（下文简称“伊协”）推荐，征求乡老（乡老是经常礼拜的人，教门）的讨论意见，再选举产生。任期由 CHY 区伊协规定，以前是 3 年，现在是 5 年。目前，清真寺管理委员会中 D 阿訇是区伊协会长、委员，Z 主任是区伊协副会长（区伊协有 5 个会长，CHY 区有 7 万多回民）。清真寺管理委员会成员的选择标准如下：是回族，不抽烟，不喝酒，受过教育，信仰要正，热心为穆斯林服务，没有私心。

阿訇以前是聘用制，一般 3 年到期。现在有伊协正规的组织管理阿訇。阿訇都是有资格证书的，有学历，伊斯兰教经学院毕业，二三十岁以上，有一定阅历。阿訇没有退出制，如 D 阿訇已经 50 多岁了，以前的 Z 阿訇是 78 岁时让贤而退出的。阿訇一般是区伊协派出的，归清真寺管理委员会管，主要是给他们开会，管理他们的生活等。CHY 区有 9 个清真寺，只要阿訇不犯错误，受到穆斯林的好评，就可长期做，除非工作需要，可能会被调到其他清真寺。D 阿訇是 2007 年年底过来的，有两年半了。LH 阿訇老家是东北的，在这里待了 17 年，以前是挂账阿訇，后来到北京市伊斯兰教经学院进修，2007 年毕业后取得资格证转为正式阿訇。YB 阿訇以前是河北沧州的，从杨闸清真寺调过来的，是 CY 地区的女婿，在这里待了四五年了。YZQ 阿訇是河北的，2009 年年初从小红门清真寺调过来的。LXL 阿訇是河南的，2009 年年初来 CY 地区。J 阿訇，为本地人，2007 年来这里的。阿訇的任期时间长短取决于穆斯林群众、清真寺管理委员会和伊协。原来有 5 位阿訇，2009 年 1 月退了一位老资格的阿訇。以前一般 2 位阿訇，现在人多，经济条件也好了，要了的事多，出舍也多，比如，宰头牛，一人分一份。

目前，清真寺共有 6 位阿訇。D 阿訇是掌教阿訇，此外还有 5 位阿訇，负责葬礼、洗埋台、念经、游坟等事宜。

（二）服务和活动

清真寺管理委员会起桥梁、纽带的作用，创造各种条件为广大信教群众及教职人员服务。清真寺管理委员会管理诸如每天五时拜功，每周主麻日礼拜，每年一次朝觐等宗教事务，以及做好阿訇之间、阿訇与群众之间的协调工作。

清真寺是宗教活动场所，信教群众和教职人员应在清真寺范围内行事，如果要超出清真寺的范围行事，需要与相关部门协商，取得许可方可开展。CY 清真寺开展活动的人口数量与具体的活动有关。主麻日五六十人，斋月时每天五六百人，大开斋时能达到两千人，清真寺外面都站好远。来 CY 清真寺参加活动的，除了有本地户籍的 7000 多穆斯林，还有几十个在这附近住的和大使馆那边的外宾。另外，朝阳门、双桥的穆斯林也会来 CY 清真寺请阿訇。随着 CY 回族乡的撤村建居及地铁的开通，会有更多房子建起来，也会有更多回族来到这里。CY 清真寺将服务更多人群。

目前，人们日常生活中需要清真寺或阿訇参与的事宜主要包括：人们起经名、办入教手续、举行成人礼、结婚写尼卡哈等事情需要到清真寺或请阿訇办理。成人礼，一般是在男性 16 岁、女性 14 岁时举行，以前的割礼如今已取消。结婚在符合婚姻法相关规定的基础上，还需要到清真寺或请阿訇写尼卡哈，以获得穆斯林内部的认可。

在对外交流活动方面，CY 清真寺与西城、东城、丰台等区里的伊协都有交流，其他地方的伊协也会来本地参观学习。在朝觐方面，按规定是走着去，现在交通工具发达了，人们的生活水平也有很大提高，去朝觐的方式有了多种选择。每年 CY 地区都有去朝觐的，2009 年去朝觐的全北京有几十人，CHY 区有十几人，其中仅 CY 地区就有 8 人去朝觐。

四、对社区社会组织发展的思考

通过对 CY 地区 MZJY 社区社会组织发展的考察，可以看到转制社区社会组织与一般社区社会组织相比确实有其自身的特点，虽然 CY 地区 MZJY 社区社会组织目前组织数量不少，在繁荣社区文化中也发挥了不小的作用，但还存在一些问题和困难。笔者对其发展做了以下几点思考，与相关学者共同探讨。

（一）社区社会组织参与作用的发挥

在社区参与作用的发挥上还有些不足。虽然本书涉及的社会组织都是自发成立的，居民对组织内的活动参与率也很高，但从社区社会组织对社区参与的作用和影响的角度讲，还很不够。目前的组织多是以自娱自乐为主，组织间的交流较少；除了上面有比赛时相关团体去参与比赛外，对社区其他活动和事务基本没有什么参与。因此，在今后的发展中，还可以引导社区社会组织更多、更深入地参与社区事务。

（二）社区社会组织及其成员能力的提升

社区社会组织及其成员在能力提升和长远可持续发展方面还存在一些问题。目前，各组织只是自娱自乐，缺乏高水平的指导，比如，前面提到舞蹈队想排练一些新舞，却找不到专业的人来教，还有其他组织也面临同样的问题。当然这与组织的经费有关，即无力请专业人员来教。书法队是请一位退休的曾上过老年大学的附近社区一位老人，每周六免费给书法队队员讲课，但不是每个队都能找到这样的义务讲课老师。

（三）社区社会组织的长远发展

目前，主要是一些社区精英组织成立，维系着社会组织的发展，如果他们由于一些原因不能再继续带领这些组织，组织就会面临解散的风险。目前，这些社会组织的负责人都是以前在社区范围就有一些影响的退休的干部或经济实力较好的人员，还有一些是现任社区工作人员。要保证组织的可持续发展，还是要考虑负责人的产生、成员的加入和退出的一种机制约束和制度保障。

（四）社区社会组织的组织建设

其在组织建设方面还存在不少问题，如规范性弱，没有组织章程，没有正式的注册登记，内部管理主要靠个人威信。虽然自发组织居民看重的是其随意性，但考虑长远发展还是需要一定的规范。如要再发展壮大，对其组织的合法性问题也要做一些考虑。

（五）社区社会组织与政府的关系

政府对社区社会组织特别是居民自发成立的社会组织不要过多干预，应为它们的发展创造良好的政策环境，提供必要的经费、场地、辅导人员等方面的支持，而对具体的活动则无需过问太细，更不要横加干涉。比如，笔者在进行社区社会组织访谈时，有些社会组织负责人就谈到，他们认为政府为他们提供一些表演、比赛的机会很好，但人员的选择应由组织内部来定，政府不应直接插手这样的事。

（六）社区社会组织的资金来源

社区社会组织在发展中可以考虑借用一些非公募基金组织或公益组织的力量，与这些组织合作，能促进社区社会组织的进一步发展。许多非公募基金组织或公益组织都有支持社区发展的项目，能提供资金及专业人员的支持，而这些正是一些社区社会组织所缺乏的。但从 CY 地区 MZJY 社区的状况来看，这方面的思路和实际合作都很少，可以作为进一步发展的方向进行考虑。

第五章

居民参与及角色转变

第一节　居民参与及诉求

居民参与是社区建设中很重要的内容，已有研究涉及社区参与定义、存在的问题、影响原因及建议，对本书有很大的启发。本章主要结合个案社区的特点，从文化参与、公益参与和政治参与方面考察居民参与情况。

一、居民参与

（一）文化参与

与文化参与相关的问题，笔者在 2009 年和 2010 年的两次调查中都做了调查，有意思的是，两次调查的结果形成了明显的反差。比如，在是否经常参加社区活动上，2009 年的调查结果显示居民参与热情很高，但 2010 年的调查结果却是参与率很低。考虑到两次调查的对象不同，也可由此看到社区参与中精英与平民的反差。因此，在对下面的数据进行说明和分析时，将分别介绍两次的结果，然后再将两次的结果做比较分析。

2009 年调查得出，在 CY 地区，社区活动的整体情况是：主要由乡里在一些重要的节假日及重要的宣传日时组织开展活动，以及居民自发在 CY 公园组织各种活动（表 5-1）。各层次组织开展的活动以文体活动居多，占到 81.5%。

表 5-1　社区活动的组织情况（2009 年调查数据）

选项	频次/次	百分比/%
街道或乡组织	22	22.0
社区组织	6	6.0
居民自发组织	23	23.0
没什么活动	18	18.0
乡、社区组织	1	1.0
乡、居民自发	15	15.0
社区、居民自发	7	7.0
乡、社区、居民自发	8	8.0
合计	100	100.0

总之，有 CY 公园，有乡、社区和居民自发组织的各种活动，居住在这里的

人们的文化活动还是比较丰富的，人们的参与热情也是比较高的。由于绿化隔离带建设和拆迁改造，许多人目前还是没有工作或处于半失业状态，CY 公园从早到晚都有不少人，健身器材和几个球场要早早去才有位置，不然人满，就只有自己散步了，还有些老人在公园里骑三轮车锻炼身体的。

从 2009 年调查的居民参与情况看，总的来说，居民参与社区活动的热情较高，超过一半（52.0%）的人经常或偶尔参加，还有 14.7%的人是“想参加，但没听说有什么活动”。有 33.3%的人选择了“从不参加”，他们的理由主要是：①自己年龄大了或身体不好，不方便参加那些活动，通常只是自己散步，观看其他人的各种活动；②有小孩要照顾，顾不上参加什么活动；③工作没时间或不感兴趣。

居民参与的活动主要是文体类，占77.6%，如唱歌、跳舞、跳操、踢毽子、跳绳等。

2010年的参与情况如下：社区活动的参与率很低，有一半以上（81人，占55.9%）的调查对象都表示从不参加社区组织的活动；只有5人（占3.4%）表示经常参加活动，即便加上偶尔参加的一共也只有1/4，占26.2%。不过还有26人（占17.9%）认为是“想参加，但没听说有什么活动”（相关统计数据见表5-2）。这说明社区活动的宣传力度还是欠缺，社区活动的内容也缺少吸引力，因为有一半的人从不参加，另外社区的活动数量可能也太少。在对社区活动的看法上，也只有15人（占11.7%）认为“社区活动有收益，我愿意参加”。

表 5-2　社区活动参与情况（2010 年调查数据）

选项	频次/次	百分比/%
经常参加	5	3.4
偶尔参加	33	22.8
从不参加	81	55.9
想参加，但没听说有什么活动	26	17.9
合计	145	100.0

从两次调查数据的比较来看，差别很大。2009年调查的结果是参与热情比较高，而从2010年的数据来看则是参与热情很低，不过笔者并不认为是随着时间而降低。很大的原因可能是调查对象的变化，2009年的调查对象中村委会成员占的比例较大，而且调查对象也都是社区联系安排的，这些当然是社区活动参与的主要人群。而2010年的调查则是从居民楼随机抽取调查对象的。这样看来，一般民众对社区活动的参与热情不是很高，而参与率高的还是社区精英或社区的积极分子。

在2010年的调查中，笔者发现 MZJY 社区虽然有22个文化团体，但居民参与过社会团体的还是少数，看来参加社区社会组织的主要还只是一些社区精英。而且有意思的是，被调查中的居民往往会说，那些团体不是一般人都能加入的（尽管大多数团体认为自己是对居民开放的），还有就是有不少人对这些事不感兴趣。至于志愿者团体，实际上从已了解的情况看，MZJY 社区并没有正式的志愿者团体，那些选择参加过志愿者团体的主要是参加过大型节庆日期间的巡逻等工作，而且这些活动一般是社区安排，指定人参与，与学术上或一般意义上的志愿者团体还有不小的区别。即便如此，参与团体的也只占15.2%和14.8%（表5-3），而且选择参加过的这20多人中有一半都是楼门长。

表 5-3　是否参加社区的社会团体（2010 年调查数据）

选项	文化团体		志愿者团体	
	频次/次	百分比/%	频次/次	百分比/%
参加了	22	15.2	21	14.8
没参加	123	84.8	121	85.2
合计	145	100.0	142	100.0

再看具体的参与团体的情况，参加一个团体的只有 18 人。选项中参加合唱队的较多，有 7 人，占 38.9%，在参与原因上感兴趣的为多数，有 11 人，占 55%。即便这些人参加了团体，也都不常参加活动，选择一次都没参加过的有 10 人，占 52.6%。其参与时间都是在 2000 年后，一方面说明大家在失地后有了更多闲暇时间，另一方面也可以看到那些团体组织也大多是在 2000 年后才成立的。

（二）公益参与

CY 地区目前还没有正式的志愿者组织，只是在大型节假日期间会组织一些志愿活动，但这些活动一般都限于行政安排，主要是安全巡逻或一些宣传活动，而且参与者一般都是社区安排人或指定的楼门长、村委会工作人员等。对于这些，普通居民的认识则是：所谓志愿者也是有补贴的，俗话说是有好处的，而这样有好处的事是轮不上一般人的，都是社区干部或有关系的人。大众的参与很少，一方面是意识问题，还有一方面是机会问题。在 MZJY 社区对面的 WXXT 等商品楼，社区居民的志愿活动比较多，居民的参与热情也比较高。

（三）政治参与

在社区政治参与方面，笔者主要选择了“居委会换届选举投票”这一变量。从表5-4的统计结果看，有91人（占62.8%）是参与过选举投票的，他们在居委会换届选举（也就是新的社区成立后的班子选举）中投了票。而且投票的人中63人（占70.8%）都表示是自愿投的，还有20人（占22.5%）说是有人要求投的（表5-5）。关于没有投票的原因，一半的人（23人，占53.5%）说是没有接到通知；认为投票只是形式，投了也没用或不感兴趣的有9人（占20.9%）（表5-6）。总的来说，其政治参与情况一般。

表 5-4 居委会选举是否投票（2010 年调查数据）

选项	频次/次	百分比/%
投票	91	62.8
没投票	54	37.2
合计	145	100.0

表 5-5 在居委会选举中投票的原因（2010 年调查数据）

选项	频次/次	百分比/%
自愿投的	63	70.8
有人要求投的	20	22.5
见别人投自己也去投	6	6.7
合计	89	100.0

表 5-6 在居委会选举中没有投票的原因（2010 年调查数据）

选项	频次/次	百分比/%
不感兴趣	1	2.3
投票只是形式，投了也没用	8	18.6
还没有投票权	2	4.7
错过了投票时间	5	11.6
没接到投票通知	23	53.5
其他	4	9.3
合计	43	100.0

二、居民的诉求

（一）物质诉求

CY 地区作为回族乡，是一个少数民族聚居区，成立了民族特色商业一条街，在这条街上已有多家单位进驻，如紫光园、海天一色、东来顺、金老三等餐馆；卖各种清真食品的京客隆超市；还有一个清真菜市场。另外，在 CY 清真寺附近也有清真餐饮点和清真食品销售点。这些网点就在社区内，对大多数住户来说都比较近，距离各家最近的餐馆和清真食品专柜的均值分别为338米、224米，中值都是200米。所以，在2009年的调查中，居民对周边餐馆、专柜的评价中没有一人选择“太远的”，选择满意的也高达92.2%，而且69.6%的人都选择“不需要增设”，对于清真网点的设置情况，86.3%的人都选择了“很好，没有意见”。此外的意见、建议都比较分散，主要是希望：①多增加网点，建在各小区附近。②增加饮食早点、特色回民小吃。③加强卫生管理、物价管理，认为现在物价太高、卫生没保障，有人反映有些不是清真的食品也贴着清真标签。④增设一些适合大众消费的、便宜的、适合百姓的小吃烧烤；价格实惠的小餐馆。⑤花色、菜系太单一，可选择的不多，应加强或建一些大菜市场、大商场。⑥在增加清真肉类专柜、熟食专柜、糕点专柜、日用品专柜等方面，都有1～3人选择。

在 2010 年的调查中（表 5-7），对清真食品供应情况的评价一般，只有一半的人觉得很好，有 71 人，占 53.4%，所以也只有 3 成左右的人（51 人，占 38.1%）认为周边不需要增设清真网点，其他 61.9%的人都认为还需要增设，具体增设的内容还比较多，当时问卷列出的内容的选择率都相近，从日用品到肉类、熟食、糕点，从适合大众消费的到上档次的，他们认为都需要增设（表 5-8）。确实，从实地调查的情况看，虽然 CY 地区有清真饮食一条街，但对普通居民来说，方便生活的清真食品还是有些缺乏，而且虽然社区和乡政府都尽量对商家做了宣传，但还是有许多非清真食品出售，让很多回族居民尤其是老年回族居民感到不满。

表 5-7　清真食品供应情况评价（2010 年调查结果）

选项	频次/次	百分比/%
很好	71	53.4
一般	50	37.6
没注意过	4	3.0
不太好	6	4.5
很差	2	1.5
合计	133	100.0

表 5-8　周边需要增设的清真网点（2010 年调查结果）

选项	频次/次	百分比/%
不需要增设	51	38.1
日用品	30	22.4
肉类	31	23.1
熟食	32	23.9
糕点	32	23.9

续表

选项	频次/次	百分比/%
上档次的	19	14.2
大众消费	41	30.6
其他	5	3.7
样本数	134	—

在 2009 年的调查中，对于清真食品生产经营者必须具备的条件，67.6%的居民希望“持有执照者和实际经营者都是有清真饮食习惯的少数民族”，其他选项的比例如表 5-9 所示。对于这个问题，有人也谈到在现实中落实会很难，比如，有人说回族厨师不好找，还有就是各经营单位的具体情况也不好控制。

表 5-9　经营条件（2009 年调查结果）

选项	频次/次	百分比/%
持有执照者必须是回族等有清真饮食习惯的少数民族，实际经营者无所谓	10	9.8
持有执照者可以不是，但实际经营者必须是	6	5.9
持有执照者和实际经营者都应该是	69	67.6
持有执照者、实际经营者都无所谓，只要原材料是清真，经营场所符合要求	17	16.7
合计	102	100.0

（二）文化诉求

对于未来最希望改善的方面，42.9%的受访者选择了精神生活方面（表 5-10），也可以从侧面理解为居民们有强烈的文化诉求。所以，在这个部分，笔者主要介绍在 CY 地区与人们文化需求相关的《品常社区报》和图书馆。

表 5-10　希望未来改善的方面（2010 年调查数据）

选项	频次/次	百分比/%
吃穿日用品方面	3	21.4
生活、居住环境方面	3	21.4
精神生活方面	6	42.9
都包括	2	14.3
合计	14	100.0

注：这个问题是在试调查阶段做的，所以只有 14 个有效样本

1.《品常社区报》

这是一份特殊的报纸，是完全以社区居民和社区发生的事为报道对象、以地区居民为阅读对象的报纸。该报纸于 2008 年 7 月 2 日创刊，每周四出版一期。

笔者借阅了截止到调查时已发行的 54 期报纸，这些报纸为笔者从更多角度、更全面地了解所调查的社区提供了很好的参考资料，笔者认真阅读了每份报纸，并对一些相关报道做了记录。

《品常社区报》的前身是《CY 风采》。以前的《CY 风采》是乡政府主办的机关报，发行范围小些，每期出 520 份，居民也可以看，但不是发给每家每户的；《品常社区报》每期出 2 万份，由政府出资并把握主要方向，聘请专业做社区报纸的公司承办，发行上也聘请专业的发行公司，将报纸免费送到地区范围的各家各户、各类机关、团体、单位中。社区报不仅宣传政府的各种政策，并对政策做贴近居民生活方面的解读；还报道各个社区中发生的事、各个社区中的人。居民通过这份报纸能更加了解自己所处的区域，增进居民间的交往。我们在调查时还设计过这样的问题："您是否经常看《品常社区报》？对它的评价如何？"结果显示，受访者都看社区报，对社区报的评价也很高。居民们还热心为社区报投稿，如前面介绍过的诗书画协会成员经常有作品在报上刊登，也有些居民会把自己生活中的一些小窍门与其他人分享，还有的为报纸提供新闻线索，把自己周围的人、事介绍出来等。通过这份报纸，居民对社区事务的参与度提高了，对社区的认同也增强了。

据地区政府组宣科的工作人员讲，地区在创办这份报纸时就力求让居民形成大区域的概念，不管在 CY 地区的哪个社区，不管是以前的老 CY 人还是新搬到商品楼小区的 CY 居民，都是 CY 人。实际上，这份报纸在促进世居居民与新进居民的交流与认同上也起到了积极作用。比如，有些人在报纸的引导下，加入到一些自己感兴趣的文化团体中，团体成员不分来自哪个社区，都是为了共同的兴趣和爱好走到一起，在经常的交往中就会融为一体。

由于《品常社区报》是面向整个地区发行的，笔者在调查时也顺便就回迁居民与商品楼居民的区别做了一些访谈。笔者从社区报编辑部了解到：原住回迁社区的居民与商品楼社区的居民在投稿的内容、范围、数量、质量上都有所不同，比如，MZJY 社区居民投稿数量多但投稿者的范围小，内容上没有其他社区的丰富，质量上与其他社区相比也略显逊色。

另外，《品常社区报》在帮助世居居民转变意识，实现从村民到市民，认识从村队转变而来的社区，适应现在的失地生活等方面，也起到了一定的作用。比如，开辟的"见证 CY"栏目，能让居民更深地认识和感受到这里所发生的翻天覆地的变化，促使他们在心理上向市民转变。另外，由于有了《品常社区报》的宣传，第二届 CY 地区"十佳百星"创建评比活动产生了远超过第一届的影响，通过在报上登载每位候选人的情况介绍，全程追踪评选进展和颁奖情况，使居民在这些活动中增进了相互了解，培养了地区精神，促进了从农民到市民观念的转变。

但在 2010 年 7 月的调查中，人们对这份报纸的评价却没有那么高。有些人认为，在 CY 地区这个小地方，即使没有这份报纸，发生什么事大家也会很快都能知道；还有些人拿着报纸也就看一些图片和照片而已。可见，人们的文化需求是多元的，是有本地特殊要求的。因此，在满足居民文化需求方面还需要更多的努力。

2. 图书馆

为丰富地区居民的精神生活，地区图书馆在建设过程中就向居民开放，每周二居民可以在那里看书、借书，以后全部建成后会增加开放时间。[①]为更方便社区居民的借阅，CHY 区文化馆还赠送给 MZJY 社区一批书，社区自己又购买了一批，现在 MZJY 社区图书馆已有藏书 1 万多册。目前，这些书有一部分已搬到温馨家园，以后准备在那里向居民开放社区图书馆。笔者在 2009 年调查时看到，社区图书馆的牌匾挂在居委会办公室；2010 年调查时，笔者特意到温馨家园观察，看到了小书架和一些看书的居民，由于图书馆开在温馨家园，所以读者主要是残疾人，其他居民很少。

另外，据社区报介绍，乡里有个图书馆，居民还可去那里借书。但从表 5-11 的统计结果来看，只有 19 人（占 13.3%）知道社区图书馆的位置，而 76.9%的人都不知道社区图书馆的位置，还有 14 人（占 9.8%）认为就没有社区图书馆。即便知道的，去过图书馆的也只有 5 人，整体（按 143 个样本算）来说，也只占 3.4%，而借过书的则没有。

表 5-11 是否知道社区图书馆的位置（2010 年调查数据）

选项	频次/次	百分比/%
知道	19	13.3
不知道	110	76.9
没有图书馆	14	9.8
合计	143	100.0

第二节 市民化过程中的角色转换及其认同

一、转制居民市民化

关于转制居民市民化，国内有时也称为失地农民市民化、农民市民化、失地

① 品常社区报. 2008 年 8 月 14 日，第 7 期第 6 版.

农民再社会化、失地农民继续社会化、进城农民市民化、新居民市民化等，这些概念有些相近，但也都有内涵、外延上的区别。本书采用“转制居民市民化”，一是因为这些是转制社区中的居民，二是因为在转制社区中，往往人们从户籍上已是市民，或一部分是城市户口，一部分是农村户口，但他们的城市化都还没有完成，还需要市民化，所以用“转制居民”来指称转制社区需要市民化的所有人，比用“失地农民”或“农民”更准确些（由于在已有研究中用“农民市民化”的提法较多，下文整理文献时也会用“农民市民化”）。

（一）市民化的含义

关于转制居民市民化的含义，学者有不同的观点，但都包含从农民到市民的转变之意。本书将引用郑杭生教授在《农民市民化：当代中国社会学的主要研究主题》一文中谈到的界定：“市民化主要是一种社会学术语，市民化的理论意涵强调：一方面农民在实现身份与职业转变之前接受现代城市文明的各种因子；另一方面在实现转变之后，发展出相应的能力（capability）来利用自身的市民权利，完全融入城市。因此，可以认为，市民化是指作为一种职业的‘农民’（farmer 或 cultivator）和作为一种社会身份的‘农民’（peasant）在向市民（citizen）转变的进程中，发展出相应的能力，学习并获得市民的基本资格、适应城市并具备一个城市市民基本素质的过程。而从具体的个人层面来看，在这个过程中，农民将实现自身在生活方式、思维方式、生存方式和身份认同等方面的现代性转变。”[①]本书在涉及市民化的相关章节，主要参考郑杭生教授的这个定义进行调查和展开分析。

（二）市民特征

在国外经典研究中，关于市民特征的相关研究，可以追溯到滕尼斯靠法律和理性支配一切的法理社会，以及爱米尔·涂尔干（Émile Durkheim）以分工和个人差异为基础的有机团结。比较具体地谈到城市生活与城市人心理结构的，要回到齐美尔的《大都市与精神生活》（*The Metropolis and Mental Life*）那里，齐美尔谈到了都市人的几个突出的人格和态度：理智、算计、冷漠、自由和自主。[②]深受齐美尔影响的沃思，一方面继承了齐美尔对城市性的一些概括，另一方面在《作为一种生活方式的城市性》（*Urbanism as A Way of Life*）中认为，人口规模、人口密度、人口异质性决定了人们的生活方式、交往方式，并把这三种特性作为产生冷漠、无动于衷、个体化、利害算计、寂寞、紧张、竞争等都市现象的原

---

① 郑杭生. 农民市民化：当代中国社会学的重要研究主题. 甘肃社会科学，2005（4）：4-8.

② 〔德〕G. 齐美尔. 桥与门——齐美尔随笔录. 涯鸿，宇声等译. 上海：上海三联书店，1991.

因。而赫伯特·甘斯（Herbert Gans）的研究，让人们在都市中也发现了有归属感的社会群体。回顾经典，联系本书的调查点，笔者试图通过调查研究 CY 地区的人们在城市化中是否已形成一些城市性人格；越来越多的商品楼在其居住区建起，增加的人口规模、人口密度是否改变了他们的生活方式、交往方式；在这个已成为城市区域的社区中，人们的归属感是否还存在，是否依然强烈。

（三）市民化的实现

在查阅的文献中，以农民市民化为题的专著目前出版的还不多，国外方面法国亨利·孟德拉斯（Henri Mendras）的《农民的终结》是比较有代表性的作品；国内查阅到的有陈传峰主编的《进城农民市民化的心理转型》、路小昆等著的《徘徊在城市边缘：城郊农民市民化问题研究》等。还有一些关于征地、都市开发、失地农民等研究专著中有一些章节涉及农民市民化，比如，陈映芳的《征地与郊区农村的城市化》等。转制居民的市民化在某种程度上就是农民的终结，法国孟德拉斯的《农民的终结》正是这方面的经典研究，只是书中探讨的农民终结的形式和内容与转制社区中的农民终结有所不同。因为本书谈的农民已经不再自己耕种土地，而孟德拉斯笔下的农民更多的是农业产业工人，是规模化耕种土地的农民；当然也有相似之处，农民的终结都要经历生活方式、心理的转变。欧洲农民的终结更多的是经济社会推动的结果，是农民自己的选择，所以，书中谈到的农民的终结是土地还在，农业还在，人们离开农村去城市找工作，或由于土地的集中化、机械化使劳动力需求减少，农村的人不再是以前的农民而成为农业工人，开始了与城市人无异的工作、生活方式。而在我国农民的终结过程中，特别是“城中村”农民的终结过程中，政府主导的力量很大，征地、转制等行政手段起了很大的推动作用。不过，对于一些远离城市的农村而言，也许会面临与法国同样的终结过程。陈传峰主编的《进城农民市民化的心理转型》，就是针对我国的特殊情况，从心理学的角度，并结合社区干预，对进城农民市民化作出了探讨，但对社区建设的作用重视不足。路小昆等著的《徘徊在城市边缘：城郊农民市民化问题研究》主要以重庆的转制居民为研究对象，提出了失地农民发展面临的“可行能力”问题，以及“农民市民化的核心问题是权力问题。……让农民享有与城市市民同等的社会权利”[①]等很有借鉴意义的观点和值得思考的问题。而陈映芳的《征地与郊区农村的城市化》中关于农民市民化谈到的一个问题也很有参考价值和思考空间，即要促进农民市民化就不应再把他们与以前的农民状态相比较，尤其是在就业问题上，我们希望他们尽快市民化，就不应再拿农民的需求和标准去评价他们。比如，不应由于他们想找离家近些的工作、不愿随便干脏苦

① 路小昆. 徘徊在城市边缘：城郊农民市民化问题研究. 成都：四川人民出版社，2009.

累的活而责备他们，他们正是希望能像市民一样地生活。

与专著较少的情况相反，探讨农民市民化的文章就比较多了，而且开始研究的时间还比较早。据资料显示，第一篇公开文献为黄祖辉于 1989 年在《经济研究》第 3 期发表的《农村工业化、城市化和农民市民化》一文，但此后研究几乎终止，形成 1989 年、1994 年、1999 年 3 个断点（这 3 年的资料各为 1 篇）。从 2001 年开始，文献资料才逐年增多，2001～2006 年是连续的研究区间。1989～2006 年我国有关农民市民化研究的文章有 251 篇（资料主要来源于 CNKI 期刊数据库）。[①]在这些研究成果中，研究对象主要是进城打工的农民工的市民化和转制居民的市民化（一般作品常用的“失地农民市民化”），本书主要关注的是后者。

在众多关于转制居民的市民化的研究成果中，描述性的文章较多，解释性的多运用角色理论。描述性的文章一般会讨论农民市民化的内涵、研究的现实意义、滞后的原因、促进的途径和对策建议等。[②]在促进失地农民市民化的措施上主要集中体现在：除失地农民努力提高自身素质外，政府和社会都应该为这个特殊群体的转变创造良好的环境；突破失地农民市民化的制度障碍，实现城乡户籍制度、就业制度、社会保障制度的统一；加强对失地农民的社区心理服务和文化知识及业务技能的培训，维护失地农民的心理健康，提高其素质和在城市就业竞争中的能力，引导失地农民的再社会化，从而顺利适应城市生活，实现从农民向市民的角色转变。[③]在这些措施中，很少有把社区建设作为一种促进措施的。莫佩华的《试论社区对农民市民化的影响》虽有所提及，但还比较简单，也不够深入。另外，从角色理论探讨农民市民化的文章在近几年有增多的趋势，也是主要的研究方向。比如，文军的《农民市民化：从农民到市民的角色转型》《农民的“终结”与新市民群体的角色“再造”——以上海郊区农民市民化为例》等都是比较有影响力的文章。从这些文章中，我们能看到角色理论对农民市民化问题研究的意义和解释力，但也会让人产生一种看法，即市民化问题就是居民自身的问题，在于主观因素。而事实并非如此简单，正如毛丹在《赋权、互动与认同：角色视角中的城郊农民市民化问题》中指出的，“目前城郊农民市民化的主要障碍并不是农民对新角色认同困难、担当能力低下，而是农民受到了赋权不足与身份缺损、新老市民互动不良、农民认同条件这三方面的限制；这些问题对目前直接影响城郊农民市民化的政府政策提出了考验”[④]。文章中用具体的调查案例对这三方面作出了论证。这些对本书很有启发意义，在本书中不仅会借用角色理论来分析转制居民的市民化，而且要关注在转制社区建设系统中的市民化，关注政府

① 王进，侯远志. 农民市民化问题研究综述. 安徽农业科学，2008（6）：763-764.

② 田珍. 我国农民市民化问题研究观点综述. 经济纵横，2006（4）：74-76.

③ 沈关宝，王慧博. 解读“失地农民问题”——国内外失地农民问题研究综述. 江西社会科学，2008（1）：186-192.

④ 毛丹. 赋权、互动与认同：角色视角中的城郊农民市民化问题. 社会学研究，2009（4）：45-73.

在社区建设中的角色、社区社会组织与居民的相互关系和相互影响等。

本书主要采用郑杭生教授关于市民化的定义，围绕生存方式、生活方式、思想观念和身份认同等四个方面研究 CY 地区的转制居民市民化问题。

二、生存方式

市民化过程中生存方式的转变是最基本的，对于转制社区居民来说，生存方式的转变过程与职业非农化有密切关系。在这一部分，首先简单回顾一下 CY 地区土地的变迁，CY 人关于种地的历史记忆，然后从目前的就业状况看人们非农化的现状。

（一）职业非农化历程

新中国成立前土地是个人的，新中国成立后实行耕者有其田。两头均，即将富人的土地分给穷人，中间的不动；那时贫下中农每人能有 1 亩 6 分地。1953 年成立互助组，1956 年实行合作化，土地归集体所有，集中耕种，成立生产队；土地归集体后，每人还有几分自留地，可自己选种各种东西。1985～1989 年实行分产到户，1990 年开始个人可承包土地自己种，生产队提供服务，生产的东西交一部分给村上，余下的归个人，有些人承包 20 多亩地。2000～2001 年，土地归乡，做绿化隔离带建设用，地都由乡上统一管，统一种，种有银杏、松树、花草等。具体由绿化公司及物业公司的绿化队负责，这些也都是组织本地农民参加劳动发工资。所以，目前调查点个人、家庭都已没有耕地。

在此次调查中，大部分人都种过地，占到 61.2%，不过也有近 40%的人没有种过地（表 5-12）。而且年龄与是否种过地是高度相关的，Pearson 相关系数达到 0.635，年龄越大的人越可能是种过地的，从统计数据看，50 岁以下的基本没种过地（表 5-13）。也就是说，从 20 世纪七八十年代开始，CY 人就很少种地了，他们的职业非农化就已经开始。在这里，很多人并没有那种把土地作为根的思想，脱离土地的年轻人在实现职业非农化的转变中适应还是比较快的。这有利于推进人们的市民化进程。

表 5-12 是否种过地（2010 年调查数据）

选项	频次/次	百分比/%
种过地	90	61.2
没种过	57	38.8
合计	147	100.0

表 5-13 年龄与是否种过地的交叉分析（2010 年调查数据）

选项	18～29 岁		30～39 岁		40～59 岁		60～79 岁		80～100 岁		合计
	频次/次	百分比/%	频次/次	百分比/%	频次/次	百分比/%	频次/次	百分比/%	频次/次	百分比/%	
种过地	0	0.0	5	5.6	41	45.6	41	45.6	3	3.3	90
没种过地	15	26.3	20	35.1	18	31.6	4	7.0	0	0.0	57
样本数	15	—	25	—	59	—	45	—	3	—	147
Pearson 相关系数为 0.635***（双侧检验）											

注：*** $p \leq 0.001$

（二）目前的就业状况

在2009年的调查样本中，与我们调查对象的选择相关，受访者中33.3%是在村、居委会及社区工作的，有11.8%在乡成立的四大公司工作，合计有45.1%的人在与 MZJY 社区相关的单位工作；受访者中还有45.1%的人是无业或退休；只有9.8%的人在社区以外的单位就业；而配偶职业也是20.6%在乡或村集体企业工作，2.1%在村居委会或社区工作，有44.4%是退休或无业的，不过配偶职业中还有30.9%的人在政府机关、企事业单位工作及个体经营。但总的来看，这里的就业形势确实不太好，所以很多人在接受访谈时提到了就业难的问题。在2010年的调查中，居民们的就业状况有些变化，具体如表5-14、表5-15所示。

表 5-14 样本的就业情况（2010 年调查数据）

就业情况	频次/次	百分比/%
在 CY 地区四大公司中上班	20	13.6
在本社区或乡政府工作	3	2.1
在 CY 地区打工或自己做生意	3	2.1
在本市其他企事业单位上班	21	14.4
在本市其他地方打工	5	3.4
已退休	68	46.6
无业在家	20	13.7
其他	6	4.1
合计	146	100.0

表 5-15 样本的职务状况（2010 年调查数据）

职务	频次/次	百分比/%
领导干部或管理人员	4	2.9
普通工作人员	46	33.6
个体经营者	2	1.5
退休	68	49.6
无业	17	12.4
合计	137	100.0

结合表 5-16 中就业情况和年龄与职业的交叉分布来看，就业情况正在逐步改善，就业观念也在改变。年轻人已经扩大了就业的地域范围，从样本数据看，有接近 20%的人（17.8%）在 CY 地区以外就业，而且其中 76.9%为 40 岁以下的人。年轻人中有近一半（48.8%）在 CY 地区外工作。同时，无业的人在应就业人群中也占到了 23.5%，说明失业情况还是比较严重的。

表 5-16 年龄与职业的交叉表（2010 年调查数据）

职业	18～29 岁		30～39 岁		40～59 岁		60～79 岁		80～100 岁	
	频次/次	百分比/%	频次/次	百分比/%	频次/次	百分比/%	频次/次	百分比/%	频次/次	百分比/%
CY 地区四大公司上班	1	6.7	7	28.0	12	20.3	0	0.0	0	0.0
本社区或乡政府上班	1	6.7	2	8.0	0	0.0	0	0.0	0	0.0
CY 地区打工或做生意	0	0.0	1	4.0	2	3.4	0	0.0	0	0.0
本市其他企事业单位	5	33.3	11	44.0	4	6.8	1	2.3	0	0.0
在本市其他地方打工	4	26.6	0	0.0	1	1.7	0	0.0	0	0.0
已退休	0	0.0	0	0.0	27	45.8	38	86.3	3	100.0
无业在家	3	20.0	1	4.0	12	20.3	4	9.1	0	0.0
其他	1	6.7	3	12.0	1	1.7	1	2.3	0	0.0
合计	15	100.0	25	100.0	59	100.0	44	100.0	3	100.0
Lambda λ_y=0.287**										

注：** $p \leqslant 0.01$

总的来说，就业的地域范围和就业单位的性质都与年龄较为相关，年龄大的（在 40 岁以上）无业的也占到 60%，“4050”人员就业难在转制民族社区亦然。在 CY 地区外就业的主要为年轻人。年龄与就业情况的相关系数为 0.287，两者较为相关。此次调查对象中普通工作人员为多数。

从表5-17的统计数据来看，在 CY 地区四大公司中工作的人所占比例低于最初的设想，总共只占样本数的15.8%，说明大部分人还是找了其他工作，人们的就业地域范围没有局限在 CY 地区，就业的工种也不再局限于绿化、物业方面。不过，去掉退休的，在仅需要就业的人中，在四大公司的则占到27.1%；如果再把无业的也去掉，仅是有工作的人来看，在四大公司的就会占到35.4%。从这两个数据来看，比例就不小了，也就是说工作的人中1/3左右是在CY 地区四大公司的。

鉴于到四大公司工作在居民工作中所占的比例，以及与此相关的一些就业政策，因此在调查中还设计了一些具体的与到四大公司就业相关的问题，如表 5-17 所示。

表 5-17　在四大公司的哪个公司上班（2010 年调查数据）

公司	频次/次	百分比/%	有效百分比/%
绿化公司	9	6.2	39.1
物业公司	6	4.1	26.1
商贸公司	4	2.7	17.4
保洁公司	4	2.7	17.4
非四大公司	123	84.3	—
合计	146	100.0	100.0

结合上面的就业情况看，只有 20 人是选择在 CY 地区四大公司工作的，但这里却有 23 人选择了具体在四大公司的哪一个上班。仔细调查了一下情况发现，这 3 个人的情况是这样的：一个是在就业中选择了无业在家，在这里又选了物业公司，看来她把在物业公司上班视为无业（女，42 岁）；另一个选物业公司的在就业中选择的是“在本市其他企事业单位上班”，也许她是有两份工作或是没看清选项，抑或这两份工作有先后，不是同时的（女，35 岁）；还有一个选绿化公司的是已退休（女，52 岁）。

关于在四大公司的工资方面，77.3%的人（17 人）填的 800 元/月，也有填的比较高的，如 840 元/月、1000 元/月、2000 元/月，各 1 人，都是商贸公司的。

关于没去四大公司的原因，有 57 人做了回答，其中 33.3%的人是在别处已有工作，47.4%的人是已到退休年龄，也就是说如果找不到工作，进四大公司就是大多数人的选择。详细情况如表 5-18 所示。

表 5-18　没去四大公司的原因（2010 年调查数据）

原因	频次/次	百分比/%
在别处已有工作	19	33.3
四大公司的工资太低	2	3.5
别处就业可领取就业补助	1	1.8
当时人已招满或想去进不去	2	3.5
已到退休年龄	27	47.4
其他原因	6	10.5
合计	57	100.0

关于拆迁前后的主要经济来源，在村、居、社区工作及属于 CY 乡的四个公司工作的人员，他们在拆迁前后的经济来源主要都是上班领工资。其他村居民的情况是：拆迁前经济来源主要是个人灵活就业（耕地是归村上集体所有的，村民个人没地），具体的有在（乡）村集体企业上班的、打工的、出租房屋、领政府养老金、庭院喂养牛羊等。拆迁后主要还是个人灵活就业、打工、做生意，出租房屋。另外，访谈对象中五六十岁以上的也占了相当比例，领取退休金和养老补助是其生活的主要经济来源。

三、生活方式

在市民化过程中，居民的生活方式的转变也是重要内容，这种转变与多个因素相关，也表现在很多方面。比如，居民从以前的独家院落搬到多层楼房，生活方式、交往方式和闲暇生活都会随之发生变迁。

（一）搬迁上楼的影响

搬迁上楼虽然不是转制居民必须经历的过程，但却是大多数转制居民所经历和面对的变化。CY 地区的居民正在经历这一变化带给他们的改变。在两次居民问卷中，都设计了上楼对居民与邻里交往的影响，从得到的数据中可以看到一些变化，具体变化如表 5-19 所示。

表 5-19　邻里交往变化

选项	2009 年 2 月		2010 年 7 月	
	频次/次	百分比/%	频次/次	百分比/%
增多了	11	11.5	25	17.5
减少了	56	58.3	32	22.4
基本没有变化	29	30.2	74	51.7
有的增加了，有的减少了①	—	—	12	8.4
合计	96	100.0	143	100.0

注：①此选项在 2009 年调查中未设置，所以没有相关统计数据，只有 2010 年有相关统计数据

在 2009 年的调查中，大多数人（54.3%）认为上楼后与邻里的交往比以前减少了，也就是说，从独家院落到多层楼房的居住形式和空间变化，对人们的交往和生活都产生了巨大的影响。具体情况如下：选择“增多了”的主要是由于各村队打散混合安置，居民们又添了新邻居，认识的人不再限于以前的同一村队的人了，认识的人多了，交往范围比以前大了。选择“减少了”的主要原因有以下几点：①楼房里各家房子都收拾得干干净净的，去串门就无法像以前那样随意了，交流也少了；②租房的人增多，有许多不认识的人，原来认识的各自有各自的工

作，见面机会也少；③没有了以前那些集体活动的见面机会，比如，以前一起扫个雪什么的，一起参加生产队的劳动什么的，见面机会很多，而现在则少了，甚至几乎没有。选择“基本没有变化”的主要是同一单元还是以前一个村队的人，认为还是那些邻居，交往基本没什么变化。总之，拆迁上楼后，人们以前串门的交往方式基本消失，邻里守望相助的模式和作用也在减弱。

从 2010 年的数据看，情况有些变化，选择“基本没有变化”的占了多数，有 74 人选择，占 51.7%。通过一些访谈发现，在上楼后，居民们对自己的交往方式做了一些调整，逐渐适应上楼后的生活。虽然串门的交往方式由于各种原因无法像以前那样被常用了，但他们又找到了一些替代方式。

两次的调查结果不同，但还是可以看出 CY 地区的人际关系比较强，上楼对人们串门的交往方式有影响，只是整体而言，对邻居间交往的影响就没那么大了，改变了方式和场所并没有改变其实质。人们减少了串门，但在楼下和公园聚的更多了，还经常在买菜的路上或其他场合相见，并进行日常交往。

搬迁上楼对居民生活的影响如表 5-20 所示，82.4%的受访者都选择有影响，受访者谈到的拆迁上楼对他们生活影响的好处主要在于：①生活方便了，如厕、洗澡、取暖等都比平房方便很多，煤气换成了天然气，既方便又省钱；②环境方面，干净、整洁，又安全。总之，大家觉得上楼后，生活质量提高了。

表 5-20　搬迁上楼对生活有没有影响（2009 年调查数据）

选项	频次/次	百分比/%
没有	18	17.8
有（好）	33	32.6
有（不好）	15	14.9
有利有弊	35	34.7
合计	101	100.0

受访者认为拆迁上楼对他们生活影响的不好之处主要在于：①上下楼麻烦，特别是老人不方便，以前各家都有院子，推门就出去了，在院子里就可以活动，锻炼身体。②收入来源减少了，而生活开支却增多了，以前有院子还可以喂些牛羊增加收入，现在这方面的收入没有，开支项目比以前多，物价也比以前高；以前自家院落可出租的房间多，现在各套房面积相对不那么大，出租收入减少了很多。③这里的楼房隔音效果不好，楼道及楼上楼下的噪声影响大。④邻里间的交往和照应少了。

（二）社会交往

从社会交往的统计表 5-21 和社会交往频度图 5-1 中可以看出，CY 地区居民的交往主要是以家人、亲戚为主的血缘关系，以及以邻居、以前同村的为主的地缘关系，其次是同事、同学组成的业缘交往，与体制内的居委会干部、单位领导的交往较少。

表 5-21 居民社会交往（2010 年调查数据）

选项	经常交往		较少交往		无交往		没有		样本数
	频次/次	百分比/%	频次/次	百分比/%	频次/次	百分比/%	频次/次	百分比/%	
家人	138	97.2	4	2.8	—	—	—	—	142
亲戚	120	85.1	20	14.2	1	0.7	—	—	141
朋友	113	80.1	18	12.8	10	7.1	—	—	141
邻居	111	78.2	27	19.0	3	2.1	1	0.7	142
以前同村的	85	60.7	40	28.6	12	8.6	3	2.1	140
同事	75	53.2	27	19.1	24	17.0	15	10.6	141
同学	52	34.0	44	28.8	33	23.7	10	7.2	139
居委会干部	16	11.5	53	38.1	70	50.4	—	—	139
单位领导	26	18.7	37	26.6	63	45.3	13	9.4	139

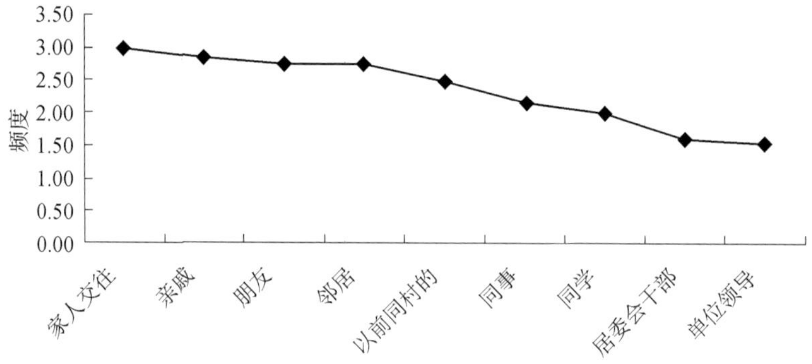

图 5-1 社会交往频度图

鉴于 CY 地区居民的交往主要是以家人、亲戚为主的血缘关系，笔者又对居民们的亲戚是否在同一个社区及是否有搬出去居住的亲戚等情况做了调查，结果如表 5-22～表 5-25 所示。

表 5-22 是否有亲戚在这个社区（2010 年调查数据）

选项	频次/次	百分比/%
大多数亲戚都在这里	87	60.0
一部分亲戚在这里	41	28.3
没有亲戚在这里	17	11.7
合计	145	100.0

表 5-23　亲戚家离得远不远（2010 年调查数据）

选项	频次/次	百分比/%
不远，是一个单元的	22	19.1
不太远，是一个片区的	92	80.0
不太远，都是 CY 地区的	1	0.9
合计	115	100.0

表 5-24　有没有搬出去的亲戚（2010 年调查数据）

选项	频次/次	百分比/%
没有	92	89.3
有	11	10.7
合计	103	100.0

表 5-25　搬出去的原因（2010 年调查数据）

选项	频次/次	百分比/%
由于爱人在其他地方	6	60.0
其他	4	40.0
合计	10	100.0

在 CY 地区，传统的人际关系基本没有被打乱，加上回族的族内婚传统即“十个回回九个亲”，所以 CY 地区人的大多都相互熟悉，各家的亲戚基本都在这个社区。从调查的情况看，87人（占60.0%）选择了“大多数亲戚都在这里”，而没有亲戚在这里的只有17人（占11.7%），而且亲戚们也大多在一个片区的有92人（占80.0%）。人员外流情况也很少，在问到“有无搬出去的亲戚”时，89.3%的人都回答没有，而有亲戚搬出去的10人中，60.0%都是因为配偶在其他地方而搬的。在交往范围上，大部分人（70.6%）都表示除了亲戚，与其他人交往也比较频繁，因为这里的都是原住民，多年的邻里街坊，来往还是比较频繁的。有11.8%的人选择“不太频繁”，有人说是街坊邻居一上楼后就不太串门了，交往也就不太频繁了。有16.7%的人选择一般只与亲戚来往。

（三）闲暇生活

从表 5-26 可以看出，居民的闲暇生活还是比较单调，最主要的活动也就是到公园遛弯、健身，有 95 人选择，占 65.5%，还有就是在家看电视、听广播，有 93 人选择，占 64.1%，精神生活方面的活动还是较少。选择其他的主要是在家带小孩、做饭、睡觉、做礼拜等，也有打台球、养花的。

表 5-26 闲暇生活（2010 年调查数据）

选项	频次/次	百分比/%
看电视听广播	93	64.1
看报刊读书	40	27.6
到电影院看电影	8	5.6
到剧院听音乐、看表演	3	2.1
去社区文化活动中心	3	2.1
去公园遛弯、健身	95	65.5
上网	32	22.1
逛街购物	35	24.1
其他	23	15.9
样本数	145	—

四、思想观念

（一）教育观念

据了解，CY 地区的居民以前对教育不是太重视，以前小孩10岁左右就开始跟着大人干活或做生意，而对孩子的教育关心不多，很多孩子顶多上到初中就很少再往上念了。在目前的调查样本中，67.1%的人文化程度都是在初中以下（表5-27）。从具体人群来看，60岁以上的人都是初中以下文化水平，其中1/3是文盲，而在40～59岁的人中，69.5%都是初中以下文化水平（表5-28）。但这些年随着社会的发展，他们对教育也重视起来，出台了不少鼓励教育的措施，CY 人的文化程度有所提升。在18～29岁的人中，文化程度在大专、本科及以上的各占40.0%。而作为个人，居民们对孩子的教育期望（表5-29）也更高了，选择“高中或中专毕业就工作”的只有7人，占7.9%，希望念到“本科以上”的有27人，占30.7%。大多人还是比较理性，也是持支持态度，认为“孩子能上到什么程度就上到什么程度”的有54人，占61.4%。关于作出这样期望的原因（表5-30），有51人（占62.2%）选择了“孩子自身能力”，其次认为是社会原因，有26人，占29.5%。至于家庭经济情况，则只有8人，占9.1%，由此看来，这些年来 CY 人的收入有所增加，经济状况不再是他们考虑问题时的主要影响因素了。

表 5-27 文化程度（2010 年调查数据）

文化程度	频次/次	百分比/%
文盲	6	4.1

续表

文化程度	频次/次	百分比/%
小学	30	20.5
初中	62	42.5
高中或中专	25	17.8
大专	13	8.9
大学本科及以上	9	6.2
合计	146	100.0

表 5-28 文化程度与年龄交叉分析表（2010 年调查数据） 单位：次、%

文化程度	18～29 岁		30～39 岁		40～59 岁		60～79 岁		80～100 岁		样本数
	频次/人	百分比/%	频次/人	百分比/%	频次/人	百分比/%	频次/人	百分比/%	频次/人	百分比/%	
文盲	0	0.0	0	0.0	0	0.0	5	11.4	1	33.3	6
小学	0	0.0	0	0.0	8	13.6	21	47.7	1	33.3	30
初中	1	6.7	10	40.0	33	55.9	17	38.6	1	33.3	62
高中或中专	2	13.3	7	28.0	16	27.1	1	2.3	0	0.0	26
大专	6	40.0	5	20.0	2	3.4	0	0.0	0	0.0	13
本科及以上	6	40.0	3	12.0	0	0.0	0	0.0	0	0.0	9
合计	15	100.0	25	100.0	59	100.0	44	100.0	3	100.0	146

表 5-29 对孩子教育程度的期望（2010 年调查数据）

选项	频次/次	百分比/%
高中或中专毕业就工作	7	7.9
大学本科以上	27	30.7
孩子能上到什么程度就上到什么程度	54	61.4
合计	88	100.0

表 5-30 对孩子教育程度期望的影响因素（2010 年调查数据）

选项	频次/次	百分比/%
家庭经济条件	8	9.1
社会环境	26	29.5
孩子自身能力	51	58.0
其他	3	3.4
样本数	88	—

（二）消费观念

1. 开支变化

对于月生活开支与上楼前的变化（表 5-31），62.8%的人认为是增加了，不过让笔者未曾预料到的是，有 51 人（占 34.5%）认为基本没变。这样的结果可能与笔者的预设群体有关，在调查之前，笔者的假设是人们一直种地，上楼后也没地可种，所以卖菜的收入减少不说，还要增加买菜的支出，整个月支出都应该是增加；而事实上，他们大多数在上楼前已经没有种地，他们早已开始买菜的生活，上楼并不是这些变化的开始，而只是延续。

表 5-31　上楼后开支变化情况（2010 年调查数据）

开支变化	频次/次	百分比/%
增加了	93	62.8
减少了	4	2.7
基本没变	51	34.5
合计	148	100.0

表 5-32　开支变化的项目（2010 年调查数据）

开支变化的项目	频次/次	百分比/%
水电燃气	74	70.5
食品支出	65	61.9
通信费	35	33.3
请客吃饭、人情往来	22	21.0
看病吃药	39	37.1
公共交通	11	10.5
购买服装	14	13.3
家用轿车	5	4.8
休闲游玩	3	2.9
培训考证	3	2.9
子女教育	31	29.5
其他	4	3.8
样本数	105	—

开支变化最多的几项主要是：水电燃气、食品支出、看病吃药、通信费和子女教育，分别有 70.5%、61.9%、37.1%、33.3%和 29.5%；比较少的是培训考证和休闲游玩，都只有 3 人，占 2.9%（表 5-32）。从这些数据来看，上楼后人们月开支的变化在日常生活开支上还是比例较大，而学习提高上的开支不是变化的主要内容，说明一方面上楼后人们的生活还是比较紧张，生活围绕生存展开，发展方面还很欠缺；另一方面也可以看出人们对自己增加就业竞争力方面的投入是不足的。再有就是，选择看病吃药的还是不少，说明就医依然是百姓要面对的难题，也是影响家庭经济状况的主要原因之一。另外，人们也意识到自己无法改

变，但要改变下一代，所以对子女教育的投入增加也成为月开支变化的主要因素之一，当然这一点上也有幼儿园收费增加等原因。通信费的增加，说明人们串门的交往方式减少后，可能通过电话等现代通信工具而增加交往；还有些是由于上网费的增加而带来的通信费增加。

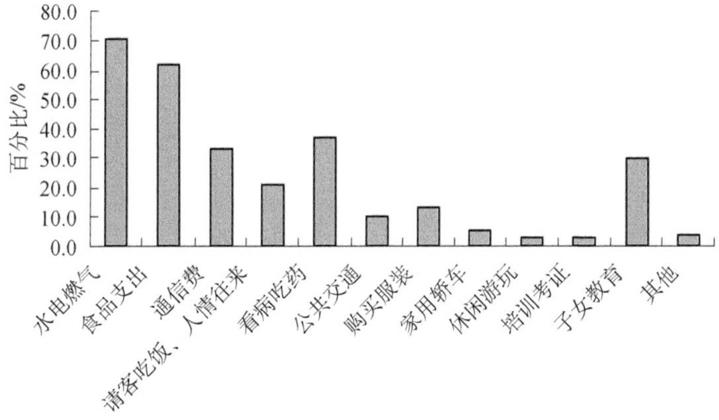

图 5-2　开支变化的项目选择情况

至于具体的开支变化数额，有69人作答，其中变化在1000元以内的占60.9%（这之中填答1000元的占整体的29%，有20人，填答500的有11人，占15.9%），变化在1000元以上的占39.1%，最多的是增加3000元/月，有5人，占7.2%。

对于未来最担心的问题（表5-33），选择最多的主要是子女教育、医疗费用、个人养老，分别占 27.8%、26.2%、25.4%。

表 5-33　未来最担心的问题（2010 年调查数据）

选项	频次/次	百分比/%
没有问题	26	20.6
本人就业	8	6.3
子女教育	35	27.8
医疗费用	33	26.2
老人赡养	12	9.5
日常开支	22	17.5
家庭关系	4	3.2
子女就业	18	14.3
个人养老	32	25.4
其他问题	8	6.3
样本数	126	—

2. 对信贷消费的看法

在消费观念上，处于传统保守型消费向现代超前消费的过渡时期，对于信贷消费坚持“有多少钱办多少事”的只有 2 人，占 1.6%，而明确反对的有 20 人，占 15.6%，虽然表示非常赞同的只有 15 人，占 11.7%，但表示不太赞同和说不上这样趋于中间态度的为多数共有 78 人，合计占 60.9%（表 5-34）。

表 5-34　对信贷消费的看法（2010 年调查数据）

选项	频次/次	百分比/%
非常赞同	15	11.7
不太赞同	43	33.6
反对	20	15.6
说不上	35	27.3
有多少钱办多少事	2	1.6
可以理解，但自己不会那么做	13	10.2
合计	128	100.0

（三）通婚观念

两次居民调查问卷中都涉及少数民族与汉族通婚相关的问题，从表 5-35 反映的回答情况看，2010 年对民族通婚持赞成态度的比 2009 年的比例要高，不赞成的比例有所降低，持无所谓态度的比例变化不大，具体情况如下。

在 2009 年的调查中，不赞成的较多，占 40.2%，但选择“赞成”加上选择“无所谓”的合计达 52.9%，所以基本各一半的样子。在选择“赞成”的人中，认为汉族随少数民族的占多数，所以异族通婚后孩子的民族成分中选择“少数民族”的为多，占 71.6%。调查对象中除了丧偶和离婚的只有 6 户是异族通婚，只占 5.9%，其中 5 户是回汉通婚，1 户是汉蒙通婚。总的来看，异族通婚还是很少的。

在访谈中，也有不少人谈了自己的看法或理由。比如，选择“赞成”或“无所谓”的理由是：①觉得孩子大了也没办法，随孩子们自己的愿意就行；②回民路子窄（即可结婚的潜量小），再加上年轻人自己愿意也没法管，就随他们去了；③孩子们/年轻人在其他地方上学、工作，交往的范围广了，也有自己的选择自由和标准。而选择“不赞成”的理由是：①民族习惯不同，很不方便，太麻烦；②举出离婚的例子，说有些人结婚了，最后因生活习惯过不到一起还是离婚了。

关于少数民族与汉族通婚后孩子的民族成分，7 成以上都选择“少数民族”，许多人还明确说明是回族，一方面，希望生活习惯能随回族；另一方面，也说到有照顾政策，孩子上学等对孩子有利。另外，选择“无所谓”的，也达到了 14.7%。

在2010年的调查中，持赞成、不赞成和无所谓的比例相当，分别为32.2%、30.1%、25.2%。总体而言，这个原本坚持族内婚的民族在面对异族通婚问题上的态度已经放开了许多，多了些宽容。不过通婚的目标还主要是CY地区内的汉族，因为在他们看来，CY地区的汉族很多都回化了，对回族的风俗也更了解些，所以在选择配偶地中有92人（占68.1%）都填的CY地区，而且子女的配偶家乡所在地也是主要在CY地区。在赞成的人中，赞成汉族随少数民族的更多些，有28人，占总体的19.6%（表3-35）。

表5-35 是否赞成少数民族与汉族通婚（2009年、2010年调查数据）

选项	频次/次	百分比/%	频次/次	百分比/%
赞成，女方顺随男方	5	3.5	5	4.9
赞成，男方顺随女方	5	3.5	0	0.0
赞成，无论随谁	8	5.5	9	8.8
赞成，汉族顺随少数民族	28	19.6	15	14.7
无所谓	36	25.2	25	24.5
不赞成	43	30.1	41	40.2
不知道	6	4.2	0	0.0
无奈	12	8.4	7	6.9
合计	143	100.0	102	100.0

为了更加深入和详细地了解居民们的婚恋观，调查中还了解了居民们如何认识配偶，以及他们的配偶及子女的配偶家乡所在地等问题。从表5-36的调查数据来看，在CY地区人们寻找配偶的过程中，亲朋好友介绍还是主要途径，占70.6%。

表5-36 与配偶认识的途径（2010年调查数据）

选项	频次/次	百分比/%
自由恋爱	36	26.5
亲朋好友介绍	96	70.6
其他	4	2.9
合计	136	100.0

从调查对象及其已婚子女的配偶家乡所在地情况（表5-37、表5-38）来看，CY人的通婚圈还是比较小的，但也可以看出一些变化，在调查对象中，配偶家乡所在地有68.1%是在CY地区，而他们已婚子女的配偶家乡在CY地区的比例就比这小得多，这与人们在对待民族通婚观念上的变化是密切相关的。

表 5-37　配偶家乡所在地（2010 年调查数据）

选项	频次/次	百分比/%
CY 地区	92	68.1
管庄	5	3.7
牛街	2	1.5
通州	11	8.1
河北大厂	3	2.2
北京其他地方	9	6.7
河北其他地方	9	6.7
其他	4	3.0
合计	135	100.0

表 5-38　子女配偶家乡所在地（2010 年调查数据）

选项	子女 1 的配偶		子女 2 的配偶		子女 3 的配偶		子女 4 的配偶	
	频次/次	百分比/%	频次/次	百分比/%	频次/次	百分比/%	频次/次	百分比/%
CY 地区	25	40.3	5	18.5	3	27.3	2	66.7
管庄	5	8.0	2	7.4	1	9.1	—	—
牛街	—	—	—	—	—	—	—	—
通州	4	6.5	1	3.7	—	—	—	—
河北大厂	2	3.2	—	—	—	—	—	—
北京其他地方	17	27.4	14	51.9	3	27.2	1	33.3
河北其他地方	5	8.1	3	11.1	2	18.2	—	—
山东	—	—	1	3.7	—	—	—	—
其他	4	6.5	1	3.7	2	18.2	—	—
合计	62	100.0	27	100.0	11	100.0	3	100.0

（四）与民族宗教相关

在中国回族是信仰伊斯兰教的 10 个少数民族之一。回族的许多风俗习惯和节日都与伊斯兰教有关，因此，在调查中笔者侧重于了解回族对本民族风俗习惯的了解程度、对民族节日活动的参与情况、与做礼拜相关的一些问题，以及关于年轻人宗教观念状况等问题。

1. 对民族风俗习惯的了解及民族节日活动的参与情况

在对民族风俗习惯的了解及民族节日活动的参与情况上（表 5-39、表 5-40），两次调查的情况差别不是很明显。在 2009 年的调查中，对民族风俗习惯的了解程度比较高，38.9%的人都表示“十分了解”，53.5%的人表示“一般”。在节日活动的参与方面，40.2%的人都表示积极参加，其他情况详见表 5-40。另外，在入户访谈中不少女性受访者说她们一般都不去清真寺参加活动，就自己在家里做，有人说到女人一般都不太直接和经常去清真寺。在 2010 年的调查中，对本民族风俗习惯的了解程度上表示“一般”了解的有 70 人，占 55.4%，对节日活动参与情况有 77 人表示都积极参加，占 57.5%。

表 5-39　对本民族风俗习惯的了解程度（2010 年调查结果）

选项	频次/次	百分比/%
不太了解	10	7.6
一般	70	53.5
十分了解	51	38.9
合计	131	100.0

表 5-40　对本民族节日活动的参与情况（2009 年、2010 年调查结果）

选项	2010 年 7 月		2009 年 2 月	
	频次/次	百分比/%	频次/次	百分比/%
都积极参与	77	57.5	41	40.2
积极参加，但不参与宗教活动	—	—	9	8.8
区别对待	16	11.9	11	10.8
不参加	15	11.2	16	15.7
没有听说	—	—	1	1.0
看时间而定	26	19.4	23	22.5
其他	—	—	1	1.0
合计	134	100.0	102	100.0

注：在 2010 年 7 月的调查中没有选项“积极参加但不参与宗教活动”“其他”

2. 做礼拜的地点、次数等相关问题

表 5-41～表 5-44 的统计结果显示，大部分回族居民已不做礼拜了，表示不做的有 105 人，占 78.3%，调查对象配偶中不做礼拜的有 96 人，占 88.1%；而表示依然每天做礼拜的只有 19 人，占 14.2%，配偶中每天做礼拜的有 8 人，占 7.3%。这与在 CY 地区调查中了解和感受的情况比较接近（年龄与是否做礼拜的相关系数只有 0.156，不过卡方检验的显著度还是达到了 0.000）。而回答了每天次数的人中，以每天 5 次为多，有 11 人，占 61.6%；偶尔做礼拜的一般是周五主麻日做或开斋节时做。做礼拜的还是以在清真寺做的为多，调查对象本人在清真寺做礼拜的有 10 人，占 52.6%，配偶中在清真寺做礼拜的有 5 人，占 41.7%。

表 5-41　是否每天做礼拜（2010 年调查数据）

选项	调查者本人情况		配偶情况	
	频次/次	百分比/%	频次/次	百分比/%
每天做	19	14.2	8	7.3
偶尔做	10	7.5	5	4.6
不做	105	78.3	96	88.1
合计	134	100.0	109	100.0

表 5-42　每天做礼拜次数（2010 年调查数据）

选项	调查者本人情况		配偶情况	
	频次/次	百分比/%	频次/次	百分比/%
1 次	2	11.1	1	12.5
2 次	3	16.7	—	—
3 次	1	5.6	—	—
4 次	1	5.6	—	—
5 次	11	61.1	7	87.5
合计	18	100.0	8	100.0

表 5-43　偶尔做礼拜者间隔的时间（2010 年调查数据）

选项	频次/次	百分比/%
每周一次	5	71.4
每年一次	2	28.6
合计	7	100.0

表 5-44　做礼拜的地点（2010 年调查数据）

选项	调查者本人情况		配偶情况	
	频次/次	百分比/%	频次/次	百分比/%
家里	6	31.6	5	41.7
清真寺	10	52.6	5	41.7
有时在家里，有时在清真寺	3	15.8	2	16.7
合计	19	100.0	12	100.0

3. 关于年轻人的宗教观念

与年轻人宗教观念相关的数据如表 5-45、表5-46 所示。关于是否存在现在年轻人宗教观念日益淡化的现象及如何看待，有 98 人认为还是存在，占 74.2%，只有 13 人认为不存在，占 9.8%。但多数人认为这“是个不太好的现象”或“不利于伊斯兰教”的传承，有 23 人，占 21.7%。

表 5-45　是否存在现在年轻人宗教观念日益淡化的现象（2010 年调查数据）

选项	频次/次	百分比/%
存在	98	74.2
不存在	13	9.8
说不上	15	11.4
不知道	6	4.5
合计	132	100.0

表 5-46　对现在年轻人宗教观念日益淡化的现象如何看（2010 年调查数据）

选项	频次/次	百分比/%
社会发展的必然现象	37	34.9
是个不太好的现象	23	21.7
不利于伊斯兰教的传承	30	28.3
无所谓	16	15.1
样本数	106	—

五、身份认同

身份认同在本书中主要包括农民/市民身份认同、对社区成员身份的认同。

身份有两层含义：第一，作为分层概念，身份指的是以户籍为标志的体制性标定；第二，作为社会心理学概念，身份包含了“角色”的意义。只有当外部的标定和角色的确认一致时，才能认为自我身份认同具有同一性。[①]

（一）农民/市民身份认同

在 CY 地区 MZJY 社区，人们虽然都已经搬上楼房，也已经没有耕地，但他们的户籍还没有集体农转非。从调查时了解的情况看，只有原 CY 八村在转居时统一将户籍都换成了非农户口，其他村的有通过工作、上学等途径转户的。从调查的数据来看，2009年2月的统计结果是受访者中有40.2%是非农户，59.8%是农村户口；配偶方面，有31.4%是非农户，62.7%是农村户口，另有5.9%（6人）是丧偶或离异没有配偶项的。2010年7月的调查结果是40.7%是非农户，57.9%是农村户口。在问到“您觉得自己现在是农民还是市民”时，有35.9%的人认为自己是市民，62.1%的人认为自己还是农民。具体如表5-47所示。

① 吴爽，秦启文. 城市化进程中失地农民身份认同研究进展. 安徽农业科学，2008（23）：10193-10196.

表 5-47　户籍与居民身份认同交叉表（2010 年调查数据）　单位：%

身份认同	户籍			合计
	北京市非农户口（N=59）	北京市农村户口（N=84）	外省市非农户口（N=2）	（N=145）
农民	10.3	51.7	0.0	62.0
市民	30.3	4.1	1.4	35.8
非农民非市民	0.0	2.1	0.0	2.1
合计	40.7	57.9	1.4	100.0
Lambda $\lambda_y=0.564^{***}$				

注：*** $p\leqslant0.001$

从表 5-48 可以看出，人们对自身的身份认同还是主要基于户籍，他们判断农民市民的标准主要就是户口是农村户口还是非农户口，从户籍与身份认同的 Lambda 系数看，两者的相关强度为 0.564，用户籍解释身份认同可以消减 56.4% 的误差。卡方检验也显示，显著度水平高于 0.001。这说明，在 MZJY 社区人们对市民化的看法还停留在户籍层次。

表 5-48　认为自己是农民还是市民（2010 年调查数据）

选项	频次/次	百分比/%
农民	90	62.1
市民	52	35.9
非农民非市民	3	2.1
合计	145	100.0

在问到“您认为农民和市民是从哪些方面区分的”时，有54.6%的人选择“户籍”，8.5%的人选择“自己的感觉/认同”，5.0%的人选择“生活环境、居住环境”，2.1%的人选择“娱乐休闲方式”，31.6%的人选择“社会保障”，6.4%的人选择“没什么区别”；6.4%的人选择“其他”（表5-49）。在他们看来，农民和市民最大的区别就是户籍和社会保障。出现这样的结果，与以下因素有关：一方面，户籍在这里还承载着许多社会功能，与居民的许多生活实际密切相关，比如，退休工资及生活补贴标准，农村要低于城市，这是他们有亲身感受的，同样是一个村的，如果是农村户口退休也就几百元每月，而如果是非农户口退休时就可达到1000多元每月，而且以后每年都会涨，但农村户口的基本没有调整过。甚至买煤气农村户口的也买不上平价气，非农户口的可买上40元/罐的气，农村户口的就只能买到80～100元/罐的气。因此，他们就会认为，如果是市民至少应享受那些同等待遇，农民到市民转变的赋能（市民化定义），在他们看来直接的体现就是户籍的改变。另一方面，在 MZJY 社区，虽然也是农转居，也有征地和拆迁改造，但人们没有获得大笔的补偿，虽然房子基本有保障，但他们自己要住，不是都能

作为商品去换为现金，而征地有相当部分是作为绿化隔离带，而且目前还未对集体资产做处置，没有经济实力强的村办企业。在这一点上，也就不像有些地方的农村户籍那样意味着分红和补偿。这里的居民也没有大额的补偿款和股份分红。

表 5-49　您认为农民和市民是从哪些方面区分的（2010 年调查数据）

选项	频次/次	百分比/%
户籍	77	54.6
自己的感觉/认同	12	8.5
生活环境、居住环境	7	5.0
娱乐休闲方式	3	2.1
社会保障	45	31.6
没什么区别	9	6.4
其他	9	6.4
样本数	141	—

至于户籍农转非是否重要，从表 5-50 的统计数据看，有 63.2%的人认为户籍农转非对他们来说是“重要”的，15.0%的人认为“不重要”，21.8%的人认为“无所谓”。

表 5-50　户籍农转非是否重要（2010 年调查数据）

选项	频次/次	百分比/%
重要	84	63.2
不重要	20	15.0
无所谓	29	21.8
合计	133	100.0

具体谈到户籍对他们来说有区别的方面（表 5-51），29.4%的人选择了“找工作”，63.5%的人选择了“退休金”，16.7%的人选择了“上学”，19.8%的人选择了“其他”。

表 5-51　户籍差异体现在哪些方面（2010 年调查数据）

选项	频次/次	百分比/%
工作	37	29.4
退休金	80	63.5
上学	21	16.7
其他	25	19.8
样本数	126	—

至于户籍农转非给他们生活带来的改变（表 5-52），16.2%的人选择了“更好找工作”，54.7%的人选择了“领取更高的退休金”，13.7%的人选择了“不会有什么改变”，7.7%的人选择了“其他”，还有 7.7%的人选择了“既更好找工作又能领取更高的退休金”。

表 5-52　如果农转非，会有什么改变（2010 年调查数据）

选项	频次/次	百分比/%
更好找工作	19	16.2
领取更高的退休金	64	54.7
不会有什么改变	16	13.7
既更好找工作又能领取更高的退休金	9	7.7
其他	9	7.7
合计	117	100.0

总之，CY 地区居民看重和了解的就是户籍和退休金，在他们眼里，这就是农民与市民的最大区别和所能获取的利益。

（二）社区成员身份的认同

在 MZJY 这样的回迁社区，周围一般都会建起许多商品楼社区，笔者试图了解人们对社区成员身份的认同，即他们把哪些人作为同一个社区的人看待。从行政区划和地理边界来看，这些商品楼社区和 MZJY 社区一样都属于 CY 地区，在《品常社区报》的宣传中，也力图给大家一个大 CY 的概念。尽管如此，在问到“您认为 MZJY 周围的商品楼社区的居民是 CY 人吗”这个问题时，83.0%的人都认为“不是”，只有17.0%的人认为商品楼社区的居民也是 CY 人。在选择作出以上判断的理由时（表5-53），23.9%的人选择了“有 CY 地区户口就是 CY 地区人”；46.3%的人选择了“在 CY 地区出生、成长才是 CY 地区人”；20.1%的人选择了“只有以前 CY 地区一至八队的才是 CY 地区人”，6.0%的人选择了“他们自己也不认为是 CY 地区人”，3.7%的人选择了“其他”。总之，他们还是抱着一种比较传统和保守的看法，对新增的人和事不能很快接受。当然这也可以说明，他们对自己社区成员的身份认同还是比较清晰的，而且那种长久的历史感影响很深，接近一半的人认为“在 CY 地区出生、成长的才是 CY 地区人”，这种选择不仅排除了来此购房的人，甚至把嫁过来的外来媳妇和上门女婿都排除在外了。

表 5-53　在 CY 地区的商品楼社区居民是否是 CY 地区人（2010 年调查数据）

选项	频次/次	百分比/%
有 CY 地区户口就是 CY 地区人	32	23.9
在 CY 地区出生、成长才是 CY 地区人	62	46.3
只有以前 CY 地区一至八队的才是 CY 地区人	27	20.1
他们自己也不认为自己是 CY 地区人	8	6.0
其他	5	3.7
合计	134	100.0

相对于周围商品楼社区的居民，来租房的人更是被他们排除在社区居民之外。在回答“您认为在 MZJY 社区租房的人属于我们社区的居民吗”时，85.8%的人都认为“不是”；只有 13.5%的人认为“是”，还有 0.7%的人不知道。至于判断理由，如表 5-54 所示，72.6%的人认为“租房的只是过客”，只有 14.8%的人认为“在社区生活就是社区的居民”。

表 5-54　对“租房的人是否属于社区居民”的判断理由（2010 年调查数据）

选项	频次/次	百分比/%
租房的只是过客	98	72.6
在社区生活就是社区居民	20	14.8
租房的人自己不认为是社区居民	11	8.1
其他	6	4.4
合计	135	100.0

第三节　居民的社区归属感

一、社区归属感

在西方关于社区归属感的研究，主要有社区失落论、社区继存论和社区解放论三种观点。“社区失落论”（community lost）是早期城市社会学家的观点，滕尼斯、齐美尔、沃斯等都认为城市化会使传统社区解体。他们认为随着城市化的推进，传统社区会逐渐走向衰落，社区归属感也会逐渐淡漠，沃思是这一阶段的代表，他在《作为一种生活方式的城市性》中对此有清楚的阐述。这一观点在奥斯卡·刘易斯（Oscar Lewis）和赫伯特·甘斯的研究中受到挑战，他们发现城市化并没有导致城市社区的死亡，社区中的人际关系依然存在。他们在调查的基础上提出“社区继存论”（community saved），认为城市中也存在有归属感的社区。以克劳德·费舍尔（Claude Fischer）等为代表的持“社区解放论”（community liberated）的人认为，人们的归属感是产生于地域不相接近的社区，提出应打破对邻里关系的强调，主张社区居民应从地域和空间的局限中解放出来，建立更广泛的社会联系。个人的大部分社会关系不再具有地域属性，个人对所居住的地域社区不会产生归属感，使人们产生归属感的是地域上不邻近的社区。[①]在我国的相关研究中，王思斌教授认为“现代化是一个破坏传统社区的力量”[②]。而丘海雄的研究则指出，工业化、城市化并非是使社区生活趋于解体的必然因素，相反，城市化程度较高的社区其社区归属感也较高。[③]单菁菁在研究中也发现，我国城市社区中人们对地域社区的归属感不但没有消失，反而处于较高水平。[④]基于这些研究，笔者思考的是：在快速城市化背景下的少数民族转制社区居民归属感是随着城市化逐渐消失还是有了新的发展或不再局限于地域，是处于较高水平还是较低水平，这是本书力图解答的问题。要解答这个问题，还需要了解社区归属感的影响因素有哪些。这在国内外研究中也已有不少成果，比如，詹妮弗·克罗斯（Jennifer Cross）认为，社区归属感的影响因素包括满意度、认知因素、情感因素、身份认同、依赖感等 5 个方面。[⑤]丘海雄认为，居民社区归属感的影响因素主要是居住年限、人际关系、社区满足感、社区活动参与。[⑥]单菁菁的研究发现，社区满意度是影响居民社区归属感的最重要的因素。[⑦]本书将在前人研究的基础上，借鉴已有研究中关于社区归属感影响因素的分析和测量标准，通过调查确定转制民族社区居民社区归属感的影响因素及这些因素影响力的大小，希望能对相关研究做一些补充。

本书的研究问题主要是在少数民族转制社区居民的社区归属感是否存在，程度如何，其影响因素主要有哪些？结合已有研究和少数民族转制社区的特点，本书提出以下假设。

假设 1：在快速城市化过程中，少数民族转制社区居民的归属感会有些变化，但由于从传统农村社区转制出来，还会保留一些传统社区的东西，社区归属感还存在，而且比城市社区高。

假设 2：居民的居住时间、人际关系、社区满意度、社区参与、社区进步认知度与其社区归属感呈正相关，即居民居住时间越长，在该社区的人际关系越强，对社区的整体满意度越高，参与社区活动越多，对社区进步的认知度越高，

---

① 以上根据相关内容［夏建中. 现代西方城市社区研究的主要理论与方法. 燕山大学学报（哲学社会科学版），2000（2）：1-6. ］整理而成。

② 王思斌. 体制改革中的城市社区建设的理论分析. 北京大学学报（哲学社会科学版），2000（5）：5-14.

③ 丘海雄. 社区归属感——香港与广州的个案研究. 中山大学学报，1989（2）：59-63.

④ 单菁菁. 社区情感与社区建设. 北京：社会科学文献出版社，2005：116.

⑤ Jeniffer E. Cross，conceptualizing community attachment. E-Journal of Sociology，2001.

⑥ 丘海雄. 社区归属感——香港与广州的个案研究. 中山大学学报，1989（2）：59-63.

⑦ 单菁菁. 社区情感与社区建设. 北京：社会科学文献出版社，2005.

其社区归属感越强；反之，其社区归属感越弱。

假设 3：居民对自己是农民还是市民的身份认同，以及对社区成员身份的界定，会影响居民的社区归属感。

假设 4：居民对民族宗教活动场所（包括清真寺和穆斯林服务中心）、清真食品供应情况和民族关系的满意度、对回族风俗习惯的了解程度和民族节日活动的参与度等因素与其社区归属感相关，即对民族宗教活动场所、清真食品供应情况和民族关系越满意，对回族风俗习惯越了解，民族节日活动参与越多，其社区归属感越强。

二、居民社区归属感现状

目前，学术界对社区归属感的理解分歧不大。简单地讲，社区归属感就是居民对社区的认同、喜爱和依恋。在本书中对于归属感的测量也主要根据定义来设置指标，以李克特量表为主要形式，答案选项设为肯定、比较肯定、一般、不太肯定和否定 5 个等级。

通过对问卷资料的整理和统计分析，得到居民的社区归属感统计结果，如表 5-55 所示。

表 5-55 少数民族转制社区居民归属感调查表（2010 年调查数据）

选项	项目/%					N
	肯定	比较肯定	一般	不太肯定	否定	
社区喜爱	75.2	10.3	7.6	2.1	4.8	145
社区依恋	70.8	11.8	12.5	1.4	3.5	144
对社区事务的关心	47.5	23.4	14.2	6.4	8.5	141

从问卷统计结果来看，少数民族转制社区居民对社区的情感很深，持正向态度的占多数。以下分别就这几项进行分析，为更清楚地了解少数民族转制社区居民的社区归属感情况，下文中将相关数据与一些已有研究做对比。选用作为比较的研究个案主要有三个：一个是与本书个案相近的城乡过渡型社区，程燕所作的成都的城乡结合部社区，不同之处在于，那是汉族社区，本书中的是少数民族社区；还有两个是城市化程度较高的城市社区，一个是同为北京社区的，即单菁菁的研究个案，另一个是苗艳梅在武汉城市社区所调查的个案。

少数民族转制社区居民对所在社区的喜爱程度很强，有 75.2%的居民选择了“非常希望长期住在本地”，这种程度远高于一般城市社区居民。比如，单菁菁在北京城市社区居民中的调查，对相同问题的回答，只有 47.6%的居民表示非常希望长期居住在现在的地区[①]；在苗艳梅对武汉市的城市居民调查中，也只有 56.6%的居民愿意再次选择时依然住在原来的社区[②]；即便在成都城乡结合部的调查中，愿意长期居住在调查社区的也只有 68%。[③]

少数民族转制社区居民对所在社区的依恋感也远高于一般城市社区居民，有70.8%的居民表示如果要搬离现在居住的社区肯定会舍不得，而单菁菁在北京城市社区居民中的调查，只有16.8%的居民表示如果搬家会对现在的社区非常留恋，还有52%的人是比较留恋，两项之和也就是68.8%[④]；在关于成都城乡结合部的调查中，居民的社区依恋也较强，有75.3%的人表示搬离社区会感到留恋[⑤]。

不过在对社区事务关心方面，少数民族转制社区居民与城市居民的选择相近，在MZJY 社区有70.9%的调查对象（包括47.5%的人选择“肯定会”，23.4%的人选择“可能会”），在单菁菁的研究中也是有70.8%的人（包括30.8%的人选择“肯定会”，40%的人选择“可能会”），表示会在集体利益受到损害时参加社区居民发起的一些联合行动。[①]在这方面选择“肯定会”的人比前两题要少许多。通过访谈笔者发现，少数民族转制社区居民对此方面的认识有些误解，一方面在转制社区，人们的农民意识还较重，公民意识和权利意识还比较缺乏；另一方面在居民的意识里，参加联合行动是与政府作对，是闹事的行为，还有“多一事不如少一事”的心理，因此一般人对此是有些顾忌的，所以在回答这个问题时选择“肯定会”的人相对于前两题就要少一些。

接下来，我们用五级量表赋值法对上述统计结果进行数据处理，赋值 1～5，分别表示社区归属感从弱、较弱、一般、较强至强的 5 种不同强度水平。数据处理结果如图 5-3 所示。

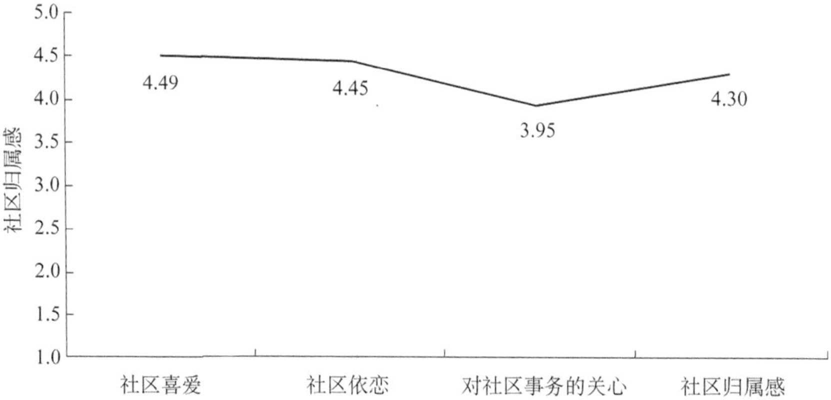

图 5-3 转制民族社区居民社区归属感

① 单菁菁. 社区情感与社区建设. 北京：社会科学文献出版社，2005：114.
② 苗艳梅. 城市居民的社区归属感——对武汉市 504 户居民的调查分析. 青年研究，2001（1）：36-41.
③ 程燕. 城郊结合部居民社区归属感和社区参与研究. 成都：四川大学硕士学位论文，2006：16.
④ 单菁菁. 社区情感与社区建设. 北京：社会科学文献出版社，2005：114.
⑤ 程燕. 城郊结合部居民社区归属感和社区参与研究. 成都：四川大学硕士学位论文，2006：16.

从图 5-3 可以看出，几乎各项社区归属感的强度分值都处于较高水平，而且整体上少数民族转制社区居民归属感强度达到 4.30，也是远高于一般社区的，比如，单菁菁在北京城市社区居民中的调查显示，城市社区居民归属感为 4.12[①]；而在成都城乡结合部的调查中，居民的社区归属感为 4.08[②]。

以上分析验证了假设 1，说明在快速城市化过程中，少数民族转制社区居民的归属感仍然存在，而且比城市社区高。

三、居民社区归属感的影响因素分析

那么有哪些因素对少数民族转制社区居民归属感有影响呢，笔者在已有研究的基础上设计了居住时间、人际关系、社区满意度、社区参与、社区进步认知度 5 个主要方面；另外，结合少数民族转制社区的特点，增加了与转制社区相关和少数民族相关的一些特殊因素的考察。

使用 PRE（proportionate reduction in error）测量法，对假设的 5 个主要影响因素与少数民族转制社区居民归属感的相关程度进行了测量，结果如表 5-56 所示。

表 5-56　社区归属感影响因素的相关分析（2010 年调查数据）

影响因素	r	决定系数	p	样本数（N）
居住时间	0.083	0.006 889	—	146
人际关系	0.245	0.060 025	0.01	143
社区满意度	0.092	0.008 464	—	143
社区参与	0.176	0.030 976	0.05	145
社区进步认知度	0.197	0.038 809	0.01	143

从以上测量结果可以看出，居民在社区居住时间、对整个社区的满意度与其社区归属感之间的关系较弱，皮尔逊相关系数分别为0.083、0.092，而且这个结果不但没能达到预先设定的$p \leqslant 0.05$的显著置信水平，也没达到其他可以接受的显著置信水平，从而对居民社区归属感的形成缺乏解释力。也就是说，在少数民族转制社区中，居民的社区归属感与居住时间、社区满意度之间没有直接关系。

居民在社区中的人际关系、社区参与、对社区进步的认知度与其社区归属感呈正相关的假设得到了调查数据的支持。从数据结果看，居民在社区中的人际关系是此次测量的 5 个变量中对社区归属感影响较大的因素，其皮尔逊相关系数为

① 单菁菁. 社区情感与社区建设. 北京：社会科学文献出版社，2005：116.
② 程燕. 城郊结合部居民社区归属感和社区参与研究. 成都：四川大学硕士学位论文，2006：17.

0.245，而且显著度达到 0.01 的水平。其次是对社区进步的认知程度，与社区归属感的皮尔逊相关系数为 0.197，显著度也达到 0.01 的水平。而居民对社区活动的参与与社区归属感的皮尔逊相关系数为 0.176，显著度也达到预定的 0.05 的水平。这说明居民在该社区的人际关系越强，参与社区活动越多，对社区进步认知度越高，其社区归属感越强；反之，其社区归属感越弱。不过从相关系数的值来看，这些变量与社区归属感也只是弱相关关系。

综合以上分析，可以发现，假设 2 只是部分得到了证实，笔者选出有一定相关性的 3 个因素建立了一个回归模型，如图 5-4 所示。

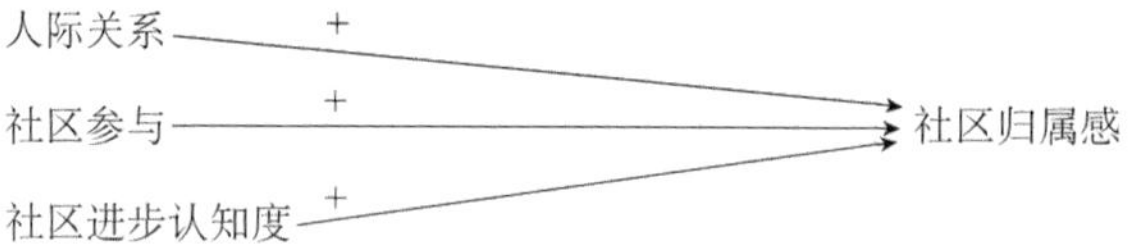

图 5-4　转制民族社区居民归属感的影响因素模型

这个模型的回归分析结果如表 5-57 所示。

表 5-57　少数民族转制社区居民归属感的影响因素回归模型 1（2010 年调查数据）

项目	净回归系数（b）	标准回归系数（β）
人际关系	0.290*	0.188*
社区参与	0.117	0.138
社区进步认知度	0.099	0.138
常数（a）	3.021	
决定系数（R^2）	0.091	
样本数（N）	146	

注：* $p \leq 0.05$

从分析结果来看，模型的解释力不强，用人际关系、社区参与、社区进步认知度来预测少数民族转制社区居民的归属感，只能消减 9%的误差。

为探讨少数民族转制社区居民的归属感的影响因素，笔者还根据这种类型社区的特点，建立了另外两个模型。一个是与转制相关的一些因素，包括居民对自己是农民还是市民的身份认同；以及由于拆迁上楼带来的变化，比如，周围商品楼社区的增加，所在社区租房人员的增多，这些所引起的对社区认同的变化，看看这些因素是否影响了居民的社区归属感。具体回归模型分析结果如表 5-58 所示。

从分析结果来看，模型 2 的解释力也不强，而且用认同来预测少数民族转制社区居民的归属感，只能消减 3.8%的误差，假设 3 难以成立。

表 5-58 少数民族转制社区居民归属感的影响因素回归模型 2（2010 年调查数据）

项目	净回归系数（b）	标准回归系数（β）
对自身的身份认同	0.265*	0.167*
对周围商品楼社区居民的认同	0.175	0.085
对来社区租房人员的认同	0.114	0.051
常数（a）	4.161	
决定系数（R^2）	0.038	
样本数（N）	146	

注：* $p \leqslant 0.05$

另外，就是与回族相关的民族因素（这部分的样本只是回族居民，所以样本量是 130），比如，对民族宗教场所的满意度，包括清真寺和穆斯林服务中心（居民上楼后建起的专门提供给回族办理丧葬事务的场所），以及对清真食品供应情况和民族关系的满意度，还有对回族风俗习惯的了解程度和节日活动的参与情况等因素与归属感的关系。具体回归模型分析结果如表 5-59 所示。

表 5-59 少数民族转制社区居民归属感的影响因素回归模型 3（2010 年调查数据）

项目	净回归系数（b）	标准回归系数（β）
清真寺满意度	−0.006	−0.009
穆斯林服务中心满意度	0.045	0.067
民族关系满意度	−0.130	−0.126
风俗习惯了解程度	0.167	0.130
节日活动参与度	0.080	0.138
对清真食品供应情况满意度	0.096	0.105
常数（a）	3.646	
决定系数（R^2）	0.073	
样本数（N）	130	

从分析结果来看，模型 3 的解释力也不强，而且各因素对社区归属感的影响都不显著，假设 4 也难以成立。总之，模型 1、模型 2、模型 3 都由于解释力太弱而难以采用。

综合以上分析，假设 1 得到了数据分析结果的证实，假设 2 只有部分得到了证实，但假设 3、假设 4 则难以成立。也就是说，从调查结果的分析来看，在少数民族转制社区，城市化并没有使人们的社区归属感消失，而是依然保持较高的归属感。而在社区归属感的影响因素方面，数据分析显示，对少数民族转制社区居民来讲，居住时间、社区满意度与社区归属感没有直接关系，有影响的因素主要是人际关系、社区参与、社区进步的认知度方面，但这些因素与社区归属感也只是弱相关。而结合少数民族转制社区的特点，根据与转制社区相关和少数民族相关的一些特殊因素建立的模型解释力也很弱。真正形成少数民族转制社区居民归属感高的原因，是长久的历史积淀和面对现实的理性选择的综合作用。

四、小结与讨论

从 MZJY 社区的个案调查结果的分析来看，在少数民族转制社区，城市化并没有使人们的社区归属感消失，而是依然保持较高水平。这否定了一些社会学家关于城市化会使传统社区归属感消失的悲观预测。

在社区归属感的影响因素方面，数据分析显示，对少数民族转制社区居民来讲，居住时间、社区满意度与社区归属感没有直接关系，这与一些对城市社区的研究中在这些方面呈现的高相关有很大的不同。从数据来看，对社区归属感有影响的因素主要是人际关系、社区参与、社区进步的认知度方面，但这些因素与社区归属感也只是弱相关。而根据少数民族转制社区的特点，由与转制社区相关和少数民族相关的一些特殊因素建立的模型解释力也很弱。这些结果与已有研究有较大的不同，笔者认为这正是少数民族转制社区的特殊性造成的。事实上，通过深入访谈并结合前面的数据分析，笔者发现，他们的社区归属感比较高不是某一个或几个因素作用的结果，而是一系列因素综合作用的结果，是一种历史的积淀，是现实的选择，是少数民族生活的需要。具体而言，少数民族转制社区居民归属感比较高而且影响因素与一般社区不同的原因主要有以下几点。

第一，历史的延续和传统的保留。从对调查点的介绍中可以了解到，这个社区已经有 600 多年的历史，社区的人都是祖祖辈辈一直在这里生活的，这种历史的传承让他们产生了一种心理惯习和对社区的强烈依赖。在问到“您希望长期住在本地吗”这个问题时，他们的回答通常都是这样的：“当然了，不住这里，住哪里去，我们祖祖辈辈，多少代都是住在这里的。”（访谈个案 BSH、HFR、ASX、WGC、LSY）

所以，调查中的居住时间在这里反映的只是年龄，而在这个有着悠久历史的 MZJY 社区，无论年轻人还是老年人都是生于斯长于斯的。也就是说，无论年龄大小，他们对这个社区都有着强烈的归属感，而不是年龄越大归属感越强，居住时间的变化并不影响其归属感的强弱。因此，仅从统计分析来看，居住时间与归属感也就没什么关系了。

在进一步的访谈中，可以感到，在他们内心深处，大多数人都会认为自己就是这里的人，不管周围环境变好还是变坏，不管对社区是否满意，他们都要继续在此生活，长期居住于此，所以社区满意度对社区归属感的影响在统计上也显现不出来。至于社会交往，在这个回族社区，一是由于历史原因，几百年来大家一直居住于此，彼此间较为熟悉，邻里关系较好；二是回族有族内婚的传统，异族通婚虽有增多的趋势，但从来都不是主流，在回族中人们常说“十个回回九个亲”讲的就是这种状况，在 MZJY 社区很多家庭间都是有亲戚关系的；三是 MZJY 社区采用的是集中搬迁上楼，虽然安置时各队打散，交叉居住了，但都还在一个社区，相互交往也比较多。总之，在 MZJY 社区，虽然正在经历城市化，处在传统与现代的更替过程中，但传统社区那种较高归属感的状态由于种种原因还能得以延续。

因此，一些在已有研究中对社区归属感有明显影响作用的居住时间、社会交往、社区参与、社区进步认知、社区满意度等因素，在这个社区都只是弱相关或不相关。

第二，现实经济状况的制约和理性的选择。在访谈中，当每次问到“假如有机会让你搬离现居住的社区，您会舍不得这个社区”这个问题时，受访者一般都不是直接回答问题，而是会反问我们：“离开？去哪？”（访谈个案 BSH、ASX、WGC、LSY）在他们心里，这里就是他们的居住地，他们没有想过会离开。接着还会娓娓叙述一些现实因素：“我们能搬到哪去呢，这里不管怎么说买的时候房价还是便宜的，要到离市中心近一点的地方，房价都是很高的，哪能买得起。别的地方也没什么搬的必要呀。”（访谈个案 BSH、HFR、ASX）“虽然我们那时回迁房均价也就每平方米 2500 元左右，现在这里已涨到 1 万多元每平方米，但我们也不可能把这里的房子卖了呀，我们当然得长期住这了，要不到别的地方哪能买上房住呢。这边即使有两套卖掉，也再买不上一套呢。”（个案 MK、LSY、WGC、WZR）

的确，对于拆迁上楼的居民来说，特别是本书中的个案社区，有许多现实的因素束缚了他们的搬迁意愿。从这个角度体现的归属感，其影响因素也变得现实和复杂起来。综合各种情况，居民们能作出的理性选择自然是长期住在这里，要搬的话肯定是舍不得的。而这种情感的形成受现实的经济、社会因素的影响很大，也是他们通过理性算计后更为合理的选择。笔者想这也是多个模型的解释力都不强，但他们的归属感确实很高的原因之一。

第三，民族风俗习惯等因素。回族是有清真饮食习惯的少数民族，在北京这样的大城市各民族大融合，要找一个比较好或比较纯的清真饮食环境是不容易的，只有在部分少数民族聚居区才有。目前，北京主要有两个比较大的回族聚居地，一个是牛街，一个就是这里。而牛街由于其空间地理位置，那里的房价已经很高，仅这点就可以限制他们往那里流动。而如果到别的地方，生活就会很不方便。所以，要坚守回族的生活习俗，继续住在这里也是明智之选。

总之，历史与现实的综合作用造就了这个社区居民对社区的高度归属感。而相比之下，其他因素都只能是弱相关，发挥不了太大的影响作用。

通过以上分析笔者发现，少数民族转制社区居民归属感的影响因素与已有研究中一些城市社区的影响因素有较大的不同，在那些社区有明显影响的因素在这里都不明显。这说明少数民族转制社区居民归属感影响因素的研究有其特殊性，值得开展进一步的深入研究。

第六章

DW社区转制后社区建设情况

第一节　DW 社区概况

乌鲁木齐于 2004 年 1 月 5 日正式启动加快城市化进程工作。到 2005 年年底，DW 乡、QDW 乡、EG 乡、DWP 乡及 DSQKZW 村和 RMZZ 村的 8 万多人，全部成为拥有非农业户口的乌鲁木齐城市居民。[①]原 DQ 乡在乌鲁木齐市撤村建居点中具有一定的代表性。故笔者于 2007 年 1～2 月对乌鲁木齐市 TS 区 DW 乡转制后的社区建设情况进行了调研，并在此后通过广播、报纸、网络等媒介继续关注这些地方转制后公共事业各相关工作的最新进展。希望通过笔者的调查研究可促使乌鲁木齐及其他城市以后在开展转制工作时，提前作出更完善的规划，把成功的经验继续推广，降低目前出现的问题再出现的比例，更好地加快城市化进程。

DW 乡属于乌鲁木齐市 WLMQ 县，位于市区的南郊，由 5 村 1 公司组成，分别是 NXW 村、DW 村、EDW 村、BHL 村、WLB 村和 JQG 工贸公司。2001 年 1 月 13 日经国务院批准，乌鲁木齐市对行政区划做了一次调整，从区划上将郊区的几个乡、村由原来的县级管辖划入城市化程度更高的区级管辖，DW 乡由乌鲁木齐县划归天山区。乌鲁木齐市于 2004 年 1 月 5 日正式启动加快城市化进程工作，2004 年 7 月 14 日撤村建居试点工作全部完成。TS 区于 2005 年 7 月 28 日基本完成撤村建居工作。据《乌鲁木齐年鉴（2005）》记载："2004 年 TS 区撤村建居工作涉及 DW 乡所辖四个行政村（NXW 村、DW 村、EDW 村、BHL 村）和一个村建制的工贸公司（JQG 工贸公司）共 18 个生产队，全区撤村建居涉及人口 7453 人，其中农业人口 4070 人，非农业人口 3383 人。截至年底，全区……参加医保 4778 人，已办理 2675 人，办理农转非手续 4070 人。办理房产证 561 户。……确定巷道名称 332 条，制作路、街、巷门牌号 3686 个。撤村建居中，原 NXW 村、DW 村、EDW 村、BHL 村分别成立新疆 NXW 湾投资开发有限责任公司、新疆 JW 投资开发有限责任公司、新疆 ED 湾投资开发有限公司、新疆 YL 投资有限责任公司，原 JQG 工贸公司保留（以下简称工贸公司）。"[②]原 DW 乡 6857 人成为新公司股东。根据乌鲁木齐市《整建制撤销村委会建立社

---

① 乌鲁木齐近郊：交 8 元钱变城里人. 新华网. http：//www.xinhua.org/chinanews/2004-02/10/content_1601819.htm［2007-02-01］.

② 乌鲁木齐市党史地方志编委会办公室编. 乌鲁木齐年鉴（2005）. 乌鲁木齐：新疆人民出版社，2005：338.

区居委会实施办法》，按照“便于居民自治，便于管理，便于服务，便于资源开发，以地缘为主，户数服从地缘”的原则，原 DW 乡 4 村 1 公司共 7453 名村民分别划入 TS 区 YA 路、TJ 路、SL 路、YEW、HP 路、XF 路、JQJ 等 7 个街道办事处 17 个社区。[①]由于分散在多个社区中，其现状及面临的问题都有相似之处，所以，在本书中用 DW 社区统称 DW 乡转制后的各社区。

第二节 DW 社区转制后社区建设现状及存在的问题

关于社区建设的内容有多种观点，对于 DW 社区的社区建设状况，本书结合实际及当时的调研情况，选取基础设施、环境卫生、医疗保健、教育、文化生活、住房和社会治安 7 个方面展开论述。

一、基础设施

（一）居民生活用水

原 DW 乡撤村建居以后，居民户一般根据自己的用水量将水费缴给自来水公司，每月专门有自来水公司的人来定期收水费，如果延期则自己去自来水公司缴纳。大多数地方的居民生活用水比较正常。撤村建居前，村上所使用的自来水管道大多不符合标准，管道老化、漏水现象比较严重，导致总表与分表之和在用水量上出现了差额，在水费的缴付上存在着漏洞。因此，撤村建居时，大多数村是由政府、村委会和居民三方共同出资进行建设和改造自来水管道，然后交给自来水公司进行管理，基本实现了正常化管理。有些村则是由村委会用集体的一部分钱补交了以前的水费，并对自来水管道进行了改造；在改造自来水管道的时候，由于每个村的具体情况不尽相同，在改造的过程中也存在着一些问题：有些村集体资金不足，无法全面改造；有些村还没进行改造，给居民生活带来了很大不便。例如，原 DW 村由于历史原因，多年来欠自来水公司上百万元的水费需要清算，目前还没解决，因此那里的自来水管道就未进行改造；另外，BHL 四队居民现在使用的还不是自来水，而是泉水。

（二）居民生活用电

撤村建居以后，居民用电大多数是由原来的村委会直接移交给电力公司，但

① 李云辉，王芬. 乌鲁木齐市天山区完成“撤村建居”. 新疆天山网. http://www.ts.cn［2007-02-01］.

交接过程中也面临着与居民用水相似的问题，即电网的改造。时间久了，各地普遍存在着电线老化、承载量有限等问题，必须重新对电网进行建设和改造。为了解决这一难题，一般的做法是：先由原来的村委会或者是改制后的公司与电力公司协调，补交村上以前拖欠的电费，然后由政府、村委会和居民三方共同出资，对电网进行整修。在交接和改造的过程中，由于各村的具体情况不同，依然遗留了一些问题，如有些村的村民居住得比较分散，改造电网的成本过大，电力公司不愿意对其进行接收管理，因此没有顺利交接，到现在居民用电还是由改制后的公司管理。以原 BHL 五队为例，撤村建居后居民用电由 YL 公司交给私人承包，每度电的费用要比市里正常用电高37.7%（市里居民用电是0.472元/度，而原八户梁五队是0.650元/度）。当地的一些居民户对此意见很大，如访谈时居民 DWXBHL-5-1就很不解地说："村改居工作是结束了，但为啥我们还得用着高价电，这不公平呀！"还有些地方的电网由于没有经过改造，漏电的现象依然存在，而且偶尔还有停电的情况。当地居民户普遍认为，用电也应该像用自来水那样，由居民将电费缴纳给供电公司，实现正常化的管理。

（三）居民冬季取暖

在撤村建居点，居民冬季取暖主要有两种方式：一种是居民自己烧小锅炉，另一种是集中供暖。前者是大多数居民采用的取暖方式。从实地观察和与居民的访谈发现，居民自己烧小锅炉的自主性大些，可以根据实际情况决定供暖的时间、温度和范围（对撤村建居点居民而言主要是那些出租屋供暖）。但这种方式有以下弊端：①污染比较严重；②必须派出专人来进行负责管理，浪费时间、精力和金钱；③受热不均匀，有时候甚至出现危险的煤气中毒事故。而集中供暖则克服了这些弊端，在调研期间，集中供暖只是在原 DW 村部分居民中试行，普遍反映比较清洁，污染少，而且受热均匀，不需要专人去烧小锅炉，比较方便省事。但是取暖费却成了问题，居民 DWXDWC1-2 反映说："现在暂时可以接受，因为村改居时，政府对我们的取暖进行了补贴。2006 年是 16 元 / 平方米，2007 年是 18 元 / 平方米，2008 年是 20 元 / 平方米，以后是 22 元 / 平方米。如果按照 22 元 / 平方米来征收，到那时租房子要还像现在这样挣不上钱，我可就交不起集体供暖的钱了。"在之后的访谈中，又有不少居民有类似的反映。

笔者也发现，有些地方的房子的确不好出租，尤其是在冬天，工作不好找，很多房客就回户籍地过年，房子就只好空着。如果实现集体供暖，就没有办法停掉空房子的暖气，让房东自己交空房子的暖气费，房东则觉得有些不合理。另外，因为有些地段的房子不好租出去，即使勉强租出去，房子的价格也特别低，有时候甚至会出现房客不交房租跑掉的情形，这样的情况几乎每家都曾遇见过。虽然广大居民对乌鲁木齐市的"蓝天计划"工程表示拥护，但他们认为如果以乌鲁木齐市统一的价格来征收暖气费，还是有些难以接受。

（四）道路和沿线交通

在撤村建居过程中，乌鲁木齐市政府在撤村建居的地方普遍增开或延长了一些公交线路，如新增537路、21路、304路等，延长30路终点至工贸公司等，保证了居民出行的方便。从观察记录的统计来看，58.3%的调查点都有一条以上的公交线路可直达村队，其中57.1%是有三条以上公交线路可直达村队；另外，41.7%的调查点也是步行5分钟就有公交车站台，其中60.0%是有三条以上公交线路的。

总之，笔者所调查的村队都已在公交车覆盖范围。对此，居民们的反映都比较好。一位受访的老奶奶 DWXBHL4-5 说道："以前我们要去市里要走好一节路才能搭上车，现在出门就可以坐上车，去市中心可是比以前方便多了。"为了通车方便，撤村建居后，许多道路尤其是主干道基本上都得到了整修，但巷子里的道路却很少被重新修建，路面状况与主干道相比，差了很多。加之有些巷子里的道路和积雪没有人清扫，时间久了，路面状况自然就很糟糕了。另外，有些道路由于修缮自来水管道或排污管道挖开后只是进行简单的填埋而没有整修，到处坑坑洼洼，逢雨雪天气就很难通行。有居民 DWXEDWC-3 无奈地说："听说除了改造自来水管道和排污管道，以后还要修建暖气管道和天然气管道呢。谁知道呢，反正破坏以后也就没有人来管，你看现在这路都被糟蹋成什么样儿了！哎，就像是拉链路，用时挖开，完了一填，要用了再挖。"据统计，到 2007 年 8 月，乌鲁木齐市还有 743 条泥巴巷道。①不过这种情况可能会有所改善，2008 年乌鲁木齐市政府投资 9000 万元，对各区 400 余条背街小巷进行改造，硬化 130 千米泥巴土路，全部工程于 10 月底完工，并且此次改造的重点正是 TS 区中环路、DW 片区、SMG 沟区和新市区的撤村建居区域巷道。②

（五）巷道路灯

撤村建居前，多数村庄都没有安装路灯，加之这些地方外来流动人口比较多，晚上出行非常不方便，治安状况比较差。撤村建居以后，除了原 BHL 四队，其他地方的主干道路大多都得到了修缮，并且在主干道两旁安装了路灯，治安状况也得到了明显的改善。但由于撤村建居点的居民居住得比较分散，路灯安装费用较高，所以各撤村建居点的巷道里几乎都没有安装路灯。从调查来看，没安装巷道路灯的调查点达到了 91.7%，也就是只有一个调查点安装了路灯。所以，居民对此的反应较大，尤其是一些腿脚不方便的老人，晚上几乎都不敢出

---

① 张冬梅. 乌市 89 条背街小巷换新颜. 都市消费晨报，2007 年 8 月 10 日，第 4 版.

② 宋婕. 投资 9000 万元改造 400 余条小巷. 都市消费晨报，2008 年 4 月 21 日，第 A2 版.

门。在对社区居委会成员进行访谈时，一位居委会的干部 JQJCQZS-2 也说道："现在的道路亮化还远远不够。以后不仅要继续改善道路的硬化程度，还要大大提高道路尤其是巷道的亮化程度，以方便广大居民。"不过，这两年来，乌鲁木齐市政府已开始逐步在一些撤村建居点安装路灯，但范围和速度还是有些慢。

二、环境卫生

（一）污水排放

撤村建居前，村上的原住村民不是很多，加之有些村委会当时也没有考虑到以后的发展趋势，所使用的排污管道口径比较小，设备也比较简陋，随着人口的增加尤其是流动人口的增加，原有的排污管道已不能满足目前的污水排放需求。在撤村建居的过程中，大多数村是由村委会和居民户各出一笔钱，把主干道的排污问题移交给乌鲁木齐市排污处进行改造和管理，主干道的排污问题基本上得到了解决。也有一些地方是在政府改造主干道排污的基础上，居民们自己集资将自己家的排污小管道接到主干道的大管道上，进行排污。如果巷道上的排污管道堵住了，就由大家集资来进行疏通，巷道的排污问题也得到了缓解。但是，还有其他一些地方由于迄今为止还没有安装下水管道，无论是主干道还是巷道的排污问题都没有得到解决。如原 BHL 村一队，该队村民几乎都用自家的渗坑进行排污。而在原 BHL 村四队则连渗坑也没有，大多数居民将污水直接排入队中间的那片湿地，夏天气味极其不好，卫生环境受到影响，湿地也被严重污染。正如这里的一位居民 DWXBHL4-3 所说的，"我们这里原先可好了，有好多人还专门来这里散步呢。现在可好，臭得都没有人愿意从这里走了"。

（二）垃圾清扫

总体而言，主干道的卫生和巷道里的卫生形成了鲜明的对比。主干道因为有环卫工人进行打扫，垃圾清理得比较及时，卫生状况比较好。与主干道相比，大部分地方的巷道卫生不太好，个别地方的巷道甚至又脏又乱，污水横流、垃圾满地。原 NXW 村的一位居民 DWXNXWC-7 说："这冬天还算好的了，如果你们春天或夏天来，那可真叫脏呢。"实际上，几乎每个撤村建居的地方都有垃圾船，垃圾工人每天对垃圾船按时进行清理。但有些地方或许是由于流动人口比较多，或是有些村改居的居民还没有养成自觉把垃圾倒入垃圾船的良好卫生习惯，虽然垃圾船距离自己住的地方不是很远，但巷道里的垃圾仍随处可见。冬季雪比较多，主干道有环卫工人进行清扫，路面比较干净，而巷道里却是各家自扫门前雪，其他地方的雪由于无人清扫，时间久了，越积越多，冻结成冰，行人一不小心就会摔倒，因此许多老年人在冬天担心摔倒，都不愿意出门。特别是工贸公司居民所在地，那里有个大斜坡，居民说许多老人都在那里摔过跤。对此，居民和社区各有说辞：居民中有些说，虽然自己交了卫生费（基本情况是按每月 3 元/人收取的），但是却很少有清洁工清扫；有些说自己扫了门前的积雪，但是也没有人来运走，时间久了，也不愿再继续清扫了；居委会的解释却是，交的卫生费是只负责把垃圾船的垃圾运走，巷道的垃圾由居民自己进行清扫。

（三）公共厕所

众所周知，在城市化发展的今天，随着流动人口的增加，建立公厕也成为公共基础设施中必不可少的一项。然而，从观察统计数据来看，只有 58.3%的调查点有公厕，而且这之中 28.6%还是旱厕，28.6%是已废弃的，42.9%是收费的；另外 41.7%的调查点都是没有公厕的。为了方便自己和租住的房客，当地大多数的居民都在自己的自建房内修建了厕所，但是在主干道路上就连私人建的公厕也很难找到。这种状况不仅对来往的临时民众很不方便，对当地居民来讲也是一种服务缺位，正如 BHL 七队的一位居民 DWXBHL7-3 所谈到的，“建个公厕是挺有必要的，要不然再像去年那样停几个月水，上厕所就成问题了”。据悉，2008 年，乌鲁木齐市将新建水冲式公厕 7 座，其中 2 座分别在 JQ 二街、DW 三队。公厕由政府补助与区县自筹资金共同建设。[①]届时，这两个区域的公厕供需状况会有所改善，但如按旧区成片改造地段和新建小区的公厕每平方千米不得少于 3 座的标准来看，还有一些差距，而且其他撤村建居点也还需要增加公厕数量。

三、医疗保健

（一）医疗保险

总的来看，撤村建居点符合条件的居民 90.2%以上都办理了医保，只有工贸公司和 BHL 有些队还没有到位。拿上补偿款且买了医保的人对看病已不太担心，平时买点药可用医保卡支付，住院也可报销。但补偿较少的 NXW 村和没发补偿款的工贸公司的居民还是很担心，认为一旦生病就是大负担，访谈中居民 DWXNXWC-5 就谈道：“即便住院能报，但几百元的门槛费和自己要承担的那部分加起来也是很大的开支，感觉还是挺贵的，可是不敢生病。”可见，医保程度不均衡问题在一段时间内还将在撤村建居点存在。

① 晨报记者. 今年首府确定新建 7 座水冲式公厕. 都市消费晨报，2008 年 4 月 25 日，第 A3 版.

（二）就医

撤村建居点的居民一般感冒之类的小病都是自己到药店买点药，看病一般到小诊所，尤其是拿到补偿款少的居民一般都不会去大医院，总感觉承受不起那样的开支，宁愿在小诊所看看（如工贸公司居民区有四五家私人诊所）。另外，有些居民如果合并在一个有大单位的社区，那里一般都有单位的职工医院，如 HYC 社区里的 HYC 电厂职工医院，但村改居的居民很少去，他们感觉还不能融入社区其他的群体，而且访谈中还有居民谈到，别的居民看不起他们。总的来讲，看病就医不方便是撤村建居点普遍存在的问题。

（三）儿童防疫保健

儿童防疫保健是我们访谈中了解到的比较好的一个方面。一方面是因为街道社区的工作比较到位，通知比较及时，有些社区发糖丸都是挨家挨户去发的；另一方面，父母对子女的健康都比较关心，一般都会很积极地配合街道社区或医疗单位的相关安排。

四、教育

教育事业是衡量一个民族的综合素质和国运国力的标志。发展教育事业不仅是促进城市经济和社会长远发展的重要步骤，也是城市精神文明建设的基础。要加快城市化进程，就必须大力发展教育事业。①

（一）义务教育

撤村建居前后，适龄儿童入学教育的变化不是很大，基本都是就近入学。有些地方在撤村建居以前还有自己的村办小学，孩子们入学都比较方便。撤村建居以后，大部分地方的孩子还是按地域就近入学。大多数家长反映子女上学的学费不是很高，基本可以接受，但是有些学校应该更进一步地提高教学质量。

（二）职业教育（就业服务）

按照《撤村建居做好被征地人员就业工作的意见》所提到的，要把被征地人员的就业和培训放在重要位置，按照“公平对待、合理引导、完善管理、搞好服务”的原则，将被征地人员中适龄劳动力的就业和培训工作统一纳入乌鲁木齐市就业培训管理范围。在调查中我们发现，撤村建居后，许多居民都待在家里无事可做，主要收入来源就是房租。当我们问他们为什么不去找工作时，一位居民

① 张大军，吴鹏，毛伟军. 三改一化——破解农村城市化难题. 宁波：宁波出版社，2005：21.

DWXEDW-7 说道："不是我们不想找，是我们找不到呀。"在对居委会进行调查时发现，社区居委会也希望积极响应政府的号召，帮助撤村建居后的被征地人员解决就业问题，以使他们今后的生活得到保障。但目前存在的情况主要有三方面：其一，一些居民手头还有补偿款和补助款，依靠房租可以维持生活，暂时不愿去找工作；其二，一些居民尝试着去找工作了，但由于受到年龄和学历的限制，加之自己又没有特殊的技能，很难找到适合自己的工作；其三，虽然社区居委会帮助一些居民找到了一些公益性的岗位，但由于工资比较低，加之一些居民没有转变就业观念，宁愿待在家里依靠房租生活也不愿意从事这些工资较低的工作。笔者在实际调查中还发现，由于撤村建居后新成立的一些公司提供的岗位有限，而社区居委会也很少对居民进行相关的技能培训，加之许多居民没有转变自己的就业观念，因此许多居民还没有找到适合自己的工作。

五、文化生活

（一）文娱活动

撤村建居以前，各村村委会在逢年过节的时候都积极开展过一些集体活动，如原 NXW 村曾成立了秧歌队，在遇到一些节日的时候还定期不定期地进行表演；大部分村委会还设立了老年活动室，在逢年过节的时候村上的干部还对孤寡老人进行探望，并且发放一些慰问品；在"三八"妇女节，还要组织一些集体活动，对村上的妇女发放礼品，以示庆祝。撤村建居后，原先的许多设施和场所被移交给了新成立的社区。在调查中，笔者发现，几乎每个社区都设有自己的老年活动中心，有些社区还开展了许多有益于老年人身心健康的活动。DWN 社区在 2006 年还开展了一次居民运动会。社区干部 DWNS-1 的反映，"居民们参与运动会的热情可高了，大大超出我们的预料。这次活动不仅深受当地居民的喜欢，一些外来的流动人口也积极地参与进来，运动会取得了非常好的效果。只要大家喜欢，以后我们还要继续开展这样的活动"。在精神文化方面，居民还希望建立社区图书馆。2007 年，我们从《乌鲁木齐晚报》获悉，"TS 区携手自治区党校，社区图书馆挂牌"，此次 TS 区与自治区党校图书馆签订了有效期为三年的图书资料资源共享协议。根据此协议，在这三年中，TS 区机关干部、社区工作人员和社区居民均可以来此图书馆借书，以丰富广大居民的精神生活。这对 TS 区撤村建居的居民无疑也是一个好消息。另外，为了使居民的身心得到健康发展，也为了改善社区成员和居民之间的关系，增进彼此之间的感情，一些社区居委会正在进行积极的探索活动，希望通过开展有效的文化娱乐活动，促进社区工作取得新的进展。

（二）电视和网络线路

撤村建居以后，大多数地方的线路都比较正常，居民们可以在家看闭路电视和上网。但是也有些地方，如原BHL村二队、四队，原DW村四队和原EDW村，到目前为止仍无法正常看闭路电视。BHL村二队是由于以前有些人交费，有些人不交，还有些人通过“搭便车”把自己家的线私自接在邻居的闭路线上，收费无法正常进行，因此有线电视安装公司将其全部拆除，致使有些居民想交钱也无法看有线电视。而原BHL村四队所在地，由于风较大，线路经常遭到破坏，工作人员修了几次便不再来了，大片居民都无法正常看有线电视。另外，互联网也存在一些问题，BHL村二队的一位居民DWXBHL2-10 说：“为了孩子方便，给她买了电脑，交了宽带费，却总是无法正常上网，即使有些时候上去了，过不了多久，又老是掉线，真是愁呀。钱都白花了！”一些居民户对此的意见很大，希望有关广电部门能够尽快给予解决。

（三）健身设施

从观察记录的统计数据来看，撤村建居点的社区 91.7%都没有安装健身设施，只有 8.3%的调查点即 1 个调查点有健身设施，而这还是所并入社区原来就有的。但是 90.2%的居民尤其是中老年人，都希望能有自己的集体活动中心，能够在社区建立一些公众的健身活动设施，使他们能够锻炼身体。在访谈中，居民们都希望能像其他社区那样有成套的健身器材安装在社区，便于大家锻炼身体，特别是老人和小孩。比如，有位老人 DWXDWC2-11 在接受访谈时开玩笑地说道：“以前自己有地时还可以在地里干活锻炼身体；现在地没了，也没健身设施，没地方锻炼身体了，天天只能待在家看电视。”的确，撤村建居点居民大多数都没有工作，他们更需要健身休闲的场所和器材。

六、住房

我国目前失地农民的住房安置模式主要有三种：统管自建型、统管代建型、统建分购型。[①]原 DW 乡的住房安置模式主要是采取第一种模式——统管自建型。在 2007 年访谈失地农民的房产证办理情况时，得到的答复是房产证都办下来了，居民对此都比较满意，而且许多居民已领到换发的国有土地使用证，这项工作还在继续进行。统一集中办理房产证不仅对稳定撤村建居点居民情绪有好处，有利于促进社会稳定，也便于居民出租房屋合法收取出租费，为居民收取信函和

① 吕维平. 失地农民住房安置模式探讨. 城市问题，2007，(5)：57.

其他社会活动带来方便，在以后征迁时也便于居民更好地维护自身权益。这一措施使失地农民的居住之所更有保障，也保障了居民不动产的法律地位。

但居民自建房大多存在一些隐患，许多居民领上征地款后就兴建了几层楼，大多是直接在原来的平房或原来的一层或二层上加盖的，地基多不稳；许多居民为了多盖些房，多分割些出租间，房屋内的楼梯多狭窄，存在一些安全、消防隐患。但自建房问题的解决，还必须特别注意在消除隐患的同时考虑居民的利益。

七、社会治安

撤村建居以后，由于城市的不断发展，外来流动人口的增多，社区的治安也需要得到更进一步的管理。在撤村建居点，95.1%以上的原住居民主要收入来源就是房租，许多人处于无业状态，加之流动人口比较多，居住不定，民族成分比较复杂，都为社会治安埋下了隐患，很难对其进行卓有成效的管理，因此偷抢事件在撤村建居点时有发生。比如，2007 年 5 月，居住在 DWB 路的白先生和亲戚田先生在回家途中随身带的 1000 元钱和两部手机被抢，两人都遭到殴打。[①]一些地方的巷道由于没有安装路灯，附近的居民夜晚都不太敢出门，很担心自己的安全，NXW 的一位房东 DWXNXW-9 告诉我们说："这里晚上出门可得多长个心眼，要是被贼盯上了，那可真是麻烦了。晚上出门最好结个伴。"

八、问题小结

综合上述对现状的描述，结合沿海、内地的相关情况，可以发现，乌鲁木齐市在转制社区建设方面有一些相对较好的做法，也存在一些问题。

（一）一些相对较好的做法

（1）按征地补偿的较高标准补偿，保证了撤村建居后一部分公共事业建设的资金和撤村建居点居民的生活保障。

（2）为符合条件的撤村建居点居民办理了基本医疗保障，降低了居民因病返贫的概率。

（3）居民自建房的房产证都统一予以办理，使失地农民的居住之所有了保障，也保障了居民不动产的法律地位。

（4）修建城乡结合处的公路，新增或延长公交车路线，方便撤村建居点居民出行等，但在基础设施建设、环境卫生、就业、文化娱乐、社会治安等方面还存

① 汤化伟. 回家途中亲戚俩遭劫被殴. 都市消费晨报，2007 年 5 月 17 日，第 A07 版.

在不少问题。

（二）存在的一些问题

从以上调查情况可以看出，乌鲁木齐市撤村建居后转制社区建设方面还存在一些问题。整体上看，交接工作不顺利、不及时、不到位造成撤村建居许多问题成了“真空地带”，无人问津，居民遇到问题也不知该去何处反映，还经常遭遇“踢皮球”，当他们到原村委会改制而成的公司董事会时，被告知那些问题已不归他们管应到居委会，可到了居委会又被告知那些相关资料还未移交过来没办法管。从具体的社区建设内容来看，出现的问题主要有以下几个方面。

1. 基础设施建设薄弱

在《TS 区加快城市化进程工作宣传手册》中，并没有就撤村建居后基础设施建设的责任等相关问题作出规定。因此，在撤村建居完成两年后，笔者进行调查时，撤村建居点的基础设施较撤村建居前没有明显改善。水电暖设施换、改都不顺利，巷道基本没有什么等级，多数都是坑坑洼洼，道路的硬化、亮化与一般城市社区差许多。

2. 环境卫生未得到改善

环境卫生的脏乱差状况在撤村建居后依然未得到改善。撤村建居点给人们最大的印象之一，就是那里脏乱差的环境卫生状况，在撤村建居前这就是媒体曝光率较大的方面，但撤村建居后再去那里一切依然如故，大部分巷道垃圾满地，污水四溢。

3. 被征地人员就业问题逐渐突出

虽然在《撤村建居做好被征地人员就业工作的意见》中，一切似乎都规定得很详细，很周到，但在笔者的访谈调查中，被征地人员反映他们没有享受过“意见”中所提的那些优惠，居委会对此也各有说辞。不可否认，被征地人员在我们调查期间还有不少人缺乏就业意识，宁愿守着吃房租，对很多工作都看不上。当然也有不少居民已认识到这个问题的重要性，但苦于没法享受优惠政策和自身各方面条件的限制而无法就业。另外，从那些已撤村建居十几年的沿海、内地城市看，被征地人员的就业问题也是越来越突出。

4. 文化娱乐活动减少，健身设施缺乏

居民们反映以前还有村委会组织一些娱乐活动，现在却没有了，主要的娱乐只有看电视、打麻将，而且在一般城市小区早已普及的健身设施在这些撤村建居点也难觅踪影。

5. 社会治安状况较差

由于居民就业率低、文化娱乐活动少，加之流动人口多而复杂，大部分撤村建居点的治安状况一直都很差，治安事件频发。

第三节　DW 社区转制后社区建设中存在问题原因的分析

根据以上对 DW 社区转制后社区建设现状及其存在问题的描述，结合内地一些实例，笔者认为转制社区建设需要多方共同努力，而造成乌鲁木齐 DW 社区转制后社区建设仍存在一些问题的原因也是多方面的，主要有以下几点。

一、对现存问题的理论分析

（一）城乡二元结构体制的影响

所谓城乡二元结构，是指城市和农村在经济类型和经济发展水平、城乡居民的收入水平、享受的社会福利待遇和受教育机会，乃至在政治和社会权利方面存在重大差别的现象。[①]这些差别由来已久，深深地影响着我国城乡的发展和城乡人民的生产生活，也影响着对城乡作出的各种政策决定。撤村建居后，这些从户籍上进城的农民在各方面还很难尽快融入城市，而政府在对待这些地方时，也还未完全用城市社区的标准对其进行建设，或者至少许多措施、步骤还进行得很慢，使得人们走在撤村建居点时依然感觉与城市差距还很大。正如有位作者所说："城市不应用轻飘飘的农转非户口指标，逃避沉甸甸的城中村公共设施建设。"[②]因此，改变城乡二元结构体制是促进撤村建居点实质上城市化的根本，是改变转制社区建设现状，促进转制社区发展的关键。

（二）社会资本的缺乏

社会资本，是指当一个人拥有某种持久性的关系网络时，这个由相互熟悉的人组成的关系网络就意味着其实际或潜在所拥有的资源。社会资本赋予关系网络中的每一个人一种集体拥有的资本。[③]撤村建居点的被征地人员就业困难，除了一些制定的优惠政策没有完全落实到具体人员身上之外，还有一个重要原因，就在于他们的社会资本缺乏。在城乡二元结构体制下，这些原来在农村体制下的居民交往范围主要在自己的村庄和亲朋好友中，虽然作为一些城中村或城郊村与城

① 王思斌. 社会学教程. 第 2 版. 北京：北京大学出版社，2003：176.
② 杨金志，俞俭，殷丽娟. 城中村的"倒城乡"差距. 瞭望新闻周刊，2006，Z1：18.
③ 杨善华. 当代西方社会学理论. 北京：北京大学出版社，1999：285.

市中心区接触也不少，但他们在城市中及市民圈中很少有自己的关系网络，在城市里没有积累起自己的社会资本。因此，当原有的农村结构从体制上解体时，原有的社会关系也无法对如何面对新的情况提供网络支持，而新的关系网络又没有形成，对这些一夜之间以失去土地为代价从农民变为市民的却无一技之长的人们来说，想找到合适的工作自然是很难的。政府和社区应及时给他们提供帮助和机会，促使其学习并掌握新的技能，尽快在城市里扩展积累起自己的社会资本，为今后的工作和发展奠定基础。

（三）公共地悲剧的再现

在加勒特•哈丁那里，公共地悲剧“意味着任何时候只要许多人共同使用一种稀缺资源，便会发生环境的退化”。很久以前亚里士多德也注意到，“凡是属于最多数人的公共事物常常是最少受人照顾的事物，人们关心着自己的东西，而忽视公共的事物”[①]。在转制社区建设存在的许多问题，都可以用这一理论来解释。从整体上讲，撤村建居点的状况之所以在撤村建居后变化仍然不是很大，主要原因之一就是一种公共地悲剧的再现。各相关部门在轰轰烈烈的撤村建居工作结束后，都把这块新融入城市的一角放在了被遗忘的角落。许多居民都反映他们面临的问题经常找不到责任部门，或问题被一拖再拖，无法解决。从具体的小巷道来讲，脏乱差的环境卫生可以说是公共地悲剧的又一例。各家都认为独门院外不属于自己的公共地，不仅没人管理，没人关心，而且大家似乎以潜规则的形式将那里视为可以免费也无需个人承担责任的区域，于是垃圾、污水成了公共巷道难以消失的伤疤。

二、城市化过程中政府职能部分缺失

在我国城市化过程中，行政主导一直是一个明显的特点，城市化的各个阶段都有明显的政策痕迹。政府是城市化的主导力量，它的职能执行状况对城市化有重要影响。撤村建居作为一种加快城市化进程的政策，也是行政主导的产物。然而，政府在将农民从地域和户籍上引进城市后，在从实践上将撤村建居点公共事业建设纳入市政规划，继续以政策保障农民市民化，实现实质上的城市化方面还做得不够，主要表现在以下方面。

（一）缺乏系统的城市规划观，各方协调不力

在城市化的过程中，政府的主要作用应该是统筹全局，真正做到想人民之所

---

① 〔美〕埃莉诺•奥斯特罗姆. 公共事物的治理之道. 余逊达，陈旭东译. 上海：上海三联书店，2000：11.

想，急人民之所急。而在城市化进程中，与村民在向居民转变之后的生活最为密切的当属所在地区的公共设施建设。但是在乌鲁木齐市撤村建居调查的现状却反映出了政府工作的不足之处，即整体上缺乏系统规划，在各相关部门之间缺乏有力的协调。在访谈中，居民 DWXDWC2-5 说："以前村民要求一边撤村建居，一边建设公共设施，市里说撤村建居完统一处理，但现在还没有兑现。"居民 DWXEDWC-5 说："巷子里的路本来是柏油路，建房、换水管、修排污管道把路都挖坏了，说是还要再挖，所以先不维修，结果路就这么一直坑坑洼洼。"这种现象在撤村建居的地方普遍存在，这是造成路面不平、环境卫生差的一个原因。撤村建居工作基本告一段落，但后期的协调工作却开展不利。因为政府、社区、电力公司、自来水公司、城建局等单位在某种程度上都是一个个利益体，在面对公共事业方面，如果是有收益的，则顺利合作的可能性大些，但如果从单位角度看成本大于收益，一些具体问题则变成了烫手的山芋，无人接手。

（二）政府宣传工作不到位，缺乏有效沟通

第一，作为宣传主体的政府，宣传不到位，没有结合居民的实际接受程度。突出表现在：在社保问题上，大部分村民对现有的基本社会保障政策仍然不清楚，例如，有居民 DWXNXWC6 说："对我们中年人来说，我们已经交够 15 年了，可以不交，但到现在已经交了 18 年，但是将来能拿多少不知道。"根据新劳社函字〔2006〕80 号文件的规定，新办法中基本养老金由基础性养老金、个人账户养老金、过渡性养老金组成，其中缴费年限（含视同缴费年限）满 15 年的，基础性养老金按 15%计发，以后缴费每满 1 年加发 1%。政府曾派专门的社保人员进行过讲解，但效果却是村民连基本的社保知识还不了解。

第二，作为宣传对象的村民，因为各个村的实际情况不一样，各村的补偿及其集体资产的经济实力不一，村民难免会进行攀比，从而导致村民对政府政策的理解存在片面性。政府很有必要更好地做好宣传工作，让村民更全面地了解情况，有一个更科学的比较标准。

第三，宣传方式单一且不切合居民实际文化水平。政府对村民进行宣传主要采取的方式是书面形式的文件或是宣传手册，宣传方式单一。这样的宣传方式不仅难以理解、枯燥无味，而且对文化程度较低的村民来说也是不合适的，难以起到政府宣传应有的效果，不能实现政府和村民之间很好的沟通，影响了撤村建居及后续工作的开展。

三、社区管理体制不成熟，社区服务缺乏针对性

（一）社区管理体制不成熟

首先，从总体上来看，社区作为政府管理的基层机构，管理的事务纷繁复杂，现有的社区管理体制还不成熟。居民 DWXNXWC-4-4 说："以前村上有活动室经常去，现在被公司卖了，什么也没有了。社区也没有什么活动可以参加。"撤村建居后成立的股份有限公司作为一个企业实体，基本上已经不再承担原村委会对村民的服务职能。作为发展的需要，基本上所有的改建公司都将原来的活动中心收回改为他用。其次，撤村建居点根据地源板块型、单位型和小区型划分了社区。新成立的居委会在自身建设上还有许多事要做，在一段时间内还无暇顾及撤村建居点的公共事业状况；而并入的社区，原先就有一堆事要处理，加之撤村建居点的问题多而复杂，处理起来成本也许要高于其他片区，因而撤村建居点的一些事务就被忽略或暂时搁置。最后，在撤村建居的移交过程中，原有的村委会没有将村里人员的基本情况交给居委会，很大程度上增加了居委会的工作难度。

（二）就业政策落实不力，就业服务缺乏针对性

根据 TS 区政府下发的宣传手册，关于撤村建居居民的就业政策主要包括：提供相关的就业证件，进行工作介绍和技能培训，鼓励自谋职业并给予一定的财政支持。而在调查中，村民反映的情况大多是：社区没有或是部分开展过职业介绍和培训工作，对现有的居民的就业帮助不是很大。相比较而言，可以发现，现有的就业政策与宣传的就业政策有出入，有关部门没有很好地落实。对撤村建居的居民来说，其本身的文化水平限制了他们的就业范围，加之他们大多是依靠出租房为生，因此，必然要将大部分时间放在出租房屋的管理和服务上，离开房子外出工作，对他们来说是不现实的。而现有的工作形式都是要外出的，缺乏两全其美的工作，所以，大多数村民不得不放弃在外工作的机会。另外，撤村建居后改制的公司也很难提供足够的就业岗位，主要存在以下两种状况：一是村集体资产有限，所需工作人员本来就少，不可能安排过多的人员工作；二是村集体资产比较丰裕，建立了一些实体，但是笔者在调查中了解到，这些公司的领导大多不愿意雇佣原村的人，而更愿意从外招人。而现有的就业培训还没能有效解决这些居民面临的实际问题，从而使就业政策难以有效落实。

四、居民角色意识和居民构成因素的影响

（一）转制社区居民由村民到市民的角色转变还未完成

城郊农民尽管在身份上已经转变为城市居民，但角色内涵还没有完全转变，他们已经习惯了过去以地缘、亲缘、血缘结成的熟人社会，对于市民、股东的身份还没有完全接受。这些心理因素直接影响到了村民的日常行为。首先，是撤村建居地区的卫生问题。比如，垃圾的堆放问题，一些人还没有习惯把垃圾放到垃圾船中去，像 NXW 那边的居民还是习惯把垃圾直接放到楼下的巷道里，他们认为这是自己的房子，自己想把垃圾放哪就放哪。旧有的生活习惯对村民有很大的影响。其次，居民 DWXBHLC7-1-1 说："HYC 那边很少去，感觉别人还是看不起我们。他们的活动一般没通知我们，我们也不愿去。"村民心里认为得不到所在地方其他居民的认同，虽然有同样的身份，但却是在心里出现了相互交流的屏障。最后，撤村建居的补偿措施使村民或多或少得到了补偿金，大多数人心里有很强的满足感，认为自己比城里人还有钱。因此，这在一定程度上造成了部分村民在就业问题上有着错误的看法，眼高手低，有的年富力强的村民甚至根本不想工作。

（二）租住房屋的人员多而复杂，文化水平参差不齐

撤村建居点大部分居民的主要经济来源就是房租，这使得流动人口数量不断增加，甚至许多地方租户人数已超过原住居民数。随着人数的增加，垃圾、排污肯定会增加，加之租房者感觉毕竟不是自己的家，对维护卫生可能就不那么自觉了。租户中大多数是从南疆及内地来打工或做生意的，还有城市拾荒者，这些人的流动性一般较大，加之撤村建居后，原来村里的联防队员巡逻也一并撤销，治安问题交由所划分区域的片警负责，而现有的片警警力毕竟有限，这些地区的治安问题又比较复杂难办，从而造成了这些地方社会治安秩序存在较大的问题。

第四节　对 DW 社区转制后社区建设的建议

撤村建居后转制社区建设是巩固撤村建居成果的有效方式，也是促进撤村建居点实现实质上城市化必不可少的一步。通过现状的描述、问题的总结和原因的

分析，笔者对 DW 社区转制后社区建设提出以下建议。

一、打破城乡二元结构体制，完善政府职能

城乡二元结构体制是撤村建居后转制社区建设存在问题的一个主要原因，要促进撤村建居后转制社区建设，就必须打破城乡二元结构体制，政府的作用在于提供合理的制度，降低社会总成本，这种制度支持不仅体现在政策上，同时也应有相应的物质保障、财力支持，以及新技术的推广和舆论的导向作用。总之，政府在撤村建居后转制社区建设方面还需进一步完善规划、协调、服务、引导等方面的职能。

（一）打破城乡二元结构体制，加快城乡一体化进程

胡锦涛同志在十七大报告中提出要“形成城乡经济社会发展一体化新格局”。事实上，要解决撤村建居后转制社区建设问题，打破城乡二元结构体制也是必由之路。城乡一体化不仅包括人口城市化、产业非农化、土地利用城镇化等“快变量”，更重要的是，它还包括人的生活方式、思想观念、交流方式、人际关系及社会结构、社区组织、社会活动等社会转型方面的“慢变量”。[①]在撤村建居点打破城乡二元结构体制，就是要使撤村建居点转制社区建设从形式和实质上纳入城市市政公用事业建设中去，从而使撤村建居点从各方面尽快融入城市，消除城乡差异。

（二）设立过渡机构，加强各相关部门协调

在撤村建居后还有许多遗留的问题需要解决，这些问题往往涉及多个部门，仅靠某一方都难以解决。另外，撤村建居点从农村社区过渡到城市社区还有相当一段时间，因此，成立一个专门协调处理撤村建居后转制社区建设相关事宜的过渡机构是必要可行的，也能更高效地解决这些民生问题。在具体实施中可参考以下两点：第一，政府出面实现各方统筹规划，可以对电力公司、自来水公司、排污处、城建局等单位进行补贴或者是规划，让基础设施工作有序顺利完成。第二，市政府应按照对待其他社区一样予以设施和政策配套，并给社区一定的资金支持或补助。这样接受村改居居民社区也会有保障地把工作做得更细致些，这就要求政府在制订财政计划时再做进一步的周密考虑。

① 张大军，吴鹏，毛伟军. 三改一化——破解农村城市化难题. 宁波：宁波出版社，2005：24-25.

（三）利用新技术和现有资源解决遗留问题

在这方面，我们建议热力公司可以尝试使用一些先进的技术和管理方法来节约成本，使各方受益。一是插卡式取暖的运用。热力公司在村改居的居民区安装暖气时，可以使用插卡式取暖（乌鲁木齐已有部分小区使用，在基本供暖的基础上，住户可以控制温度来付费）。由于这些居民家里一般住房面积较大，大多以出租房屋为主要来源，而房屋出租却是不稳定的，如果没有人租却要缴纳暖气费，既浪费资源又使住户负担过大，采用插卡式取暖既合理又方便。二是天然气分户供暖，可以逐步推广、实现天然气分户供暖。新疆在 2007 年成为全国最大的油气出产地和输出地，要实现全市范围乃至全自治区范围的天然气供暖还是有可能的，那样将更加方便、环保。三是共同沟建设的尝试。共同沟①在国内外已有很多尝试，且取得了很好的效果。在撤村建居点采用这种技术可以避免地面像拉链公路般不断开挖、填埋，还可为今后的维修、改建、新建提供很大的方便。

（四）提高政策的透明度，加强与群众的沟通

根据里格斯的行政生态理论，政策或制度的外部环境发生了变化，那么政府也应采取相应的手段加以适应和调整。尤其是在当前的情况下，为了满足居民对政策执行了解的需要，并提供一个可供大家交流的共同的话语场，政府应当采取多种形式让居民了解。这样可以减少居民不必要的猜疑和埋怨，同时可以增强政策的合法性和可接受程度，再者也会使居民对政府有更好的监督。在具体做法上，可以深入基层，采取文化娱乐活动，“政策宣传到个人”，现场问答等方式，全面、有效地达到目的。在外省也有采取听证会的方式，让居民参与进来的，值得借鉴。因此，具体建议如下：第一，政府应当提高政策制定和执行的透明度，以便减少居民心里的顾虑。因为有些政策居民是赞同的，可是落实到基层便会有很多变化。第二，加大宣传力度，做好社区的宣传工作，让百姓了解真实的情况和各方的努力，也使得人民可以更有效地监督。由此，居民的知情权得到满足，对该项工作会有较高的认可度。第三，让居民参与到后期的工作中来，提高他们的参与度，调动他们的积极性和热情，比如，在基本生活保障金的调整等方面，可以开展听证会。

（五）保证资金来源，加大对转制社区建设的投入

撤村建居点要真正融入城市公共事业建设体系，才能实现实质上的城市化。据专家测算，我国的城市化率每提高 1 个百分点，约需投资基础设施建设 3000

---

① 共同沟亦称“地下综合管廊”，即在地下建造集约化隧道，集电力、通信、燃气、上水等各种市政管线于一体，同时设置专门的检修口、吊装口和监测控制系统。

亿元。[①]而乌鲁木齐市要提高城市化率，必然也得加大对基础设施建设的投入力度，尤其是对撤村建居点社区建设的投入。否则，撤村建居点只是在户籍上实现了城市化，而其他方面却停留在落后水平，这样不仅会影响整个城市的市容市貌，而且会影响城市化进程。原有城市社区的公共事业建设都是市财政出资兴建的，那么对于撤村建居点的社区，在其已并入城市后的公共事业建设也应由市财政出资兴建，那样才能保证撤村建居点的公共事业建设，促进整个城市的持续、高效发展。

当然，考虑到撤村建居点的特殊性和政策的滞后性及财政的有限性，在撤村建居点由农村型社区向城市型社区过渡的一段时期，可以采取一些过渡性政策，保证资金来源。比如，可借鉴江东的做法，明确各级责任，分担市财政负担。"行政村建制撤销后，原农村道路、环卫等市政设施，属区一级管理的，纳入江东区城建部门统一建设和管理。属于市一级管理的，待条件成熟时统一纳入市有关部门建设与管理。涉及村集体经济组织和村民用水用电设施建设的，由村集体经济组织自行解决，原村集体经济组织应预留一部分专项资金，用于市政设施配套建设。"[②]受此启发，笔者建议可在征地时，将集体土地的征地款预留一部分作为撤村建居后转制社区建设专项资金，既可使建设资金有较为稳定的保障，也可以政府购买服务的方式用活征地款。另外，本着以人为本及政府的民生政策导向，政府应考虑将储备土地的征地价与实际使用价的差价作为一个撤村建居点公共事业建设的专项资金，如果数额足够大，还可以扩大到市政建设专项资金使用。

（六）加大政府宣传力度，促进居民心理转变

在从农村转向城市这样剧烈的转变后，人们的心理会有很多的不适应。政府和社区居委会都应采取一些措施促进居民心理的转变，使他们尽快融入城市，成为市民。在具体工作中，可考虑以下几点：第一，增强他们的角色意识。用政策和舆论加以引导和强化，让村改居居民从心理上接受已成为市民的现实，要从思维方式和生活习惯各方面转变。第二，增强他们的安全感。心理学有一种观点认为，改革本身并不可怕，可怕的是个人对未来的无知和在无知前提下产生的无助，这就是对未来的不安全感。村改居居民也同样面临这样的问题，原有的人际关系和社会网络已被弱化或分化，因此需要从各方面让他们有安全感，比如，经常组织该部分居民举行座谈会，让他们明白处于同一种状态的不仅是自己，并多了解区外的情况和信息，使之明白改革之路不可违。第三，多与居民沟通，开展

---

① 朱仁显. 公共事业管理概论. 北京：中国人民大学出版社，2003：206.

② 张大军，吴鹏，毛伟军. 三改一化——破解农村城市化难题. 宁波：宁波出版社，2005：41.

丰富的活动来增进人们的感情；同时也要与这些人进行细致的交谈，了解他们的真实想法，打消他们的顾虑。在有条件的情况下，社区要多组织些运动会、文艺活动，通过这些活动增强他们与社区的感情，增进人与人之间的了解。全社会有组织、全方位的关注和努力，一定会使这一工作有较为满意的结果。

二、完善社区管理体制，提高社区服务水平

在“小政府、大社区”理念的指导下，社区在人们生活中发挥着越来越重要的作用。因此，撤村建居后转制社区建设的顺利开展，也需要完善社区管理体制，提高社区服务水平。

（一）完善社区管理体制

在撤村建居后，要充分发挥社区党组织的作用，使党在社会中“一个头，千条线”的作用得以体现。社区工作要以提高居民生活质量和文明程度为出发点，使得这部分村民彻底融入城市化体系，对社区有认同感和归属感，并切实地使社区为居民服务。实现社区服务、社区管理、社区文化等多方面的突破，要建立起多形式、多层面、多功能的社区服务体系，把解决居民的就业和最低生活保障问题作为社区的中心工作，抓好文明小区、文明单位、文明楼院、五好家庭等群众性精神文明创建活动，健全社区警务室、治安巡逻队，构建融治安、调解、帮教、普法为一体的社区治安综合治理新体系。同时，引导社区居民广泛参与社区事务，落实社区居民对社区事务的知情权、监督权、决策权，实现社区居民自我管理、自我服务、自我教育、自我监督，促进社区健康有序发展，最终实现“城中村”由农村社区向城市社区的根本性转变。

（二）提供有针对性的就业服务

笔者在调查中发现，村改居后大多数居民以出租房屋为主要收入来源，绝大多数人没有再就业。我们认为，实现撤村建居居民再就业，可尝试以下途径：一是要加大对村改居居民技能培训的力度，通过开展订单式培训（比如，政府或社区通过和培训机构来签订协议）和企业用工培训，增强劳动技能，努力实现充分就业。二是要成立社区劳动服务站，引导就业。社区可根据实际情况设立“劳动服务站”，承担辖区内的劳动关系协调工作任务，与市、区劳动就业服务机构形成三级服务网络。三是加强政策扶持。如果有可能，对村改居居民失业人员发放“再就业优惠证”（在调查中有居民反映要求有政策扶持），并按城镇失业人员有关规定享受再就业扶持政策。特别是“四零五零人员”、夫妻双方同时失业的或单亲家庭需抚养子女的一方要给予重点扶持。四是注重宣传教育工作。我们在调

查中发现，有很多居民对就业还存在认识上的偏差，社区介绍的工作诸如保安、保洁等，大部分村改居居民都看不上，嫌工资低又累。不过随着经济状况的变化，也有些人的观念慢慢开始转变。另外，就是许多初高中毕业的年轻人的就业观念也不是很科学，找不上好的工作就闲在家里收房租，这些都不是长远之计。社区或政府应该加大宣传力度。五是必须提高居民的文化素质。例如，很多招岗工作中要进行上岗考试，这对撤村建居点居民来说是一个不小的障碍，社区及就业指导中心应该提供有针对性的、实用的培训、指导，促进他们就业。同时，也要考虑介绍适合他们的工作，比如，在家可以做的简单手工业加工，引导、鼓励他们从事一些社区服务、商业零售等就业门槛低、资金投入少的行业。总之，应多渠道、多形式地扩大就业，否则等到坐吃山空时再来解决就来不及了。

（三）加强对流动人口的管理

撤村建居点居民的主要经济来源就是出租房屋的租金，而且撤村建居点的房租大多比其他地段的房租要便宜些，所以在撤村建居点租房的流动人口很多。比如，HJS 地区人口约 8000 人，其中半数为流动人口。[①]流动人口对当地的治安、环境等都有很大影响，所以加强对流动人口的管理意义重大。一方面，公安机关要加强管理，房主应积极配合；另一方面，对撤村建居点流动人口的管理要注意人性化，不要给他们增加太多负担（尤其是经济负担），而要给他们提供服务和便利，促使他们自觉维护当地的治安和环境。城市化是关系着一个国家现代化进程的重要因素，撤村建居是许多城市在解决“城中村”问题时采取的措施，在全国已产生一定影响，在新疆也已在一些城市逐渐开展。撤村建居后转制社区建设关系着居民的生活质量水平，关系着城市的发展和建设，关系着和谐社会的构建。希望通过本调查研究能引起相关部门的注意，促进乌鲁木齐撤村建居后转制社区建设各项工作的完善，并能对其他城市撤村建居后的转制社区建设提供一些参考，从而为撤村建居点居民带来更大的实惠，进而加快我国城市化进程，促进和谐社会的构建。

---

① 唐丹. HJS 地区改造提上日程. 乌鲁木齐晚报，2007 年 3 月 28 日，第 A01 版.

第七章

转制民族社区建设的总结与思考

第一节 基于几类转制社区建设的比较

不同类型的转制社区有不同的形成背景和特点，但面临的问题却有许多相似之处，本节希望通过比较总结一些转制民族社区建设的要点，以供参考。主要选择同为转制民族社区的新疆乌鲁木齐市 DW 社区和广州的“村社共同体”转制社区建设进行比较。

一、CY 地区与其他转制社区建设的比较

（一）与少数民族自治区的转制民族社区建设的比较

DW社区地处少数民族自治区的新疆乌鲁木齐市，也是以回族为主的少数民族社区，处于从农村社区向城市社区的转制过程中。其转制社区建设的情况与CY地区有一些可比性，以下从四个方面进行比较。

1. 政府作用的强度和范围的差异

政府作用的强度和范围的不同，主要表现在对转制民族社区建设中的基础设施建设和就业安置方面。

在基础设施建设方面，CY 地区采取的是统一建房集中安置，小区的基础设施都是统一建设好的，道路也是修好的，楼建好时水电气暖等基本设施也都安装到位，还有自行车棚、汽车停车位都有预留，健身设施、环卫设施也都配备到位。原来生活在农村地区的人们搬到这样各项设施较为完善的城市社区，生活习惯、休闲方式都会随之发生改变。在 CY 地区 MZJY 附近建有一个郊野公园，那里从早到晚都有许多人在健身器材处、篮球上、歌舞广场中开展各种活动。

而在 DW 社区，主要是自建房，水电气暖等基础设施改造缓慢，一些地方还没有下水道，有些地方常出现停水、停电的情况，道路特别是巷道还是以前村里修的，逢雨雪天时，地上都是泥；冬天结冰后路很滑；环卫设施和环卫人员很少，人们还是延续着以前随地扔垃圾的习惯。另外，基本上没有什么娱乐健身设施，人们的娱乐活动只有打麻将、看电视。

就业问题是大部分失地农民面临的最大困难，在两个调研点及以往的研究中都反映出了这个问题。大多失地农民也都面临着一些实际上相同的就业障碍，比如，文化水平不高，缺少专业技能，不愿从事脏累的工作等。但在这两个个案

中，就业情况又稍有些不同。在 CY 地区，是统一建房集中安置，新建了住宅区，成立了物业公司，社区的环卫、保安等工作可直接由当地的失地农民来做，可解决一部分人的就业问题；而 DW 社区的散居自建房者还没有这种安排，也缺少这种就业渠道。

2. 社区管理体制和社区服务提供的差异

在 CY 地区，直接从村管理体制转变为社区管理体制，社区工作人员主要由原来各村队的工作人员加外调来的城市社区人员组成。这样一方面有熟悉当地情况的工作人员便于各项工作顺利开展；另一方面，又有成熟城市社区的工作经验，两者结合能为转制社区住户提供较好的社区服务。随着村委会的解散转制，人们对居委会的认可度也在提高。

在 DW 社区，虽然也是采取撤销村委会建立社区居委会的办法，但主要都是按地缘划入临近的城市社区，这样在对转制社区提供服务上还是很欠缺，人们对社区的认可度也很低，因为并入前的城市社区本身有许多问题要处理，对转制居民部分的关注相对还是不足，为他们提供的社区服务还比较欠缺。

3. 转制居民市民化的差异

在 CY 地区，人们面临着与以前农村时期完全不同的全新的城市社区环境，他们必须改变自己以适应新的生活，生活习惯在新的空间里发生了较快的改变。加上社区提供的免费心理咨询，为居民度过市民化的心理转变创造了很好的条件。而在 DW 社区，社区环境的改变很小，一切几乎都还是原来的样子，只是换了身份证，归属不同的社区，以前的生活习惯还在延续，改变很小，对城市的融入还有待时日。同时，由于缺乏专业的心理咨询引导，人们在市民化中的心理转变还比较难。

（二）与“村社共同体”式的转制社区建设比较

“新村社共同体”是蓝宇蕴在《都市里的村庄——一个“新村社共同体”的实地研究》一书中提出的广州转制社区建设的模式，CY 地区转制社区建设情况与这种模式有所不同。“新村社共同体”是在村集体资产比较雄厚的转制社区，村办企业对社区建设能给予很大的资助，对社区建设有较大的影响。从一定程度上讲，“新村社共同体”的形式可能会延缓居民市民化的进程，因为居民主要生活在原来的社会关系网中，对市民化的因素接触还不够。但在 CY 地区，村办企业很多在改革开放之初已经破产或转制为私营，没有比较强的村办实业留存，所以 CY 地区没有那种“新村社共同体”的存在基础，避免了城市化中的曲折过渡，直接进入城市社区建设时代。

二、CY 地区转制社区建设的特点

相较其他转制社区建设情况，CY 地区转制社区建设的特点主要体现在以下几个方面。

（一）基层管理体制转变的特点

在基层管理体制的转变上采取了直接从村管理进入到社区管理的形式。CY 地区 MZJY 社区在成立社区之初借鉴已有社区建设的经验，为更好发挥社区自治的作用，在社区治理结构的设置上直接采用了“居站分设”的模式，即社区居委会主要开展社区自治活动，为居民服务；而社区服务站主要承接上级政府交接的行政事务。这样既提高了为居民办事的效率，也能让居委会全身心地投入到自治事业，避免以前“上面千条线，下面一根针”的现象，居委会主要忙于行政事务而无暇顾及自治的情况。

（二）社区建设的主体间关系的处理

在现有的组织和制度框架下，政府主导作用的发挥，社区建设的主体间关系问题，还需从社区建设的实际情况出发。在转制社区中，一般是政府主导开展各项城市化工作，而接下来的工作政府仍需要继续发挥主要的推动作用，先由政府培育自治，然后才能实现社区自治。比如，涉及社区的基础设施建设、社会保障等内容，在现有的组织和制度框架下，仅靠新成立的社区是很难开展的，有些公共服务也只能由政府组织开展。正如王青山在其书中所言：“现阶段由政府启动，由政府主导。这既是客观事实，也是实践需要的，是实事求是的。”[①]

（三）社区党组织的领导和凝聚力作用

处于转制中的社区的原有社会联系可能会出现中断，人们的归属感有时不容易找到寄托之处，而这时候党组织的凝聚力发挥了很大的作用。拆迁改造前后，党员要发挥带头模范作用，搬迁上楼后，打乱安置的居民一时难以找到以前的熟人圈子，党组织应通过党员活动和党组织的力量，把居民们再次组织起来。在各项社区建设工作的开展中，社区党组织处于领导地位，要协调好社区居委会和社区服务站的工作。

（四）社区社会组织的培育和发展

CY 地区的社区社会组织多是社区精英发起成立，然后居民参与。可以说居

① 王青山，刘继同. 中国社区建设模式研究. 北京：中国社会科学出版社，2004：317.

民的社区参与是一种社区精英带动型的参与。在 CY 地区 MZJY 社区，已经成立了 20 多个社区社会组织，虽然这些组织在社区建设中发挥的作用还很有限，目前还未能承担起社区建设主体的重任，但对于培育社区社会组织，促进居民参与方面发挥了积极作用。不过居民的参与目前还处在社区精英带动阶段，居民参与的热情还有待提高。

（五）转制居民市民化的推进

MZJY 社区抓住了转制民族社区建设的关键点，积极开展了促进农民市民化的多项活动。CY 地区在转制过程中组织了 CY 乡市民文明学校居民素质教育系列讲座，鼓励居民上市民学校进行自我提高，开展转制居民心理咨询服务，解决城市化带给居民的各种苦恼，各种讲座和咨询对促使居民的市民化发挥了积极作用。另外，回迁小区环境、基础设施的变化也会影响居民的市民化。通过这些措施，CY 人与以前相比在行为上有了很大的改变：不再随手扔垃圾，不再随地吐痰；人们的生活中有了健身、休闲的时间和安排；社区里还经常能看到居民自发组织的各种文化娱乐活动，市民化的生活方式已经被广泛接受。

（六）民族服务设施的完善

健全民族服务设施，满足少数民族居民的习俗和信仰需求。在少数民族社区，居民有自己的民族风俗习惯和宗教信仰需求，需要社区创造各种条件予以满足。在 CY 地区，社区建设了清真饮食一条街、新建清真菜市场、扩建清真寺、新建穆斯林丧葬服务中心，满足回族居民的各种特殊需求，为社区的稳定发展和高度社区归属感创造了条件。

第二节　对转制民族社区建设的进一步思考

转制民族社区建设由于其兼有转制社区和民族社区的特点，在开展社区建设中有许多特殊之处。在 CY 地区 MZJY 社区建设中，可以看到在转制民族社区的建设主体中，政府还承担着并将在一段时期内承担主导作用；社区中自治主体的力量还比较薄弱，有待进一步培育和加强，比如，居民对社区事务的参与，以及社区社会组织的力量和社区社会组织对社区事务的参与。CY 地区的“居站分设”值得推广，但也要注意促进从政府行政事务中解脱出来的居委会在社区自治方面作用的发挥。

从社区建设内容上看，转制民族社区建设需要将农民市民化作为社区建设的重要内容之一。CY 地区 MZJY 社区从农民再就业和心理调节等方面入手，关注农民市民化的做法是值得借鉴的。另外，关注少数民族特殊的生活需求，比如，穆斯林社区的清真饮食的满足和清真寺等活动场所的建设，也是转制民族社区建设中不可忽视的内容，而这关系到转制民族社区的持续发展和长久稳定。

总之，CY 地区 MZJY 社区为中国转制民族社区建设作出了探索，后续的发展也值得进一步关注和研究。

◎ 参考文献

白友涛，朱玲芳. 2006. 城市社区民间组织发展状况调查——以南京市鼓楼区社区民间组织为例. 社区，(2)：22-23.

白友涛. 2005. 盘根草——城市现代化背景下的回族社区. 银川：宁夏人民出版社.

曹国栋. 2006. 转制社区干部培训实用读本. 广州：广州出版社.

陈传锋. 2008. 进城农民市民化心理转型. 合肥：安徽人民出版社.

陈德俊. 2006. 转制社区集体经济审计初探. 中国内部审计，(9)：88-89.

陈和午. 2004. 土地征用补偿制度的国际比较及借鉴. 世界农业，(8)：35-37.

陈万灵. 2002. 农村社区变迁——一个理论框架及其实证考察. 北京：中国经济出版社.

陈薇. 2008. 空间・权力：社区研究的空间转向. 武汉：华中师范大学博士学位论文.

陈伟东. 2000. 江汉：社区建设的模式创新. 中国民政，(11)：62-64.

陈信勇，蓝邓骏. 2004. 失地农民社会保障的制度建构. 中国软科学，(3)：15-21.

陈映芳，等. 2003. 征地与郊区农村的城市化——上海市的调查. 上海：文汇出版社.

陈映芳，等. 2009. 都市大开发——空间生产的政治社会学. 上海：上海古籍出版社.

陈振华. 2004. 利益、认同与制度供给：居民社区参与的影响因素研究. 北京：清华大学硕士学位论文.

成都市锦江区委党校课题组. 2003. 城市化进程中农民市民化问题研究. 理论探索，(6)：59-60.

程燕. 2006. 城郊结合部居民社区归属感和社区参与研究. 成都：四川大学硕士学位论文.

大卫・哈维，黄晓武. 2006. 列菲弗尔与《空间的生产》. 国外理论动态，(1)：53-56.

邓恩远. 2006. 社区民间组织的特征与功能定位分析. 中州学刊，(4)：107-109.

邓恩远，赵学昌. 2007. 城市社区民间组织的治理对策探析. 黑龙江社会科学，(4)：154-157.

窦泽秀. 2002. 我国城市社区治理结构的重建. 中共青岛市委党校青岛行政学院学报，(1)：28-31.

〔德〕费迪南・滕尼斯. 1999. 共同体与社会. 林荣远，译. 北京：商务印书馆.

费晓峰，赵春江. 2004. 从农民生活模式变化谈农村城市化进程中农民再社会化问题. 哈尔滨商业大学学报（社会科学版），(3)：21-23.

冯伟芳. 2004. 城市化进程中失地农民心理探析. 黑河学刊，(5)：50-52.

凤英华. 2008. 社区发展中的居民参与问题研究. 上海：同济大学硕士学位论文.

顾朝林，等. 1995. 中国大城市边缘区研究. 北京：科学出版社.

顾骏. 2005. 社区居委会向何处去——顾骏教授谈转型中的居委会. 社区，(3)：12-13.

郭风英. 2007. 转型期社区多元治理模式的构建——以湖北省 L 市 X 集团改制社区为个案. 理论界，(10)：118-119.

郭广雷. 2009. 上海市社会组织参与社区治理研究. 上海：华东师范大学硕士学位论文.

郭书田，刘纯彬. 1990. 失衡的中国：农村现代化的过去、现在和未来. 石家庄：河北人民出版社.

郭艳华，冯广俊. 2007. 转制社区城市化、城市社区现代化——以广州市黄埔区为例. 南方论坛，(1)：48-56.

何金晖. 2010. 社区民间组织兴起缘由及发展策略探讨. 社会主义研究，(1)：96-101.

何雪松. 2007. 新城市社会学的空间转向. 华东理工大学学报（社会科学版），(1)：1-5.

侯玉兰. 2005. 石景山社区中介组织的现状与发展研究. 新视野，(3)：59-61.

胡宗山. 2001. 全国社区建设模式评析. 中国民政，(6)：21-22.

黄达远，文丰. 2009. 冲击与调适：都市化对伊斯兰教世俗化的影响考察. 新疆社会科学，(5)：60-64.

黄达远. 2008. 伊斯兰教在城市化进程中的若干趋势. 中国宗教，(3)：70-71.

黄祖辉，毛迎春. 2004. 浙江农民市民化——农村居民进城决策及进城农民境况研究. 浙江社会科学，(1)：43-48.

〔加拿大〕简·雅各布斯. 2005. 美国大城市的死与生. 金衡山，译. 南京：译林出版社.

蒋连华. 2007. 关于我国少数民族散居城市多民族社区建设的思考. 上海市社会主义学院学报，(5)：51-54.

蒋学基，叶海燕，俞志宏，等. 2002. 美国社区非政府组织的运行情况及其启示. 浙江社会科学，(4)：60-64.

焦莉莉. 2007. 城市居民社区参与动力及影响因素研究. 重庆：重庆大学硕士学位论文.

焦连杰. 2009. 农民城市化进程中的文化冲突及其解决——图式理论的视角. 宁夏社会科学，(5)：75-78.

蓝宇蕴. 2005a. 都市村社共同体——有关农民城市化组织方式与生活方式的个案研究. 中国社会科学，(2)：144-154.

蓝宇蕴. 2005b. 都市里的村庄——一个“新村社共同体”的实地研究. 北京：生活·读书·新知三联书店.

雷洁琼. 2001. 转型中的城市基层社区组织：北京市基层社区组织与社区发展研究. 北京：北京大学出版社.

黎熙元，童晓频，蒋廉雄. 2006. 社区建设——理念、实践与模式比较. 北京：商务印书馆.

李波，苗薇薇. 2009. 发达国家社区建设模式及其对我国的启示. 山东社会科学，(11)：142-143.

李春敏. 2010. 近年来马克思社会空间思想研究综述. 南京政治学院学报，(3)：121-125.

李俊夫. 2004. 城中村的改造. 北京：科学出版社.

李立刚，王志雄，等. 2007. 城市化理论与实践——云南城市化进程的若干研究. 昆明：云南人民出版社.
李培林. 2002. 巨变：村落的终结——都市里的村庄研究. 中国社会科学，(1)：168-179.
李培林. 2004. 村落的终结：羊城村的故事. 北京：商务印书馆.
李素华. 2005. 对认同概念的理论述评. 兰州学刊，(4)：201-203.
李雪萍，陈伟东. 2008. 论社会建设经由社区建设. 社会科学研究，(1)：84-88.
李永伟. 2007. 城市化背景下转制社区建设的路径选择. 上海城市管理职业技术学院学报，(11)：41-44.
李永文. 1996. 社会空间研究的方法. 地理科学进展，(4)：35-37.
李志刚，于涛方，魏立华，等. 2007. 快速城市化下"转型社区"的社区转型研究. 城市发展研究，(5)：84-90.
良警宇. 2003. 从封闭到开放：城市回族聚居区的变迁模式. 中央民族大学学报，(1)：73-78.
良警宇. 2006. 牛街：一个城市回族社区的变迁. 北京：中央民族大学出版社.
廖小军. 2005a. 城市化中失地农民与制度安排的合理化. 社会科学辑刊，(2)：51-54.
廖小军. 2005b. 中国失地农民研究. 北京：社会科学文献出版社.
林钧昌. 2005. 城市化进程中的城市民族问题研究. 北京：中央民族大学博士学位论文.
林拓，〔日〕水内俊雄，等. 2007. 现代城市更新与社会空间变迁——住宅、生态、治理. 上海：上海古籍出版社.
林新伟. 2007. 农村城市化进程中转型社区建设和治理研究. 苏州：苏州大学硕士学位论文.
刘天明. 2000. 西北回族社区现代化模式的独特性与条件性. 宁夏社会科学，(3)：88-94.
刘宜君. 2009. 城市基层社会管理变迁中社区中介组织的培育. 闽江学院学报，(6)：49-52.
刘应杰. 1995. 城市化的微观视角：个人的城市化. 社会，(5)：21-23.
卢汉龙. 2004. 中国城市社区的治理模式. 上海行政学院学报，(1)：56-65.
陆飞杰. 2006. 对城郊失地农民再就业问题的思考——以江苏省为例. 城市问题，(3)：51-53.
陆扬. 2008. 社会空间的生产——析列斐伏尔《空间的生产》. 甘肃社会科学，(5)：133-135.
路小昆. 2007. 如何管理城郊的"农转居"社区. 社区，(10)：20-21.
路小昆. 2009. 徘徊在城市边缘：城郊农民市民化问题研究. 成都：四川人民出版社.
吕维平. 2007. 失地农民住房安置模式探讨. 城市问题，(5)：57-59.
〔美〕罗伯特·S. 林德，海伦·梅里尔·林德. 1999. 米德尔敦：当代美国文化研究. 盛学文，等，译. 北京：商务印书馆.
马戎，潘乃谷，周星. 2001. 中国民族社区发展研究. 北京：北京大学出版社.
马戎. 2004. 民族社会学——社会学的族群关系研究. 北京：北京大学出版社.
马小华. 2009. 寺与坊：二元视角下探析回族寺坊组织的作用与地位. 宁夏社会科学，(5)：89-93.
马宗保. 2008. 回族聚居村镇调查研究（单家集卷）. 银川：宁夏人民出版社.
毛丹. 2000. 一个村落共同体的变迁. 北京：学林出版社.

毛丹. 2008. 村庄的大转型. 浙江社会科学，(10)：2-13.
毛丹. 2009. 赋权、互动与认同：角色视角中的城郊农民市民化问题. 社会学研究，(4)：45-73.
毛丹，等. 2008. 城郊农民市民化新问题观察. 浙江社会科学，(2)：60-64.
毛丹，王燕锋. 2006. J 市农民为什么不愿做市民——城郊农民的安全经济学. 社会学研究，(6)：45-73.
梅军. 2007. 上世纪末以来我国城市少数民族社区研究综述. 贵州民族学院学报（哲学社会科学版），(4)：92-95.
苗艳梅. 2001. 城市居民的社区归属感——对武汉市 504 户居民的调查分析. 青年研究，(1)：36-41.
莫佩华. 2009. 试论社区对失地农民市民化的影响. 消费导刊，(9)：121-122.
南文渊，卢守亭. 2006. 少数民族城市化研究综述. 中南民族大学学报（人文社会科学版），(5)：13-17.
潘屹. 2009. 家园建设：中国农村社区建设模式分析. 北京：中国社会出版社.
潘泽泉. 2009. 当代社会学理论的社会空间转向. 江苏社会科学，(1)：27-29.
裴圣愚. 2007. 城市民族社区建设研究——以湖北省襄樊市友谊街回族社区为例. 襄樊职业技术学院学报，(5)：100-102.
彭穗宁. 2005. 城乡一体化过程中失地农民的再社会化. 调查研究，(9)：49-50.
〔德〕齐美尔. 1991. 桥与门——齐美尔随笔录. 涯鸿，宇声，等，译. 上海：上海三联书店.
丘海雄. 1989. 社区归属感——香港与广州的个案研究. 中山大学学报，(2)：59-63.
单菁菁. 2005. 社区情感与社区建设. 北京：社会科学文献出版社.
沈关宝，王慧博. 2008. 解读“失地农民问题”——国内外失地农民问题研究综述. 江西社会科学，(1)：186-192.
沈惠莉，徐孟雷. 2006. 宁波市海曙区农村转型社区建设面临“四难”. 社区，(18)：22-23.
史娟. 2004. 城市化进程中失地农民问题研究述评. 山东农业大学学报（社会科学版），(2)：15-19.
束锡红，刘天明，刘光，等. 2004. 西北回族社区现代化实践的新探索. 北京：商务印书馆.
水内俊雄，等. 2007. 现代城市更新与社会空间变迁——住宅、生态、治理. 上海：上海古籍出版社.
宋全成. 2009. 中国城市化进程中的失地农民问题及对策——非自愿移民与社会学研究的双重视角. 社会科学辑刊，(2)：43-48.
宋雪飞. 2008. 社区民间组织新功能解释——后单位现象解决方案之一. 兰州学刊，(11)：109-114.
孙柏瑛，游祥斌，彭磊. 2001. 社区民主参与：任重道远——北京市区居民参与社区决策情况的调查与评析. 国家行政学院学报，(2)：74-79.
孙林. 2008. 广州市转制社区治安管理困境原因探析. 经济研究导刊，(4)：175-178.

孙晓青. 2009. 住宅区功能化与中国城市社区治理模式变迁研究. 西安：西北农林科技大学硕士学位论文.
唐·巴特尔. 2002. 论社会空间的基本形式及其方法论意义. 内蒙古大学学报（人文社会科学版），(6)：18-22.
唐政秋. 2008. 社区社会组织参与和谐社区建设相关问题研究. 长沙民政职业技术学院学报，(4)：6-8.
田珍. 2006. 我国农民市民化问题研究观点综述. 经济纵横，(4)：74-76.
童华胜. 2006. 城市化进程中城郊结合部失地农民继续社会化研究. 成都：西南交通大学硕士学位论文.
万军，张希. 2010. 依托社区社会组织　另辟公共服务蹊径. 社区，(1)：21-22.
王翀. 2005. 当前我国城市社区公共空间构成与管理研究. 杭州：浙江大学博士学位论文.
王怀勇. 2009. 中国农村社会福利保障体制的形成与变迁. 社会科学研究，(4)：80-85.
王进，侯远志. 2008. 农民市民化问题研究综述. 安徽农业科学，(6)：763-764.
王青山，刘继同. 2004. 中国社区建设模式研究. 北京：中国社会科学出版社.
王思斌. 2000. 体制改革中的城市社区建设的理论分析. 北京大学学报（哲学社会科学版），(5)：5-14.
王晓磊. 2010. “社会空间”的概念界说与本质特征. 理论与现代化，(1)：49-55.
王颖，杨贵庆. 2009. 社会转型期的城市社区建设. 北京：中国建筑工业出版社.
文军. 2005. 农民市民化：从农民到市民的角色转型. 华东师范大学学报（哲学社会科学版），(3)：55-123.
文军. 2009. 农民的“终结”与新市民群体的角色“再造”——以上海郊区农民市民化为例. 社会科学研究，(2)：118-125.
吴莉萍，周尚意. 2009. 城市化对乡村社区地方感的影响分析——以北京三个乡村社区为例. 北京社会科学，(2)：30-35.
吴绍琪，薛育余. 2004. 重庆城郊农转非社区问题及对策——石桥镇柳背桥小区个案分析. 城市问题，(6)：76-79.
吴爽，秦启文. 2008. 城市化进程中失地农民身份认同研究进展. 安徽农业科学，(23)：390-393.
吴新叶. 2008. 城市社区民间组织中的非法人化现象：问题与应对——对上海市 13 个街道的调查与分析. 城市问题，(4)：69-75.
吴子力. 2000. 长江三角洲地区的工业化为何不导致城市化——江苏省城市化滞后原因实证分析. 南京社会科学，(7)：64-68.
夏建中. 2000. 现代西方城市社区研究的主要理论与方法. 燕山大学学报（哲学社会科学版），(2)：1-6.
谢志岿. 2005. 村落向城市社区的转型：制度、政策与中国城市化进程中城中村问题研究. 北京：中国社会科学出版社.
徐济益，刘爱莲. 2005. 城市社区民间组织与驱动功能分析——以南京鼓楼区社区民间组织为例. 城市问题，（5）：95-100.
徐婷婷. 2008. 杭州市农转居公寓满意度评价指标体系研究. 经济论坛，（22）：33-35.
许英凤. 2007. 城镇化进程中“城中村”社区治理模式探究. 福州：福建师范大学硕士学位论文.
阎占定，胡祥. 2009. 失地农民生活方式变化指标体系与实证分析. 理论月刊，（10）：170-173.
杨波. 2006a. 从乡村治理到社区治理：对我国失地农民问题的几点反思. 农村·农业·农民，（6）：18.
杨波. 2006b. 论我国失地农民社区治理模式的创新与改革. 农村经济，（7）：92-95.
杨贵华. 2005. 对当前我国社区民间组织建设的思考. 科学社会主义，（2）：63-65.
杨荣. 2002. 浅论社区建设中的居民参与. 北京工业大学学报（社会科学版），（2）：41-44.
杨文炯. 2000. 变迁中的城市回族穆斯林族群社区研究：以兰州市回族穆斯林族群社区的调查为视点. 兰州：兰州大学博士学位论文.
杨文炯. 2007. 互动 调试与重构——西北城市回族社区及其文化变迁研究. 北京：民族出版社.
叶艇. 2007. 香港社区民间组织如何生存. 社区，（3）：31-32.
易方，周云华. 2005. 论进城就业农民的再社会化. 求索，（10）：78-80.
尹立家，尤红洁，顾锁群. 2005. 构建具有中国特色的社区建设模式. 社会科学论坛，（11）：48-49.
于洪生. 2005. 城郊村：城市化背景下的村务管理调研. 北京：社会科学文献出版社.
余建中，汪克来，黄萍. 2006. 加快杭州市撤村建居地区城市管理建设. 杭州科技，（6）：39-41.
俞萍. 2005. 城市化进程中必须关注失地农民的可持续发展. 天府新论，（1）：73-75.
曾丽萍. 2005. 城市社区建设与发展中的社区参与研究. 苏州：苏州大学硕士学位论文.
张宝锋. 2006. 我国城市社区治理结构研究综述. 华北水利水电学院学报（社会科学版），（1）：6-9.
张春龙，聂玉梅. 2001. 农民向市民的转化——城市化过程中进城农村人口的再社会化. 城乡建设，（8）：16-17.
张春龙. 2001. 进城农民行为规范再社会化研究. 武汉：华中农业大学硕士学位论文.
张大军，吴鹏，毛伟军. 2005. 三改一化——破解农村城市化难题. 宁波：宁波出版社.
张鸿雁. 2002. 农业人口城市化与社会结构变迁新论——孟德拉斯《农民的终结》带来的思考. 民族研究，（1）：26-34.
张虎祥. 2005. 社区治理与权力秩序的重构. 上海：上海大学博士学位论文.
张继焦. 2004. 城市的适应——迁移者的就业与创业. 北京：商务印书馆.
张建明. 2003. 广州城中村研究. 广州：广东人民出版社.
张军，王晓毅，王峰. 2003. 传统村庄的现代跨越. 太原：山西经济出版社.
张青. 2008. 城市化进程中农民居住形态的转变研究：从村落到农民集中居住区. 上海：华东师

范大学硕士学位论文.
张汝立，徐海燕. 2008. “农转居”安置政策的问题与成因. 新视野，（3）：31-34.
张苏辉. 2009. 社区社会组织参与和谐社区建设的途径和方式研究. 中南林业科技大学学报（社会科学版），（2）：34-36.
张中复. 2003. 回族现象观察的“点”与“面”——从三本回族调查资料的研究取向说起. 回族研究，（2）：60-65.
赵过渡，郑慧华，吴立鸿，等. 2003. “城中村”社区治理体制研究——以广州市白云区柯子岭村为个案. 国家行政学院学报，（3）：93-97.
赵文. 2006. 空间的生产. 国外理论动态，（1）：57-58.
折晓叶，陈婴婴. 1997. 超级村庄的基本特征及“中间”形态. 社会学研究，（6）：35-43.
折晓叶，陈婴婴. 2000. 社区的实践——超级村庄的发展历程. 杭州：浙江人民出版社.
浙江省人民政府研究室课题组. 2003. 城市化进程中失地农民市民化问题的调查与思考. 浙江社会科学，（4）：90-95.
郑杭生. 2005. 农民市民化：当代中国社会学的重要研究主题. 甘肃社会科学，（4）：4-8.
郑杭生. 2008. 改革开放 30 年：快速转型中的中国社会——从社会学视角看中国社会的几个显著特点. 社会学研究，（4）：1-9.
郑权. 2005. 中国社区基本情况调查报告. 社区，（6）：26-29.
周传斌，马雪峰. 2004. 都市回族社会结构的范式问题探讨——以北京回族社区的结构变迁为例. 回族研究，（3）：33-39.
周大鸣，高崇. 2001. 城乡结合部社区的研究——广州南景村 50 年的变迁. 社会学研究，（4）：99-108.
周大鸣，郭正林等. 1996. 中国乡村都市化. 广州：广东人民出版社.
周大鸣，马建钊. 2005. 城市化进程中的民族问题研究. 北京：民族出版社.
周大鸣. 2006. 凤凰村的变迁：《华南的乡村生活》追踪研究. 北京：社会科学文献出版社.
周林刚. 2009. 城市化后失地农民生活质量的制约因素分析——基于深圳的问卷调查. 广州社会科学，（2）：167-169.
〔美〕周敏. 1995. 唐人街——深具社会经济潜质的华人社区. 鲍霭斌，译. 北京：商务印书馆.
〔美〕周敏. 2006. 美国华人社会的变迁. 郭南，审译. 上海：上海三联书店.
周尚意，朱立艾，王雯菲，等. 2002. 城市交通干线发展对少数民族社区演变的影响——以北京市马甸回族社区为例. 北京社会科学，（4）：33-39.
周尚意. 1997. 现代大都市少数民族居住区如何保持繁荣——从北京牛街回族居住空间特点引出的历史思考. 北京社会科学，（1）：77-85.
朱元. 2006. 关于转制社区党建的若干思考. 探求，（2）：66-70.
〔美〕Edward W. Soja. 2005. 第三空间——去往洛杉矶和其他真实和想象地方的旅程. 陆扬，等，译. 上海：上海教育出版社.

〔法〕H. 孟德拉斯. 2005. 农民的终结. 李培林，译. 北京：社会科学文献出版社.

〔美〕W. F. 怀特. 1995. 街角社会——一个意大利人贫民区的社会结构. 黄育馥，译. 北京：商务印书馆.

〔美〕W. I. 托马斯，F. 兹纳涅茨基. 2000. 身处欧美的波兰农民. 张友云，译. 南京：译林出版社.

Baldassare M. 1986. Residential satisfaction and the community question. *Sociology and Social Research*，70：139-142.

Cross J E. 2003. *Conceptualizing Community Attachment*. Montreal，Canada：Rural Sociological Society Annual Meeting（July）.

Fischer C S. 1977. *Networks and Places：Social Relations in the Urban Setting*. New York：Free Press.

Gans H. 1962. *The Urban Villagers：Group and Class in the Life of Italian-Americans*. New York：Free Press.

Gillette M B. 2000. *Between Mecca and Beijing：Modernization and Consumption Among Urban Chinese Muslims*. Redwood City，California：Stanford University Press.

Gladney D C. 1998. *Ethnic Identity in China：The Making of a Muslim Minority Nationality*. Orlando：Harcourt，Brace and Company.

Janowitz M. 1967. *The Community Press in an Urban Setting*. Chicago：University of Chicago Press.

Lynd R S，Lynd H M. 1929. *Middletown*. New York：Hardcourt Brace Jovanovich.

Wirth L. 1938. Urbanism as a way of life. *American Journal of Sociology*，44（1）：1-24.

附　　录

附录一　调查问卷与访谈提纲

附录 A　CY 地区居民调查问卷 A[①]

尊敬的住户：

您好！我们是“城市化进程中转制民族社区建设研究”调查组，为了了解城市化进程中少数民族转制社区建设相关情况，特进行此次调查，希望能得到您的配合与支持。问卷中的所有问题仅为调查而设计，答案没有对错之分，您只需根据自己的感受、想法和实际情况如实回答即可。我们保证会妥善处理问卷信息，尊重您的个人隐私。谢谢您的支持！

填答说明：此问卷主要为选择题和填空题，请您在符合您的选项序号上打“√”，在“________”处填写具体内容。除有特别说明外，选择题都为单项选择。

一、个人基本情况

1．**您的性别**：①男；②女

2．**您的婚姻状况**：①在婚；②离婚；③丧偶；④未婚

3．**您的年龄**：________岁；

● **您配偶的年龄**：________岁

4．**您的文化程度**：①文盲；②小学；③初中；④高中/中专；⑤大专；⑥大学本科；⑦研究生

● **您配偶的文化程度**：（请填以上选项的相应序号即可）________

5．**您的民族是**：①回族；②满族；③蒙古族；④藏族；⑤维吾尔族；⑥朝鲜族；⑦汉族；⑧其他________

● **您配偶的民族是**：（请填以上选项的相应序号即可）________

6．**您的户籍**：①北京市市民；②北京市农民；③外省市市民________；④外省市农民________⑤其他________

● **您配偶的户籍**：（请填以上选项的相应序号即可）________

① 调查问卷 A 是供有调查地户籍的居民使用。附录部分的资料也对地名都做了匿名处理，用字母代替地名。

二、生计状况

7．您目前的职业：①CY 四大公司中上班；②在本社区居委会、党组织或服务站工作；③在 CY 乡政府工作；④在 CY 地区打工；⑤自己做生意；⑥在其他社区工作；⑦在本市其他企事业单位上班；⑧在本市其他地方打工；⑨在外地打工；⑩已退休；⑪无业在家；⑫其他________

● 您目前的职务：①领导干部或管理人员；②普通工作人员；③个体经营者；④退休；⑤其他________

● 您配偶目前的职业：（请填以上选项的相应序号即可）______职务：______

8．您如果是在 CY 地区的四大公司之一工作，请问是在哪个公司？①绿化公司；②物业公司；③商贸公司；④ 保洁公司 工资是________元/月

● 如不是，那您当时没选择去四大公司的原因是：①在别处已有工作；②四大公司的工资太低；③别处就业可领取就业补助；④当时人已经招满；⑤不想工作；⑥已到退休年龄；⑦其他原因

● 在别处找到工作后，转移就业补助拿到了吗？①拿到了，________元/月；② 没有

9．您种过地吗？①种过；②没种过

● 如种过地，那您是从哪一年开始不再种地的？________年

10．您参加过就业培训吗？ ①参加过；②没有

● 如参加过：参加过________次

哪里组织的？（可多选）①社区；②乡社保所；③CHY 区；④北京市；⑤其他

领到培训补助没有？①领到了，________元/次；②没领过

培训后取得过相关资格证没有？①取得了________证；②没取得

您觉得这些培训对您找工作帮助大吗？ ①帮助很大，培训后就找到工作了；②没什么帮助，找的工作与培训没什么关系；③培训的都是就业饱和的技能

● 如没有参加过，原因是什么？ ①没人组织过；②不感兴趣；③参加了也没用；④一直有工作；⑤其他原因________

11．您希望得到什么样的就业培训？①简单易学的，如关于绿化、家政等；②有技术含量的；③好就业的；④提高文化和知识水平的；⑤其他________

12．您家现在每月的生活开支与搬上楼之前相比，有什么变化？①增加了，大约________元/月；②减少了，大约________元/月；③基本没有变

● 如有变化，主要是哪些方面的开支引起的变化？（可多选）①水、电、燃气费；②食品支出；③通信费（手机、座机、上网）；④人情往来、请客吃饭；⑤看病吃药；⑥公共交通费；⑦购买服装；⑧家用轿车相关开支；⑨休闲游玩；

⑩培训、考各种证书；⑪子女教育；⑫其他费用

三、社区组织及社区服务

13．您去社区服务站办过事吗？①去过；②没去过

● 如去过，您对事情的解决结果是否满意？①都很满意；②都不满意；③满意的多于不满意的；④不满意的多于满意的

您觉得在服务站办事与以前去村委会办事相比，办事效率怎样？①比以前高；②没什么变化；③还不如以前

您觉得在服务站办事与以前去村委会办事相比，工作人员态度方面怎样？①比以前好；②没什么变化；③还不如以前

14．您认为社区工作者最需要在哪些方面有所提高？①都挺好的，不需要提高；②办事效率；③工作态度；④文化水平；⑤专业能力；⑥都需要提高；⑦其他________

15．总体来说，您对目前社区的整体状况满意吗？

①很满意；②比较满意；③一般；④不太满意；⑤很不满意

16．您认为近10年来您所在的社区同以前相比有何变化？

①好很多；②好一些；③差不多，没什么变化；④不如从前；⑤差很多

17．您对目前所在社区的社区设施、社区服务、社区环境等的看法如何？在合适的选项下打√。

项目	很满意	比较满意	一般	不太满意	不满意	不知道	如有不满意之处，请具体说明
老年人特殊服务							
残疾人特殊服务							
托儿所、幼儿园							
附近中小学							
法律咨询服务							
社区便民服务项目和设施							（如买菜、停车、早点等）
贫困救助服务							
体育健身设施和场所							（如健身器材等）
文化娱乐休闲设施和场所							（如图书馆、社区文化活动室等）
健康医疗服务							（如社区医院等）
清真寺							
穆斯林服务中心							
环境卫生							
社区绿化							

续表

项目	很满意	比较满意	一般	不太满意	不满意	不知道	如有不满意之处，请具体说明
社区治安							
电气暖							
供水							
邮电、银行的方便性							
公共交通设施							
邻里关系							
民族关系							

四、社会保障

18．您有没有参加城乡居民养老保险？ ①参加了；②没参加

● **如参加了，缴费标准是________元/年，你们家有________人参加。**

● **如没参加城乡居民养老保险，**原因是：①没有足够的钱；②感觉参加了也没用；③不知道怎么参加；④参加的是社会养老保险；⑤其他________

19．您参加过新型农村合作医疗吗？①参加了______年，每年交______元；②没参加过

● **如参加过，这些年报销过吗？**①报销过，________次，共________元；②没有报销过；**那您还会继续参加吗？**①会；②不会；③再看看

● **如没参加过新型农村合作医疗，**原因是：①没有足够的钱；②感觉参加了也没用；③不知道怎么参加；④参加的是社会医疗保险；⑤其他________

20．您家还参加过其他商业保险吗？①参加过，有________人参加，每年每人交________元；②没参加过

21．如果您家有老人，是否领取过居家养老服务券？①是的；②没有

● **如选"是"，主要用于哪方面的服务？**①老年餐桌；②家政；③医疗保健；④购物；⑤心理咨询；⑥其他________

● **您对这些服务是否满意？**①非常满意；②比较满意；③一般；④不太满意；⑤很不满意________

五、社区参与

22．您有没有参加过社区的文化团体？ ①参加过；②没有

您有没有参加过社区的志愿者团体？ ①参加过；②没有

● **如参加过，请完成下表**（填表说明：请在团体名称选填以下团体的序号：①太极拳太极剑健身操队；②合唱队；③星期一乐队；④管乐队；⑤交谊舞街舞

模特队；⑥空竹队；⑦舞蹈队；⑧快板队；⑨书法队；⑩陀螺羽毛球队；⑪花毽队；⑫乒乓球队；⑬京剧队；⑭象棋队；⑮健身队；⑯其他。如选“其他”，请写明具体名称。时间栏下填具体年月。后三项选择符合您的序号填入相应栏即可，如选“其他”，请写明具体渠道）。

团体	加入该团体时间（年月）	加入该团体的原因：①感兴趣；②没什么事做就加入一个团体；③可以和更多的人交流；④社区要求参加的；⑤见别人参加挺有意思就参加了；⑥其他	加入该团体的渠道：①朋友邀请参加；②自己看到相关通知参加；③该团体负责人邀请参加；④社区要求参加的；⑤其他	是否经常参加活动：①经常参加；②偶尔参加；③一次也没参加过；④该团体就没开展过活动
1				
2				
3				
4				
5				
6				

23. 上次居委会换届选举时您投票了吗？①投票了；②没有投票

● **如投票了，您是：**①自愿去投的；②有人要求必须投；③见别人投了自己也去投

● **如没投票，原因是：**①不感兴趣；②投票只是形式，投了也不起作用；③没有看好的候选人；④还没有投票权；⑤错过了投票时间；⑥不知道投票地点；⑦没接到投票的通知；⑧其他

24. 您参与过本社区组织的活动吗？①经常；②偶尔；③从不参加；④想参加，但没听说有什么活动

● **您对参加社区活动的看法：**①社区活动有收益，我愿意参加；②愿意参加社区活动，但没有时间；③社区活动与自己的事情不冲突，愿意参加；④社区活动是组织要求的，非得参加；⑤社区活动与我关系不大，是否参加无所谓；⑥从不参加社区活动

六、社区认同与归属

25. 您觉得自己现在是农民还是市民？①农民；②市民

● **您觉得农民和市民是从哪些方面区分的？**①户籍；②自己的感觉/认同；③生活环境、居住环境（楼房/平房）；④娱乐休闲方式；⑤社会保障；⑥其他________

26. 您觉得户籍农转非对您重要吗？①重要；②不重要；③无所谓

● **在哪些方面农村户口和城镇户口会有差别？**①找工作时；②领取退休金；③上学；④其他

● **如果户籍农转非，会给您生活的哪些方面带来改变？**①更好找工作；②领

取更高的退休金；③不会有什么改变；④其他________

27. 您认为 MZJY 社区周围的商品楼社区的居民是 CY 人吗？①是；②不是

● **判断的理由是：**①有CY户口就是CY人；②在CY出生、成长的才是；③只有以前CY一至八队的才是CY人；④他们自己也不认为是CY人；⑤其他________

28. 您认为在 MZJY 社区租房的人属于我们社区的居民吗？①是；②不是

● **判断的理由是：**①租房的只是过客；②在社区生活就是；③他们自己也不会认为是；④其他________

29. 如果条件许可，您希望长期居住在本地吗？①非常希望；②比较希望；③无所谓；④不太希望；⑤不希望

30. 假如您要搬离现在住的社区，您会舍不得这个社区吗？①肯定会；②可能会；③无所谓；④可能不会；⑤不会

31. 当您社区的集体利益受到损害时，您是否会为此参加社区居民发起的一些联合行动，如向政府相关部门反映问题或联名上书等？ ①肯定会；②可能会；③无所谓；④可能不会；⑤不会

32. 您在 CY 地区住了多少年？①5 年以下；②6～10 年；③11～15 年；④16～20 年；⑤21～30 年；⑥31 年以上

七、生活方式：交往、文化休闲

33. 在日常生活中，您都和哪些人交往，与他们交往是否频繁？（可多选）

交往对象/频率	家人	亲戚	朋友	邻居	以前同村的	同事	同学	居委会干部	单位领导	其他
经常										
很少										
无交往										

34. 您有亲戚在这个小区里吗？①大多数亲戚都在这里；②一部分亲戚在这里；③没有亲戚在这里

● **如有，他们住的离您远吗？**①不远，是属于一个单元的；②不太远，是一个片区的；③远

● **有没有亲戚原来是这里的，后来搬出去的？**①没有；②有

如有，搬出去的原因主要是什么？①在别的地方买了更好的房子；②由于爱人/配偶在别的地方；③其他原因________

35. 搬迁上楼之后，您与邻居的交往发生了什么变化？

①增多了；②减少了；③基本没有变；④有的增加了，有的减少了

36．您知道社区图书馆的位置吗？①知道；②不知道；③没有图书馆

● **如选知道，请问您去过吗？**①去过，借书有________次；②不感兴趣，没去过；③没空去

37．您的业余生活主要是（可多选）：①看电视、听广播；②看报刊、读书；③到电影院看电影；④到剧院听音乐、看表演；⑤去社区文化活动中心；⑥去公园遛弯、健身；⑦上网；⑧逛街购物；⑨其他

八、民族、宗教相关（这一部分题为回族住户回答）

38．您每天都做礼拜吗？①是的，每天______次；②偶尔做，多久________一次；③不做，没时间

● **如做礼拜，请问您一般在哪里做？**①家里；②清真寺；③其他地方

39．您配偶每天都做礼拜吗？①是的，每天______次；②偶尔做，多久_____一次；③不做，没时间

● **如做礼拜，请问他/她一般在哪里做？**①家里；②清真寺；③其他地方

40．您认为现在存在年轻人宗教观念日益淡化的现象吗？①存在；②不存在；③说不上；④不知道

● **如认为存在，那您如何看待这一现象？**①社会发展的必然现象；②是个不太好的现象；③不利于伊斯兰教的传承；④无所谓

41．您对本民族风俗习惯的了解程度：①不太了解；②一般；③十分了解；④不知道；

42．您对本民族的节日活动：①都积极参与；②区别对待；③不参加；④没有听说；⑤看时间而定

43．您对本地清真食品供应情况的评价：①很好；②一般；③没注意过；④不太好；⑤很差

44．您认为您周边还需要增设清真网点吗（多选）：①不需要增设；②清真日用品专柜；③清真肉类专柜；④清真熟食专柜；⑤清真糕点专柜；⑥需要上档次，够标准的；⑦适合大众消费的；⑧其他________

九、思想观念

45．您家如果有孩子即将上学或正在上学，您对孩子教育程度的期望：①高中或中专毕业就工作；②大学本科以上；③孩子能上到什么程度就上到什么程度；④其他________

● **做这种期望的原因是什么？**①家里经济条件；②社会环境；③孩子自身能力；④其他________

46．您对信贷消费（**贷款消费、超前消费**）**是否赞同？**①非常赞同；②不太赞同；③反对；④说不上；⑤有多少钱办多大事；⑥可以理解，但自己不会那么做

47．您对异族通婚的态度：①赞成，女方顺随男方；②赞成，男方顺随女方；③赞成，无论随谁；④赞成，如一方是汉族，则顺少数民族；⑤无所谓；⑥不赞成；⑦不知道；⑧无奈

48．如果已婚，您和您的爱人是怎样认识的？①自由恋爱；②亲朋好友介绍；③婚姻介绍所介绍；④其他

49．如果已婚，您爱人与您结婚前是哪里的？①CY 地区；②管庄；③牛街；④通州；⑤河北大厂；⑥北京其他地方；⑦河北其他地方；⑧山东；⑨以上都不是

● **如有已婚子女，您的儿媳或女婿结婚前是哪里的？**①CY 地区；②管庄；③牛街；④通州；⑤河北大厂；⑥北京其他地方；⑦河北其他地方；⑧山东；⑨如以上都不是，请注明地方________（**如有不止一个儿媳或女婿可以在后面的线上填写相应的序号**________）

50．对于未来，您最担心的问题是：①没什么担心的问题；②个人就业；③子女教育；④医疗费用过高；⑤老人赡养；⑥日常生活开支过高；⑦家庭关系；⑧子女就业；⑨个人养老；⑩其他________

问卷到此结束，感谢您的配合

调查员：　　　　调查时间：　　　　调查地点：　　　　录入员：

附录 B　CY 地区居民调查问卷 B[①]

尊敬的住户：

您好！我们是“城市化进程中转制民族社区建设研究”调查组，为了了解城市化进程中少数民族转制社区建设相关情况，特进行此次调查，希望能得到您的配合与支持。问卷中的所有问题仅为调查而设计，答案没有对错之分，您只需根据自己的感受、想法和实际情况如实回答即可。我们保证会妥善处理问卷信息，尊重您的个人隐私。谢谢您的支持！

① 调查问卷 B 卷是供没有调查地户籍的居民使用。

填答说明：此问卷主要为选择题和填空题，请您在符合您的选项序号上打"√"，在"________"处填写具体内容。除有特别说明外，选择题都为单项选择。

一、个人基本情况

1．您的性别：①男；②女

2．您的婚姻状况：①在婚；②离婚；③丧偶；④未婚

3．您的年龄：________岁；您配偶的年龄：________岁

4．您的文化程度：①文盲；②小学；③初中；④高中／中专；⑤大专；⑥大学本科；⑦研究生

● 您配偶的文化程度：（请填以上选项的相应序号即可）________

5．您的民族是：①回族；②满族；③蒙古族；④藏族；⑤维吾尔族；⑥朝鲜族；⑦汉族；⑧其他

● 您配偶的民族是：（请填以上选项的相应序号即可）________

6．您的宗教信仰是：①伊斯兰教；②佛教；③基督教；④天主教；⑤无；⑥其他________

您配偶的宗教信仰是：（请填以上选项的相应序号即可）________

7．您的户籍：①北京市市民；②北京市农民；③外省市市民________；④外省市农民________⑤其他________

● 您配偶的户籍：（请填以上选项的相应序号即可）________

8．您目前的职业：①CY 地区四大公司中上班；②在本社区居委会、党组织或服务站工作；③在 CY 乡政府工作；④在 CY 地区打工；⑤自己做生意；⑥在其他社区工作；⑦在本市其他企事业单位上班；⑧在本市其他地方打工；⑨在外地打工；⑩已退休；⑪无业在家；⑫其他________

● 您目前的职务：①领导干部或管理人员；②普通工作人员；③个体经营者；④退休；⑤其他________

9．您配偶目前的职业：（请填以上选项的相应序号即可）______职务：_____

二、居住相关

10．您什么时候搬迁/居住至此社区的？________年________月

由于什么原因居住至此处？①买房；②租房；③单位分房；④其他________

11．您选择居住于此处的原因是（限选 2 项）：①民族生活习惯；②距离工作地点近；③考虑孩子上学；④ 房价合适；⑤社区成员素质高；⑥地段好；⑦社区环境好；⑧交通便利；⑨其他________

12．您是怎样找到这个社区的？①朋友介绍的；②这里有亲戚；③从网上找

的；④其他________

13. 如果条件许可，您希望长期居住在本地吗？①非常希望；②比较希望；③无所谓；④不太希望；⑤不希望

14. 假如您要搬离现在住的社区，您会舍不得这个社区吗？①肯定会；②可能会；③无所谓；④可能不会；⑤不会

15. 当您社区的集体利益受到损害时，您是否会为此参加社区居民发起的一些联合行动，如向政府相关部门反映问题或联名上书等？①肯定会；②可能会；③无所谓；④可能不会；⑤不会

三、社区满意度

16. 您对目前所在社区的社区设施、社区服务、社区环境等的看法如何？在合适的选项下打√。

项目	很满意	比较满意	一般	不太满意	不满意	不知道	如有不满意之处，请具体说明
老年人特殊服务							
残疾人特殊服务							
托儿所、幼儿园							
附近中小学							
法律咨询服务							
社区便民服务项目和设施							（如买菜、停车、早点等）
贫困救助服务							
体育健身设施和场所							（如健身器材等）
文化娱乐休闲设施和场所							（如图书馆、社区文化活动室等）
健康医疗服务							（如社区医院等）
清真寺							
穆斯林服务中心							
环境卫生							
社区绿化							
社区治安							
电气暖							
供水							
邮电、银行方便性							
公共交通设施							
邻里关系							
民族关系							

17．总体来说，您对目前社区的整体状况满意吗？①很满意；②比较满意；③一般；④不太满意；⑤很不满意

四、社区参与

18．您参与过本社区组织的活动吗？①经常；②偶尔；③从不参加；④想参加，但没听说有什么活动

● **您对参加社区活动的看法：**①社区活动有收益，我愿意参加；②愿意参加社区活动，但没有时间；③ 社区活动与自己的事情不冲突，愿意参加；④社区活动是组织要求，非得参加；⑤社区活动与我关系不大，是否参加无所谓；⑥从不参加社区活动

19．您有没有参加过社区的文化团体？ ①参加过；②没有________

您有没有参加过社区的志愿者团体？ ①参加过；②没有

● **如参加过文化团体或志愿者团体，请完成下表**（填表说明：请在团体名称选填以下团体的序号：①太极拳太极剑健身操队；②合唱队；③星期一乐队；④管乐队；⑤交谊舞街舞模特队；⑥空竹队；⑦舞蹈队；⑧快板队；⑨书法队；⑩陀螺羽毛球队；⑪花毽队；⑫乒乓球队；⑬京剧队；⑭象棋队；⑮健身队；⑯其他；如选“其他”，请写明具体名称。时间栏下填具体年月。后三项选择符合您的序号填入相应栏即可，如选“其他”，请写明具体渠道。）

团体	加入该团体时间（年月）	加入该团体的原因：①感兴趣；②没什么事做就加入一个团体；③可以和更多的人交流；④社区要求参加的；⑤见别人参加挺有意思就参加了；⑥其他	加入该团体的渠道：①朋友邀请参加；②自己看到相关通知参加；③该团体负责人邀请参加；④社区要求参加的；⑤其他	是否经常参加活动：①经常参加；②偶尔参加；③一次也没参加过；④该团体就没开展过活动
1				
2				
3				
4				
5				
6				

五、交往、休闲

20．在日常生活中，您都和哪些人交往，与他们交往是否频繁？

交往对象／频率	家人	亲戚	朋友	邻居	以前同村的	同事	同学	居委会干部	单位领导	其他
经常										
很少										
无交往										

21．您知道社区图书馆的位置吗？①知道；②不知道；③没有图书馆

● **如选知道的，请问您去过吗？**①去过，借书有________次；②不感兴趣，没去过；③没空去

22．您的业余生活主要是（可多选）：①看电视、听广播；②看报刊、读书；③到电影院看电影；④到剧院听音乐、看表演；⑤去社区文化活动中心；⑥去公园遛弯、健身；⑦上网；⑧逛街购物；⑨其他

六、民族、宗教相关（这一部分题为回族住户回答）

23．您每天都做礼拜吗？①是的，每天________次；②偶尔做，多久________一次；③不做，没时间

● **如做礼拜，请问您一般在哪里做？**①家里；②清真寺；③其他地方

24．您配偶每天都做礼拜吗？①是的，每天________次；②偶尔做，多久________一次；③不做，没时间

● **如做礼拜，请问他/她一般在哪里做？**①家里；②清真寺；③其他地方

25．您认为现在存在年轻人宗教观念日益淡化的现象吗？①存在；②不存在；③说不上；④不知道

● **如认为存在，那您如何看待这一现象？**①社会发展的必然现象；②是个不太好的现象；③不利于伊斯兰教的传承；④无所谓

26．您对本民族风俗习惯的了解程度：①十分了解；②一般；③不太了解；④不知道

27．您对本民族的节日活动：①都积极参与；②区别对待；③不参加；④没有听说；⑤看时间而定

28．您对本地清真食品供应情况的评价：①很好；②一般；③没注意过；④不太好；⑤很差

29．您认为您周边还需要增设清真网点吗（多选）：①不需要增设；②清真日用品专柜；③清真肉类专柜；④清真熟食专柜；⑤清真糕点专柜；⑥需要上档次，够标准的；⑦适合大众消费的；⑧其他________

七、思想观念

30．您对孩子教育程度的期望：①高中或中专毕业就工作；②大学本科以上；③孩子能上到什么程度就上到什么程度；④其他

● **做这种期望的原因是什么？**①家里经济条件；②社会环境；③孩子自身能力；④其他

31．您与邻居发生日常纠纷时会如何解决？①私了，协商解决；②找熟人；③找清真寺；④找对方单位领导；⑤找媒体投诉；⑥找政府部门或社区；⑦通过

法律途径（如法院起诉）；⑧其他途径

32．您对异族通婚的态度：①赞成，女方顺随男方；②赞成，男方顺随女方；③赞成，无论随谁；④赞成，如一方是汉族，则顺少数民族；⑤无所谓；⑥不赞成；⑦不知道；⑧无奈

33．您和您的爱人是怎样认识的？①自由恋爱；②经亲朋好友介绍；③经婚姻介绍所介绍；④其他

34．对于未来，您最担心的问题是：①没什么担心的问题；②个人就业；③子女教育；④医疗费用过高；⑤老人赡养；⑥日常生活开支过高；⑦家庭关系；⑧子女就业；⑨个人养老；⑩其他________

问卷到此结束，感谢您的配合。

调查员： 调查时间： 调查地点： 录入员：

附录 C　CY 地区社区社会组织调查问卷（负责人）

尊敬的社区社会组织负责人：

您好！我们是“城市化进程中转制民族社区建设研究”调查组，为了了解城市化进程中少数民族转制社区建设相关情况，特进行此次调查，希望能得到您的配合与支持。问卷中的所有问题仅为调查而设计，答案没有对错之分，您只需根据自己的感受、想法和实际情况如实回答即可。我们保证会妥善处理问卷信息，尊重您的个人隐私。谢谢您的支持！

填答说明：此问卷主要为选择题和填空题，请您在符合您的选项上打“√”，在“________”处填写具体内容。除有特别说明外，选择题都为单项选择。

组织名称： 组织负责人：

1．请问贵组织成立时间：________年________月；到目前为止，组织开展过________次活动，目前组织成员有________人

2．你们成立这个组织是：①自发成立；②政府倡导成立；③其他

3．组织经费来源：①会员平摊的；②政府拨款；③居委会资助；④其他

4．组织在哪里登记/注册的？①街道办事处；②居委会；③区民政局；④没

有到任何地方登记；⑤挂靠在地区总会下；⑥其他

5. **贵组织有没有书面章程？**①有；②没有

6. **目前，组织有没有自己的活动场所？**①有固定的活动场所，在________；②有活动场所，但不固定；③没有活动场所

7. **贵组织开展活动的范围主要在：**①本社区内；②CY 地区；③CHY 区；④北京市；⑤不确定

8. **您认为贵组织在社区中的影响力：**①很大；②比较大；③不大；④很小；⑤说不清楚

9. **您认为社区社会组织在社区建设中的作用：**①很大；②比较大；③不大；④很小

10. **贵组织与社区内其他民间组织的联系是否频繁？** ①很频繁；②比较频繁；③不频繁；④没什么联系

11. **您感觉组织在发展中的困难主要是：**①经费不足；②政策支持力度不够；③居民参与热情不高；④其他

12. **您对组织今后的发展有什么设想？**

调查时间：　　　　调查地点：　　　　调查员：

附录 D　CY 地区社区社会组织成员调查问卷（成员）

尊敬的各社区社会组织成员朋友：

您好！我们是“城市化进程中转制民族社区建设研究”调查组，为了了解城市化进程中少数民族转制社区建设相关情况，特进行此次调查，希望能得到您的配合与支持。问卷中的所有问题仅为调查而设计，答案没有对错之分，您只需根据自己的感受、想法和实际情况如实回答即可。我们保证会妥善处理问卷信息，尊重您的个人隐私。谢谢您的支持！

填答说明：此问卷主要为选择题和填空题，请您在符合您的选项上打“√”，在“________”处填写具体内容。除有特别说明外，选择题都为单项选择。

1. **您加入该团体的时间：**________年________月

2．您当时加入该团体的原因是：①感兴趣；②想提高自己；③没什么事做就加入了；④社区要求参加的；⑤可以和更多的人交流；⑥见别人参加挺有意思就参加了；⑦其他

3．您当时是通过什么渠道加入该团体的呢？①朋友邀请参加；②自己看到相关通知参加；③会长邀请参加；④社区要求参加的；⑤其他

4．您是否经常参加该团体的活动：①经常参加；②偶尔参加；③这是第一次参加

5．您在活动结束后与其他会员的交流是否频繁：①很频繁；②比较频繁；③不频繁；④从不交流

6．您每次参加完活动后的感觉：①很愉快；②比较愉快；③一般；④没什么感觉

7．您知道该团体是在哪里登记的吗？①街道办事处；②居委会；③区民政局；④没有到任何地方登记；⑤挂靠在地区总会下；⑥不知道；⑦其他

8．您认为该团体的活动内容：①很丰富；②比较丰富；③一般；④没什么意思

9．您认为该团体在社区中的影响力：①很大；②比较大；③不大；④很小；⑤说不清楚

10．您还参加过社区其他文化团体吗？ ①参加过；②没有

如参加过请选择：①太极拳太极剑健身操队；②合唱队；③星期一乐队；④管乐队；⑤交谊舞街舞模特队；⑥空竹队；⑦舞蹈队；⑧快板队；⑨书法队；⑩陀螺羽毛球队；⑪花毽队；⑫乒乓球队；⑬京剧队；⑭象棋队；⑮健身队；⑯其他________

11．您参加过社区的志愿者团体吗？ ①参加过；②没有

如参加过请填写团体的名称：________

12．您一般参加各种团体活动的范围是：①本社区内；②附近社区；③不管远近，感兴趣的都可能参加

个人基本情况：

1．您的性别：①男；②女

2．您的婚姻状况：①在婚；②离婚；③丧偶；④未婚

3．您的年龄：________岁

4．您的文化程度：①文盲；②小学；③初中；④高中／中专；⑤大专；⑥大学本科；⑦研究生

5．您的民族是：①回族；②满族；③蒙古族；④藏族；⑤维吾尔族；⑥朝鲜族；⑦汉族；⑧其他________

6．您的宗教信仰是：①伊斯兰教；②佛教；③基督教；④天主教；⑤无；⑥其他________

7．您目前的工作状态：①在职；②待业；③还在上学；④退休

8．您所住的社区是：①MZJY 社区；②LXY 社区；③HWH 社区；④XZJY 社区；⑤WXXT 社区；⑥PGP 社区；⑦其他________

调查时间：　　　　调查地点：　　　　调查员：

附录 E　CY 地区居民访谈大纲

1．据您所知，在以前村的发展中经历了哪些大的变化，主要在哪些年（如 1911 年、1949 年、1979 年等），主要是什么事情引发的？哪些对您及您家的影响比较大？

2．请您对以前生活的地方和现在生活的地方做一些描述，比如，现在的小区、公园等在以前是什么地方？在您心里，CY 地区与其他临近地区的边界在哪里？MZJY 社区与其他临近社区的边界在哪里？

3．您觉得社区报对您的宗教信仰有哪些影响或作用？

4．您觉得像北京奥运、新中国 60 周年这样的大事件对您及您周围人的行为、习惯（个人修养）有影响吗？如有，是哪些方面？

5．您觉得在服务大厅办事与以前去村委会办事相比，在办事效率、工作人员态度方面有没有变化和区别？具体表现在哪些方面？

6．在您的记忆中，（据您所知）清真寺、伊斯兰教与您生活的联系主要在哪些方面？

7．村办企业的兴衰对 CY 人的就业有没有影响？主要在哪些方面？

8．您每天的时间安排是怎样的？10 年以前的时间安排呢？

附录 F　CY 地区社区服务站访谈大纲

一、养老保障相关问题

1．目前，CY 地区的养老保障实行的是什么政策？（征地超转、绿隔政策还是新农保）缴费标准是怎样的？参保率是多少？（有没有交够 15 年还继续交的）

2．领取养老生活补助/退休金的情况：

基本情况 / 项目	农业户口人员				非农户口人员			
	男性		女性		男性		女性	
	60~80 岁	81 岁以上	55~80 岁	81 岁以上	60~80 岁	81 岁以上	55~80 岁	81 岁以上
领取金额/标准								
各年龄段人数								

3．这些与社会养老保险退休金有哪些异同？（如缴费标准、领取年龄、领取金额等）

4．社区工作人员的养老保险是什么政策，领取按什么标准？

5．在 CY 地区养老保险方面还有哪些问题，主要原因是什么？

二、医疗保障相关问题

1．新农合：①实行时间；②参合人数、参合率；③缴费标准；④按户还是按人交？⑤报销标准，目前已报销的人次和金额；⑥起付线和封顶线的变化。

2．关于绿卡通的情况，与城乡医疗一体化。

3．基本医疗与新农合的联系与区别是什么，适用范围是什么？

三、就业保障相关问题

1．各年份的就业情况统计表：

年份 / 人数	2010	2009	2008	2007	2006	2005	2004	2003	2002	2001
达到就业年龄的总人数										
实现就业总人数										
就业年龄段的学生人数										
就业年龄段未就业人数										

2．就业人数指：指辖区内所有男 16～60 岁、女 16～55 岁的人数。

3．粮油补助的发放情况：标准、总领取人数和具体领取情况。

四、社区服务相关问题

1．居家养老：有多少人，发了多少优惠券，报了多少，主要是哪些方面的？有哪些签约商家？开展居家养老服务对解决本地人就业有无促进，如家政等方面？说明原因。

2．心理咨询、法律咨询方面，咨询的人次，主要方面，居民的反应。

附录G　CY地区社区卫生服务站访谈大纲

1．社区卫生服务站的服务对象主要包括哪些？（社区流动人口是否包括在内？在享受卫生服务时，如免费项目和报销等方面，流动人口与户籍人口有无区别，如有表现在哪些方面？）服务范围是如何界定的，按行政上的社区边界还是按人口，比如，多少人口设立一个服务站？

2．社区卫生服务站的性质、主要目标是什么？成立到现在开展过哪些卫生服务活动？

3．在社区卫生服务站看病的费用能否报销，按什么标准报（能报多少，诊疗费、药费）？

4．社区卫生服务站的营业时间，有无夜间值班人员？是否为高龄老人、残疾人提供上门服务？

5．如何转诊，从社区卫生服务站转到相应什么级别的医院？哪些病需要转诊？哪些在这里就能解决？

6．目前，持有“绿卡通”的有多少人，主要是老人还是已扩展到其他人群？

7．我们这个社区卫生服务站有多少种零差率药品供患者选择？

8．社区卫生服务站向谁负责，开展卫生服务活动的经费来源是什么？

9．家庭医生活动的开展情况和作用如何？（如培训了多少家保员，在哪些病种上能发挥作用？）

10．今年上半年我们服务站上门服务人次、门诊量是多少？2008年8月成立以来的情况如何？

11．社区卫生服务站的人员构成情况：

人员	性别	年龄	民族	教育程度	职称	来源（①实习生；②大医院下来锻炼的；③聘请坐诊；④其他）	是否为常营居民	从医时间	是否有编制

注：在职称处需注明全科医生、护士、工勤人员；在来源处需注明在此的服务期限

12．您以前在哪个医院工作，您觉得与大医院相比，在社区卫生服务站工作有哪些区别和特点？在工资待遇方面差异大不大，对工作积极性有无影响？

附录H　CY清真寺管理委员会访谈大纲

1．寺管会是从什么时候开始设立的？请谈谈从明朝到现在清真寺管理的变化？

2．清真寺的修缮、维护。

3．寺管会的性质是怎样的（如是否为民间组织）？寺管会的职责、功能是什么（比如，清真寺旁边的饮食一条街是否归寺管会管理，如租金的收取、伊斯兰节日的组织、节日活动的开展等）？

4．村管理体制和社区管理体制对清真寺在教民中的作用有无影响或变化？如有，表现在哪些方面？

5．在居民的出生、成人、结婚、丧葬等活动中，清真寺发挥了怎样的作用？从什么时候开始有一些变化，主要是哪些变化？您如何看这些变化？

6．寺管会与阿訇的关系怎样？各自负责哪些方面？目前有几位阿訇，分别负责哪些方面？开学阿訇是由寺管会来聘请吗？目前的开学阿訇在CY清真寺多少年了？

7．寺管会与穆斯林服务中心的关系如何？

8．平时礼拜有多少人，主麻日呢？开斋节呢？

9．关于社区名称。

10．寺管会人员的产生及构成情况：

成员	性别	年龄	民族	教育程度	职务	简介	是否为常营居民	任期

11．本清真寺与其他清真寺及国外的交流情况。

附录 I　CY 地区住户调查情况统计表

单元房号	原住○ 租住△ 兼有⊕	有人在				没人在			备注（如哪个区，哪个楼）
		回收	拒访	需访谈	可回访	空房	不在家	上班	

附录 J　MZJY 社区楼长座谈会资料收集表

楼号	楼长姓名	该楼单元数/户数确认	估计有多少户不在	该楼非 CY 地区户籍户数	是否以原来某队为主	是否以老年人为主	联系方式	备注
3		4/48						
10		4/48						
14		5/60						
16		4/48						
28		3/36						
38		4/48						
48		4/42						
67		5/60						
71		5/50						
80		4/48						
合计		42/486						

附录 K　DW 社区居民调查问卷

尊敬的住户：

您好！我们是“城市化进程中转制民族社区建设研究”调查组，为了了解城市化进程中少数民族转制社区建设相关情况，特进行此次调查，希望能得到您的配合与支持。问卷中的所有问题仅为调查而设计，答案没有对错之分，您只需根据自己的感受、想法和实际情况如实回答即可。我们保证会妥善处理问卷信息，尊重您的个人隐私。谢谢您的支持！

1．家庭总人数 ______；男性 ______人；女性 ______人；族别______

成员	1	2	3	4	5	6
性别						
年龄						
职业						
文化程度						

2．您住的是自建房吗？A. 是→是否已拿到房产证　a. 已拿到，领取时间______ b. 没拿到　B. 不是

3．取暖方式：A. 集中供暖　B. 自家小锅炉供暖

您更喜欢哪种方式：A. 集中供暖　B. 自家小锅炉供暖

4．水电情况

	收费情况（元）	比以前贵	比以前便宜	现在的收费可以接受	现在的收费不能接受	经常停	有时停	没停过	最长一次停（水电）的时间
水									
电									

5．您家的电视能收多少个台？________ 与以前相比　A. 更多　B. 更少　C. 一样

6．您家有电脑吗？A. 有→ 联网没？a. 已联网　b. 还没联网　B. 没有

7．您对这里的公路满意吗？A. 满意→1）________年修的　2）修路收您的钱了吗？a. 收了　b. 不记得了　c. 没有收　B. 不满意→　a. 这里就没修过路　b. 路是修过，但因无人管才成现在这样的　c. 太脏乱

这里的公路有环卫人员来打扫吗？A. 有　B. 没有→那对您的生活环境有影响吗？a. 有　b. 没有

8．您出门坐公交车是否方便？A. 方便　B. 不方便→您从家步行一般要_______分钟到公交车站台

9．您所在社区有娱乐健身设施吗？

A. 有→1）主要有哪些 ________离您家约 ________米→2）您去过吗？a. 经常去　b. 偶尔去　c. 没去过

B. 没有→ 您希望有吗？a. 希望　b. 无所谓

10．您所在社区有图书馆/阅览室吗？A. 有→1）离您家约________ 米

2）您去过吗？a. 经常去　b. 偶尔去　c. 没去过

B. 没有→ 您希望有吗？a. 希望　b. 无所谓

11．您所在社区有集体活动中心吗？A. 有→1）离您家约 ________米

2）您去过吗？a. 经常去　b. 偶尔去　c. 没去过　B. 没有→ 您希望有吗？a. 希望　b. 无所谓

12．您认为现在孩子上学是否更方便了？A. 是→ 现在在________ 学校（哪里办的学校），离家大约________ 米；以前在________ 学校（哪里办的学校），离家________ 米　B. 否

13．您认为现在孩子上学费用是否有变化？A. 是→比以前　a. 更贵　b. 更

便宜　B. 否

14．您对孩子受教育程度的期望是：

	无需上学	小学	中学	大学	能上到什么程度就什么程度
男孩					
女孩					

注：填表时请在符合的格内打“√”

15．您是否认为女孩有与男孩有同样的受教育机会？

A. 是　B. 否→原因________

16．您的孩子是否都按国家规定接受义务教育？A. 是　B. 否→ 原因______

17．您认为孩子所在学校的教学状况如何？A. 很好　B. 还可以　C. 一般　D. 很差

18．政府是否为你们组织过关于就业方面的培训？A. 是　B. 否

您是否愿意参加？A. 是　B. 否

19．注：填下表时请根据实际情况，在符合实际的格内打“√”，并回答相应括号的问题。

项目	有	无
定点倒垃圾处		（一般倒哪里）
定期清理垃圾的人、设备	（交卫生费吗）	
公厕		（您认为有必要吗）

20．您是否有医保卡？A. 是　B. 否

您觉得现在看病与以前相比是否有变化？A. 是　B. 否

21．您身体不舒服时是否会去看病？A. 是→会去哪看？a. 社区服务站

b. 大医院　c. 其他

B. 否，您是怎样考虑的？________

22．您的子女是否定期打疫苗？A. 是→1）一般去哪里打？a. 社区服务站

b. 大医院　c. 其他→2）是否免费　a. 是　b. 否　B. 否

23．有人反映看病难、看病贵的问题，您是怎样看的？

____

____

24．这几年家里有没有为看病发愁的事？

A. 有→（何时、何人因何病）________　B. 没有

25．到规定年龄的老人现在是否都领上了养老金？A. 是　B. 否

您将来养老是否有保障？A. 是（哪些方面）________　B. 否

26. 刚成人又没有工作的年轻人的生活问题是如何解决的？政府有哪些应对的措施？

______

27. 您家是否买了商业保险？A. 买了→（哪几种？）________

B. 没买→您认为有必要吗？a. 有　b. 没有

28. 您对现在的生活是否满意？A. 满意　B. 不满意

您对今后的生活有什么顾虑？您对今后的生活有什么打算？

____

____

调查地点：　　　　调查时间：　　　　调查员：

附录L　DW社区访谈大纲（社区版）

1. 我们社区范围内有哪些是因撤村建居并进来的？分别是以前的哪些村、队？大约有多少户，共多少人？

2. 社区范围内，村改居区域内的路都是什么等级的？原市区范围的呢？维修由谁负责？

3. 村改居范围内的自来水管网、电网及排污管网是否改换？大概何时换的？现在他们的水电收费标准是怎样的？

4. 供暖方式是怎样的？（热力公司集中供暖还是各家烧炉子？）

5. 房屋管理费、房屋出租税的收费范围、标准是怎样的？

6. 社区有无活动中心、健身设施？是否组织过集体活动？（这些是否告知村改居居民？）

7. 是否针对失地人员组织过就业培训、就业指导或专场招聘会？

访谈地点：　　　　访谈时间：　　　　访问员：

附录 M　DW 社区访谈大纲（公司版）

1．作为由于撤村建居改制形成的股份有限责任公司与一般的股份有限责任公司有哪些不同？是否会影响股东享受利益？是否会影响股东参与公司管理的形式？公司中有没有员工是股东？如果有，大约有多少人？

2．处在过渡期，我们董事会是否还担任着村务的移交工作？哪些已移交完？哪些还没移交？在移交过程中是否会影响居民对这些公共设施和服务的享用？

1）对于医疗机构（如医务室）、娱乐设施（如棋牌室）、健身设施等是如何移交的？（是直接取消或直接合并，还是只改变隶属关系，继续沿用？）

2）以前的村活动室是否还在？撤村建居后有没有组织过大的集体活动？如果有，参加的人大约有多少？

3）公路是以前村里修的还是市建委修的？这些路都是什么等级的？公路的维修、清洁是否已纳入市政系统？到目前为止，撤村建居范围内新增多少市财政修的路？

4）居民出行乘坐公交车是否方便？各小队是否都已通公交？

5）水管网、电网及水费、电费与撤村建居前相比有无变化？供水、供电是否正常？

6）以前村上、各队上有无公厕？如果有，是怎样移交的？如果没有，现在是否已修建？有无人员定期打扫？

7）以前垃圾处理方面的情况如何？现在呢？（主要问：有无人员定期按时打扫、有无垃圾船/池等？）

3．居民的供暖是集中供暖还是自家小锅炉供暖？如已是集中供暖，是何时开始的，与各家小锅炉相比有哪些优点？

4．有无供居民免费浏览的图书馆/阅览室？位置在哪里？

5．据您所知，现在有多少户居民家已有电脑并连通互联网？

6．居民中有无因病返贫的现象？

7．居民中有无借助补偿款自己创业，成为民营企业家的？（能否说一下联系方式？）

（能否给我们讲一下原各队队长的情况和联系方式？）

访谈地点：　　　　访谈时间：　　　　访问员：

附录二　访谈记录整理

附录 A　CY 地区访谈记录整理摘选

访谈整理 1（ASX）

时间：2010 年 8 月 5 日

地点：居民家中

访谈对象：73 号楼楼长 ASX（ASX 住 11 号楼）

（1）据你所知，在以前村的发展中经历了哪些大的变化，主要在哪些年（如 1911 年、1949 年、1958 年、1979 年、2000 年等），主要是什么事情引发的？哪些对您及您家的影响比较大？

答：交通什么的比 20 年前变化很大。印象比较深的是 20 世纪五六十年代，经常夜里起来接最高指示。

以前人们都穷，但心态好，现在人们虽然富了，但心态不好。

（2）请您对以前生活的地方和现在生活的地方做一些描述，比如，现在的小区、公园等在以前是什么地方？在您看来，CY 地区与其他临近地区的边界在哪里？MZJY 社区与其他临近社区的边界在哪里？

答：还是认为常八村、东三村是一个单位。公园以前是三、四、五村的地，以前种水稻。

（3）您觉得从以前村的组织形式到现在社区的组织形式对您的生活有影响吗？如有影响，主要是在哪些方面？您认为哪种组织形式对您来说更好些？为什么？

答：影响不大，办事就那样。

（4）您觉得社区报对您的生活、交往及宗教信仰有影响吗？如有影响，主要是什么样的影响？

答：那个报纸被人称为瞎胡报，就是报道好的，没人当真。

（6）您认为拆迁改造对您的就业、生活有影响吗？如有，是哪些方面？

答：影响不大。住平房夏天凉快，自己家以前是个三合院，屋里也有卫生间，下水道通到主管道上的。而且以前因对象单位也住的楼房，所以基本变化不大。

（8）您认为村办企业的兴衰对 CY 人的就业有没有影响？如有影响，主要在哪些方面？

答：村办企业运转了 20 年，拆迁时一律取消了。自己那时的服装厂也因没地，工商也不再验照，所以搬出来到别的乡了。1984 年时成立村办服装厂，1993 年时队企业变成股份制。

（9）您对社区名称的看法。

答：以前是 CY 村，后来升为乡到现在。“文化大革命”时还改称为“卫东村”。是否要叫回民村，我个人觉得无所谓，是那些经常做礼拜的老人要改。

（11）您的工作经历。

答：1977 年毕业，在一个工厂工作，后来工厂倒闭。1978 年 2 月到村服装厂上班，2000 年自己出来单干服装厂，2001～2003 年主要自己干。自己做服装设计样板，然后让别人拿出去做。

在乡办企业工作才给按一年折算一元钱的加在退休金中。

未谈及的问题：

（5）您觉得像北京奥运、新中国成立 60 周年这样的大事件对您及您周围的人们的行为习惯、生活习惯有影响吗？如有，是哪些方面？

（7）在您的记忆中，（据您所知）清真寺、伊斯兰教与您生活的联系主要表现在哪些方面？

（10）在您的记忆中，您及家人的作息时间发生了哪些比较大的变化？

访谈整理 2（WGC）

时间：2010 年 8 月 5 日

地点：居民家中

访谈对象：14 号楼楼长 WGC

（2）请您对以前生活的地方和现在生活的地方做一些描述，比如，现在的小区、公园等在以前是什么地方？在您看来，CY 地区与其他临近地区的边界在哪里？MZJY 社区与其他临近社区的边界在哪里？

答：公园及现在的小区是以前的耕地，种蔬菜。以前调运蔬菜很少，都是这边的就够了，顶多从远郊运些来，2000 年才不种的。1984～1985 年分产到户后，自己种菜自己卖。一开始有菜站，统购统分，后来没有了，也有些小商贩来收。

（3）您觉得从以前村的组织形式到现在社区的组织形式，对您的生活有影响吗？如有影响，主要是在哪些方面？您认为哪种组织形式对您来说更好些？为什么？

答：没什么变化，居委会虚设，有没有都无所谓，他们都不知道干什么。

（4）您觉得社区报对您的生活、交往及宗教信仰有影响吗？如有影响，主要是什么样的影响？

答：一般都不看那个，没什么内容。尽说乡上好的，问题不解决，如转居的事，期房的事。那房子漏水、地不平、门安反了，维修了两个月还没修好。而期房补助只给到 5 月就停了。给钥匙就应是验收合格了的，结果让居民来验收，出这么多问题也没人管。虽然我们是低价买，但房也应保证质量，（我们那是换房的）何况早就把钱收了。还有征地补偿款也没听说过，450 元干什么都不够，10 年前也许行，现在不行了。

（5）您觉得像北京奥运、新中国成立 60 周年这样的大事件对您及您周围人的行为习惯、生活习惯有影响吗？如有，是哪些方面？

答：国家的喜事，个人只能随。

精神文明、思想都要慢慢改变，逐渐适应。（如我们）以前桌上不放（餐巾）纸，现在也放餐巾纸了。（指了指茶几上的餐巾纸）但人的想法、习惯是不一样的，每个人不一样。

（6）您认为拆迁改造对您的就业、生活有影响吗？如有，是哪些方面？

答：楼房比平房还是变得更好些。楼房封闭严些，冬天保暖，夏天开空调也好开，有用，平房开了也没多大用。

现在比没上楼前变化还是很大的。除了家里有病人，有个大灾大难的外，生活水平还是比以前好多了。

汉族的丧事，也随土葬，（上楼）六年了，一般都是停在楼下，自己搭个棚，亲人吊唁。

20 世纪 60 年代，回族也没这样办丧事的，现在是生活水平提高了，搞那么多。以前各村都有自己的墓地，后来集中时也有迁坟的。20 世纪 60 年代，都把坟地平了种粮食。以前治贪腐很严的，没有多少贪污的，那时也没多少事。现在，工作，个人适应也选工作，工作也选人。

（8）您认为村办企业的兴衰对 CY 人的就业有没有影响？如有影响，主要在哪些方面？

答：有影响，也不大。乡办企业、村办企业承包的，赢利好，就可得钱。有些在拆迁前就倒闭了，也有股份制，但打出牌子的少。现在四大公司，工资是固定的，也很低。

20 世纪 80 年代上厂子时不干了辞职还给点钱，后来拆迁时就不给了。

（9）您对社区名称的看法。

答：对自身没什么影响（个人是汉族）。

（11）您的工作经历。

答：初中毕业就在家干活了。以前在人民公社挣工分，种地一直到 1979 年，常营 4 队，常营乡那时有常八村、东三村共 11 个生产队。新中国成立时是初级社，后来是人民公社。1979 年子承父业，顶替父亲的职位，进了国有商店（全民所有制的，归商业局管）。后来 1997 年地方被人占了，也就没有国有了，自己那时也已经四十七八岁了，就退休了，一直在家待着。开始待岗每月给 450 元，后来每月给 550 元，到 2008 年正式退休，按企业退休职工算，当时是每月 1500 多元，后来涨到每月 1700 多元。

未谈及的问题：

（1）据您所知，在以前村的发展中经历了哪些大的变化，主要在哪些年（如 1911 年、1949 年、1958 年、1979 年、2000 年等），主要是什么事情引发的？哪些对您及您家的影响比较大？

（7）在您的记忆中，（据您所知）清真寺、伊斯兰教与您生活的联系主要表现在哪些方面？

（10）在您的记忆中，您及家人的作息时间发生了哪些比较大的变化？

访谈整理3（HFR）

时间：2010年8月5日

地点：居民家中

访谈对象：36号楼楼长HFR

（1）据您所知，在以前村的发展中经历了哪些大的变化，主要在哪些年（如1911年、1949年、1958年、1979年、2000年等），主要是什么事情引发的？哪些对您及您家的影响比较大？

答：拆迁。现在经济条件好了，大人、小孩都能赚钱。自己退休金930元，2009年“十一”过生日，乡里给过的，还赶上国家60周年国庆，参加了国庆晚会。现在住楼房也没什么担心的了，以前晚上要到外面上厕所。以前没钱，也没地买。现在有钱了，想买什么买什么。以前出去一趟很麻烦的，到GZ倒车，雨雪天很不方便。

交过城乡统筹养老保险，一年266元，退休时每月就能领299.37元/月，加上农民给的600元/月，还有退休29元/月（乡办企业的退休补贴，工作一年补1元，工作了29年给补29元），加起来900多元。

现在比以前好多了，生活、公交、心理素质方面都有变化。以前有点事就去找，现在看电视什么的，觉悟提高了，不去参加那些活动。

以前没有社区时，村上有政治活动，文体方面、学习方面的常参加。成立社区后，赶上自己也是“十一”生日，也给过了。现在参加卫生院组织的家庭护理知识讲座和学习，分8周，每周两讲，下周二结课。关于防病的，预防肺结核、糖尿病等，还有教8节保健操的。这是第4期，这期30多人。（自己的老婆婆、老爹都住其他兄妹家）

（2）请您对以前生活的地方和现在生活的地方做一些描述，比如，现在的小区、公园等在以前是什么地方？在您看来，CY地区与其他临近地区的边界在哪里？MZJY社区与其他临近社区的边界在哪里？

答：公园这块以前都是地。

不要跟别人比（KY什么的补上百万元的都有），要跟以前比，知足些。

（3）您觉得从以前村的组织形式到现在社区的组织形式对您的生活有影响吗？如有影响，主要是在哪些方面？您认为哪种组织形式对您来说更好些？为什么？

答：以前是二村的，参加过舞蹈队。那时经常3个村、11个村等组织起来的秧歌比赛什么的，获了不少奖，还参加过代表北京市的比赛。现在成立社区后也参加了舞蹈队，但今年没怎么组织活动了。现在8个队合一起了，好像不太认识，不易组织起来。

组织形式对居民生活没什么影响。（自己女儿在乡政府上班，爱人在驾校上班）

（4）您觉得社区报对您的生活、交往及宗教信仰有影响吗？如有影响，主要是什么样的影响？

答：觉悟不一样，看法不一样，骂骂咧咧的还有，农民意识还很多，对新生事物不接受，如文体活动、公园组织的活动。对事情总有不满，对房子不满。

（5）您觉得像北京奥运、新中国成立 60 周年这样的大事件对您及您周围人的行为习惯、生活习惯有影响吗？如有，是哪些方面？

答：分人，也有骂骂咧咧的。大小事楼长站岗，宣传也有，个人领悟稍有不同。

（7）在您的记忆中，（据您所知）清真寺、伊斯兰教与您生活的联系主要在哪些方面？

答：清真寺很好，在北京除了牛街就是这里了。清真寺条件好，夏天也有空调，不去是自己不会享受。（有人说到老了再去清真寺）说年龄大了再去其实是一种推辞。

结婚请阿訇，婚丧嫁娶的要用阿訇，以前还常请刀师傅，现在就不请了。

（8）您认为村办企业的兴衰对 CY 人的就业有没有影响？如有影响，主要在哪些方面？

答：CY 的乡办企业办得不是很好。

（9）您对社区名称的看法。

答：自己认为没关系，没用。关键是心诚，改名称用处不大。

（10）在您的记忆中，您及家人的作息时间发生了哪些比较大的变化？

答：健身器材随便玩，一早去走圈，能有地方锻炼。平时下午打打牌、睡睡觉、做个饭，打牌是为了练练脑子，以免得老年痴呆。（去访谈时，还在睡觉。走时她就要赶紧做饭了，爱人和女儿快下班了）

（11）您的工作经历。

答：中学毕业后，一家三个劳动力要出一个，自己就去了乡办企业，一个月 5 元，没有种地那么累。一直在那工作 29 年。

未谈及的问题：

（6）您认为拆迁改造对您的就业、生活有影响吗？如有，是哪些方面？

访谈整理 4（CARJ）

时间：2010 年 8 月 9 日

地点：居民家中

访谈对象：67 号楼楼长家属 CARJ

（1）据您所知，在以前村的发展中经历了哪些大的变化，主要在哪些年（如 1911 年、1949 年、1958 年、1979 年、2000 年等），主要是什么事情引发的？哪些对您及您家的影响比较大？

答：退休就 600 元/月。

（2）请您对以前生活的地方和现在生活的地方做一些描述，比如，现在的小区、公园等在以前是什么地方？在您看来，CY 地区与其他临近地区的边界在哪里？MZJY 社区与其他临近社区的边界在哪里？

答：以前都是地。

（3）您觉得从以前村的组织形式到现在社区的组织形式对您的生活有影响吗？如有影响，主要是在哪些方面？您认为哪种组织形式对您来说更好些？为什么？

答：现在还是虚设，主要是户籍没转。

（4）您觉得社区报对您的生活、交往及宗教信仰有影响吗？如有影响，主要是什么样的影响？

答：没什么实际东西。

（6）您认为拆迁改造对您的就业、生活有影响吗？如有，是哪些方面？

答：有地时多少能吃上饭，现在……

乡办企业的可直接转到四大公司，不是的有些想进也进不了。地以前种过水稻、菜，主要种菜。

（8）您认为村办企业的兴衰对常营人的就业有没有影响？如有影响，主要在哪些方面？

答：以前主要进厂工作，这一拆都没了，好多都没工作。

（11）您的工作经历。

答：以前进过纸厂、防盗门厂，进过好多厂，没活时就换工作。

其他内容：

以前过年发米、面，现在折成钱。周围村都给土地钱（DB 有些每年七八百元），CY 这边没有。新农合虽然比以前报的多了，但还是太少，5000 元就封顶了。在 CY 的医院报 50%，在外面的就只给报 40%，还有好多自费药。开药时也没人给讲什么意思，只能开了再看能报多少。卫生服务站只有很少的药。

通知常常见不到就没有了，都是听别人说，好多都不知道。

未谈及的问题：

（5）您觉得像北京奥运、新中国成立 60 周年这样的大事件对您及您周围人的行为习惯、生活习惯有影响吗？如有，是哪些方面？

（7）在您的记忆中，（据您所知）清真寺、伊斯兰教与您生活的联系主要在哪些方面？

（9）您对社区名称的看法。

（10）在您的记忆中，您及家人的作息时间发生了哪些比较大的变化？

访谈整理 5（BSH）

时间：2010 年 8 月 9 日

地点：居民家中

访谈对象：8 号楼楼长 BSH

（1）据您所知，在以前村的发展中经历了哪些大的变化，主要在哪些年（如 1911 年、1949 年、1958 年、1979 年、2000 年等），主要是什么事情引发的？哪些对您及您家的影响比较大？

答：生活条件比以前好得多了，改革开放好，有能耐的就能赚上钱，就能过上好生活。以前东西是便宜，但一般人还是买不起，现在即便贵了，20 元/斤的肉也经常买着吃。过去连棒子面都吃不了，自己小时候捡煤核。以前就居民有票、有本能买些，农民什么都买不上，也没油炒菜，就是煮。生活是好多了，以前煮牛羊骨头，浮油各家分点吃着就不错了。以前没得选，只能吃那些，现在都不知道吃什么了，选择很多。

以前在平房时也三天两头炖肉吃，现在吃了还上火。平房能租点房，七八间的，收入高一些，自己办个幼儿园，结婚后做了 18 年。上楼后，场地租金太高，自己年龄也大了，不想干了。明年儿子的孩子出生，要帮他们带孩子，也没空再做了。

（2）请您对以前生活的地方和现在生活的地方做一些描述，比如，现在的小区、公园等在以前是什么地方？在您看来，CY 地区与其他临近地区的边界在哪里？MZJY 社区与其他临近社区的边界在哪里？

答：这边以前是地，上楼后也适应了。

（3）您觉得从以前村的组织形式到现在社区的组织形式对您的生活有影响吗？如有影响，主要是在哪些方面？您认为哪种组织形式对您来说更好些？为什么？

答：没什么区别。

（4）您觉得社区报对您的生活、交往及宗教信仰有影响吗？如有影响，主要是什么样的影响？

答：看，就自己看。就知道乡里一些事，增加一些了解。有招聘广告，也有人通过那里找工作的。

（5）您觉得像北京奥运、新中国成立 60 周年这样的大事件对您及您周围人的行为习惯、生活习惯有影响吗？如有，是哪些方面？

答：也没什么影响，大的那些只是上面宣传做一些事。

（7）在您的记忆中，（据您所知）清真寺、伊斯兰教与您生活的联系主要在哪些方面？

答：一般是老人去，老人把斋有耐力。

给乜贴，发粥票，给粥时有时有肉份。办年头时，包上乜贴，请阿訇来，一年 5 头牛：死、七日、40 天、100 天、年头都要各买整头牛 1 头，最多请 6 位（阿訇）办事。有些做各种松肉什么的，一般的炸油香、肉份分给来帮忙的。小办就请阿訇过来，结婚请一位，也有些生孩子、买个新车什么的都请阿訇。

那时上楼时好像都请阿訇来吹个梆（念两句经文，保平安）。宰牛、羊也拿到清真寺，请刀师傅念的宰一下（也给包乜贴），有些愿意吃活的，自己宰。

（8）您认为村办企业的兴衰对 CY 人的就业有没有影响？如有影响，主要在哪些方面？

答：企业很少有，一个方便面厂，很早就垮了。以前有五金厂、翻砂厂、汽车修理厂、一队服装厂。别的不清楚，自己没在外面干。四大公司的人也是上楼后现在现招的（乡办企业的那些人到现在可能年龄也大了，也退休了）。

（10）在您的记忆中，您及家人的作息时间发生了哪些比较大的变化？

答：现在受不了一直困在家里，那样的培训（第六次全国人口普查的调查员培训）也受不了。

有时早上去遛个弯，回来做饭，再去做理疗，高电位，净化血液，免费做。然后组织几十元钱旅游再推销“纳豆”保健品。一场 30 多人，坐着也可打牌，还有几个过滤的饮水机。每天都有不少人去做，听着宣传好了，也有人买机器的。

（11）您的工作经历。

答：自己办过幼儿园，结婚后做了 18 年。

其他内容：

之前参加了第六次全国人口普查的调查员培训一整天，感觉太累，不想去了。

今天（8 月 9 日）开始参加乡里的培训，理货员，要培训 5 天，考试后发证。每天给 20 元补助，培训 5 个整天，上午两个小时，但参加的人都坐不住，好多听一会儿就走了，签了两次到，领了材料。就在民族学校阶梯教室，经常会用学校的场地开展活动。

活动中心，以前去过，打腰鼓，后来更年期就没参加了。

公园不算小，但人太多，GZ 及周围的人都来，那些经适房也已开始入住，以后可能得有 10 万多人。

以前银行很少，领养老金要过两个红绿灯，很麻烦，是工行，燃气也是要上北京银行，T 县那边。

虽然上楼好几年了，还没转居。转了就够领退休金，50 岁，现在不转，可能是想拖到后面就不用给补钱。

面给 70 元，米给 100 元，过年再给点也没多少。

50～55 岁的每月就 600 元，准备找人说说去。

四大公司现在涨 160 元，每月有 960 元，年底再给 3600 元（每月 300 元）保险钱。

期房迟迟不下来，给了，也住不进去。

（可能是居家养老补贴）到 60 岁补 200 元/月，到 80 岁乡里还再给 100 元/月，可以到东来顺买早点，到那边一个超市买菜，说是 100 岁的给 1 万元，不知给没给。90 岁以上的也有一些，据说是拿了卖不出的油给便宜几元钱。

未谈及的问题：

（6）您认为拆迁改造对您的就业、生活有影响吗？如有，是哪些方面？

（9）您对社区名称的看法。

访谈整理 6（LSY、LSYP）

时间：2010 年 8 月 9 日

地点：居民家中

访谈对象：18 号楼楼长 LSY 及其婆婆 LSYP

（1）据您所知，在以前村的发展中经历了哪些大的变化，主要在哪些年（如 1911 年、

1949 年、1958 年、1979 年、2000 年等），主要是什么事情引发的？哪些对您及您家的影响比较大？

LSY：结婚后才到这里的，民族通婚。对这边不是很了解。

（4）您觉得社区报对您的生活、交往及宗教信仰有影响吗？如有影响，主要是什么样的影响？

LSY：随便看看，没什么用。

（5）您觉得像北京奥运、新中国成立 60 周年这样的大事件对您及周围人的行为习惯、生活习惯有影响吗？如有，是哪些方面？

LSY：倒也没什么影响。

（7）在您的记忆中，（据您所知）清真寺、伊斯兰教与您生活的联系主要在哪些方面？

LSYP：到大开斋时，三个大殿都坐不下，女的上女殿，男的上两个大殿。周五人多，平时也有 100 多人。

（9）您对社区名称的看法。

LSYP：（MZJY 社区和回民小区）“民族”是 56 个民族，“回民”就回族这个。乡都叫回族乡，小区却叫民族，有 100 多人都去了市委，找了几天还没改。多少年了都是回民村，名字不改，各民族都来，吃猪肉什么的受不了，也没办法；如果改了，能纯净些。回族乡、回族医院，就小区不改。老人们说愿意自己拿钱换牌子，以前祖祖辈辈的回汉习俗互相尊重，现在新搬来的人就不顾这些了。

（11）您的工作经历。

LSY：以前在 HZH 乡企业，后来到这边后就没怎么工作了。

LSYP：1948 年结婚后到这里。目前有居家养老券，主要买早点。当过十几年的生产队队长。现在老了，常去做礼拜。

未谈及的问题：

（2）请您对以前生活的地方和现在生活的地方做一些描述，比如，现在的小区、公园等在以前是什么地方？在您看来，常营与其他临近地区的边界在哪里？MZJY 社区与其他临近社区的边界在哪里？

（3）您觉得从以前村的组织形式到现在社区的组织形式对您的生活有影响吗？如有影响，主要是在哪些方面？您认为哪种组织形式对您来说更好些？为什么？

（6）您认为拆迁改造对您的就业、生活有影响吗？如有，是哪些方面？

（8）您认为村办企业的兴衰对常营人的就业有没有影响？如有影响，主要在哪些方面？

（10）在您的记忆中，您及家人的作息时间发生了哪些比较大的变化？

访谈整理 7（MK）

时间：2010 年 5 月 22 日

地点：居民家中

访谈对象：MK

（1）据您所知，在以前村的发展中经历了哪些大的变化，主要在哪些年（如 1911 年、1949 年、1958 年、1979 年、2000 年等），主要是什么事情引发的？哪些对您及您家的影响比较大？

答：拆迁，对亲情影响特别大。人性的恶劣展现，没有道德底线，与人、与社会都有关系。拆迁款比较复杂，与居民、农民也有关系，有些差 10 万元左右。

环境的变化：以前常营的环境可好了，有湖有河，经常在后河那里玩，游泳、抓鱼，后来变成沟，记事没几年就变成臭水了，好像上游盖了几个场子。有个 CY 制药厂，原 BJ 第四制药厂，建了好多年了，2006 年左右 CY 几个队联系起来找药厂。近些年，得癌症去世的人比以前多，自己有些年轻的同学也得癌症死了，很多以前没有的病现在都出来了，这些与环境污染可能有关系。

（2）请您对以前生活的地方和现在生活的地方做一些描述，比如，现在的小区、公园等在以前是什么地方？在您看来，CY 地区与其他临近地区的边界在哪里？MZJY 社区与其他临近社区的边界在哪里？

答：目前，北京科技大学过去就是 GZ。感觉就这片是 CY 地区，SLP 都不算。小时候六七岁时，还有一大片菜地种菜，自留地，后来承包出去了。

（3）您觉得从以前村的组织形式到现在社区的组织形式对您的生活有影响吗？如有影响，主要是在哪些方面？您认为哪种组织形式对您来说更好些？为什么？

答：没什么影响，只是变个词，不过会觉得更像城里人了。

（4）您觉得社区报对您的生活、交往及宗教信仰有影响吗？如有影响，主要是什么样的影响？

答：社区报觉得也没什么，像《人民日报》，也没什么必要。CY 地区这点地，一发生什么事，全都会知道。社区报就是一政绩。据自己观察，一般就是老年人看报，而且看的都是照片，对内容不关注。

（5）您觉得像北京奥运、新中国成立 60 周年这样的大事件对您及周围人的行为习惯、生活习惯有影响吗？如有，是哪些方面？

答：这说不好，关键还是环境改变，人会改变。

（6）您认为拆迁改造对您的就业、生活有影响吗？如有，是哪些方面？

答：亲情，家庭结构。以前没想过与父母分开，现在也适应了，要独立。

（7）在您的记忆中，（据您所知）清真寺、伊斯兰教与您生活的联系主要在哪些方面？

答：丧葬。生活中基本方面都有联系。对本民族的团结、凝聚力影响大，“惹哪别惹 CY 人，一有事全村人都会帮忙”。伊斯兰教本来是对亲情作用挺大的，比如，孝，但现在好像有些人不那么孝顺老人，社会的影响挺大的。家里有人去世，有时间的都会请阿訇来念经，还有开斋节时会去清真寺。

宗教意识方面逐渐比较少、比较淡些了。比如，每日五次礼拜，父母很少礼，自己也很少礼了。感觉随着经济的发展，一些趋势是会慢慢淡化，不过也可能更强。自己认为是一般越贫穷，宗教越强，越富，宗教越弱。

小时候常去清真寺宰鸡，请阿訇。每周去礼拜寺冲头，那时在礼拜寺冲头、洗澡，一般都是自觉往旁边的乜贴箱里放钱。现在在自己家里洗方便多了。结婚写尼卡哈。

作为一个民族，宗教的要求还是要有，否则不能形成一种强的凝聚力。有些要求比较严格，能流传下来。

（8）您认为村办企业的兴衰对CY人的就业有没有影响？如有影响，主要在哪些方面？

答：八几年有村办企业，集体企业。

（9）您对社区名称的看法。

答：不太清楚。

（11）您的工作经历。

答：CY小学（现在BLAY附近）5年，后来六年级在新地。在GZ二中（建材院）上中学，一半汉族一半回族。后来去北京牛街卫生学校上职业中专，毕业后就一直在医院工作，但先后也已换了四五家，有国有的，有私有的，最近一次是换到CY社区卫生院了，这次换工作是因为离家近。

以前一个班的就两个考上高中。自己周围基本都是回族，有几个汉族也已被同化，他们的习惯都回化了，见到回族忌讳的东西也会感到恶心。

父亲在卫生院干过一阵后，出来养鸡，卖豆腐，后来又回卫生院做赤脚医生，以前培训农民做赤脚医生，那时农民看病很简单，现在医改改来改去还不如那时。

其他CY人生产、生活的变迁：

20世纪80年代末90年代初，感觉种地挣不上钱，都把地承包给生产队，生产队再把地承包出去。以前地里种过麦子、水稻。1987～1994年赶马车帮人拉东西，1995年后换成130（一种大卡车），目前开出租。改革开放前后，家家从八里桥进菜，倒菜卖，还有卖鞋帽、服装等。

“俊小子10年不吃闲饭”，10岁以后就帮家里干活，盖房，拆了盖，盖了拆。基本都是自己盖的房子，门、走线、窗都是自己弄，大活才找人来帮。母亲还卖过布、花生，往周边卖，很少去市区。

原住民与租房人在饮食、噪声、生活习惯方面都会引发纠纷。也有欺生的，整个楼都是认识的，一些外来的或租房的出现在走道乱放东西或吃不干净的东西都可能遭遇一楼人的语言攻击。

CY人身体素质好（常吃牛羊肉），以前还有个棒球队，战绩不错；还有个人进国安踢球的。拆迁款很多人都拿来吃了，大厂养牛都给这里供应了。

每个人都有外号，可以不知道大名但要知道外号。

CY历史人员来源：有抗日战争时期牛街逃过来的，也有插队来的。自己家以前是卖香油的。山东过来的也有。村里也有嫁到牛街去的。现在有些老人去市区还说“上北京”。

CY 这些年变化还是挺大的。CY 附近经常有许多电台、报社的记者在驻，CY 现在经常上报、上电视。

关于城乡差别、市民化：

屋里屋外，从孩子改变。以前自己小时候都到外面玩，现在都在屋里玩电脑，以前人与人交往多些，现在少些。以前土路、红砖，随地吐痰没问题，后来很不习惯。以前过马路闭着眼睛就过了，现在那么多车就不行了。关键还是环境改变，人会随之改变，还有周围人的看法。路以前不好走，都是土，要戴口罩，现在好多了。

农民居民感觉很明显，隔得不远，但感觉 GZ 那边的就是居民，这边的还是农民。主要区别，比如说，与人相处方面，个人想法上，感觉居民比较自私，农民比较野蛮。CY 人与 CY 人聊天跟 CY 人与 GZ 人聊天就不一样。以前 CY 人比 GZ 的孩子上学强，但混到工作后却不如他们了，一直不明白怎么回事，也许就是城乡差异，思想观念问题。现在像自己这么大的人，很多人都没什么工作，或进物业当保安，或进超市。这边的观念和环境，大家都认为在家门口跟前工作就好。有一哥们，29 岁了，一直也没怎么工作，就只是老婆在超市挣点钱。

10～20 年前，农民找不到工作，不给上保险，国有单位不招，现在没那么大区别了，不过要进事业单位带编那种还得有居民户。以前为了居民户，考上了职业中专，认为就是考出去了，乡里还给奖励钱。

这边生活节奏比市区要慢得多，适合老年人生活。

草地、自来水：

草地年年种，没人管理，后来交给一楼，各自管门后一片，可种树，种菜（也许是默认了），这样也挺好，自己种更有保护意识。

自来水不是与市政系统相连的，是抽的地下水，水有味（在单位那边喝的就没味）。以前水是甜的，现在不行了，药厂、垃圾场什么的影响挺大的。垃圾填埋场（在 CYB 路东边），夏天味特别大。WXXT 那边组织过几次维权，但未果。

未谈及的问题：

（10）在您的记忆中，您及家人的作息时间发生了哪些比较大的变化？

MK 的妻子 L 女士的一些情况和看法：

L 女士来自河北沧州市 M 村自治县，离市区半小时车程，北京到沧州动车 1 个小时，普通车 3～4 个小时。他们是亲戚介绍的，认为这样能知根知底。2008 年来的 CY 地区。说到从通县、张湾，河北大厂等地与 CY 通婚的较多。

CY 与以前家里那边相比，在文化氛围上，这边读书看报的多，那边少，而且这边报纸多，办得也好；健身器材设施挺齐全，也好，居民也爱运动健身，公园多、大，自己那边健身器材少，公园也少，想散步都要走好远；不过沧州公厕多，方便，居民楼也有，这个社区公厕少，与朋友在外吃饭什么的想上厕所都不方便，外地人来也不方便。

访谈整理 8（YHL）

时间：2010 年 9 月 10 日开斋节

方式：电话访谈

访谈对象：YHL

（1）节日气氛如何，与往年比，活动的内容、规模上有什么变化？

答：常做礼拜的人很热闹，不常做的人也就那么回事。

（2）节日期间亲朋好友间聚会的多不多，在家里还是饭店，往年的情况呢？

答：聚的少，主要是互相送油香等小吃。宰只羊分肉份，挨家给送去。每年都有在清真寺宰牛羊。一般白事（葬礼）在服务中心办，饭店去的少；红事在饭店的多。白事方面的变化主要是包的乜贴多些了，攀比，多给钱。游坟什么的也包 50 元、100 元的，要在别的地方，比如，郊区，包的乜贴就会少些，有些可能还只有 5 元、10 元的。

（3）一般都在清真寺吗？

答：开斋头几天，每人给清真寺一些钱，有些 5 元、10 元的，现在给的钱比以前多了，以前有 0.5 元、1 元的，近些年多些。

有些人到清真寺会留下一些东西供其他穆斯林取回，如礼品、帽子、肉份，带回的多。真主让你创造财富要与人一起享受。一些办周年的，也有宰牛羊、炸油香的放清真寺门口，下礼拜的可领。

还是老人去的多，年轻人特别是工作的，喝酒、抽烟（这是教忌讳的）什么的都不太好。

很多人是开斋节去做礼拜。

大部分人到老了都还是要奔那里去的，是精神寄托，年轻人基本不去。

访谈整理 9（ARL）

时间：2010 年 8 月 5 日

地点：居民家中

访谈对象：一村村史作者 ARL

与村史相关，如个人工作、CY 行政变迁：

村史从新中国成立前写到 1976 年，后来自己到 SQ 民政科工作就没再写了。在民政上负责婚姻登记、宗教、民族，登记回族、汉族通婚也是给讲讲互相尊重民族习惯，现在回族、汉族通婚的也多了。1981 年到民政科，1984 年恢复乡制时又调回回族乡，在党办、政府办、司法所工作几年。新中国刚成立时叫 CY 回族自治乡，这边就叫 CY 村，还没分成队。20 世纪 50 年代合作化时，政社合一，取消 CY 乡，归 SQ 农场、SQ 公社，叫 CY 分场、CY 大队，有一段时间划入东三队，开始有 4 个街，5 个大队，后来又分成 9 个队，还称过中古友好人民公社，后来又合成 8 个队，CY 大队最多时有 26 个小队。

与宗教、清真寺相关：

以前 CY 地区有 5 个寺，现在这个是大寺，还有东中义学、西中义学（这两个是男的学知识的），以及东女寺、西女寺（这两个是女的做礼拜的）。伊斯兰教认为，男女区别是很明显的，女的应从头到脚都包起来的。

新中国成立后，1958 年宗教改革，想人为消灭宗教，把宗教人士都遣散。1400 年前穆罕默德传下来的，想人为消灭是不可能的。全世界近 10 亿穆斯林。到“文化大革命”时，消灭宗教达到了登峰造极的地步，越压迫越反抗。中央 19 号文件是解决中央对宗教问题的一个文件，提倡信仰自由，重申了一些原则，关于少数民族党员可以遵守一些风俗，但不参加宗教活动如把斋。1979 年又重新建的清真寺，其他几个小寺都没有了，正殿按原样翻改的，增加了女殿。2008 年北京奥运会期间又扩建了。

民族和宗教应区分开来，但回族有些习俗与宗教又密不可分，党员不能把斋、礼拜，那是宗教活动；但开斋节可过，平时的饮食风俗等习俗可遵守。

长期在 CY 地区生活的许多汉族也回化了，有些 CY 人嫁出去，因不吃猪肉而受打骂的也有。

上楼后的适应：

绿化隔离带，把 CY 的地基本都用了，之后基本没人种地。这对就业是有影响的，年轻人从事保安、绿化、保洁等工作。现在“房没一间，地无一垄”。现在从平房到楼房了，窗户之内是自己的，其他都不是自己的，以前划一块地都是自己的。以前下雨要着急看房漏不漏，烧饭的柴火湿不湿，“叫狗、关门、堵鸡窝”，还有扫院子，现在这些都不用干了，没什么活了，现在什么都不做，只能早上遛弯一小时，晚上遛弯一小时，其他都不知道干什么了，有时还做梦在以前的房子。现在这房子虽然住了这么些年，还是没感觉是自己的房子。

以前的房子是 2002 年拆的，大约 1988 年左右建的，正房 5 间，西厢房 4 间。

村办企业，就业：

以前乡办、村办企业很多，能解决本地 90%的就业，一拆迁，个人的企业补偿，乡办、村办的还要等资产量化时再说。高尔夫球场也是出租场地，还有些储备地，CY盖了许多经济适用房，面积在北京算是大的。拆迁前有三个仓储公司，给其他的地方存放东西，比如，给SQ烟厂存储烟，还有食品公司、福利库存放东西。

大概 1978 年，机械化程度高，大部分人都进厂了，几户人承包土地，以 CY 本地人为主，外来的少，一个队二三十户种地。目前，50 岁以下的基本都没种过地。

CY8 村较早地转居了，李嘉诚那时准备来盖类似的经济适用房，后来流产了，就是现在的 HKY。一居都转了户，解决养老问题。其他的还没转户，没保证，600 元根本不够花。

CY 拆迁的事步子太大。

CY 人的就业大致是：新中国成立前做生意；新中国成立后分地，一开始，有些人把地又卖了，一亩地几毛钱卖给一些工厂。

访谈整理 10（G 所长）

时间：2009 年 8 月 17 日、2010 年 1 月 22 日

地点：CY 地区为民服务大厅社保所所长办公室

访谈对象：G 所长

征占地的，最后转居，与城市对接。城乡养老保险，是根据最低生活保障标准来定。农民的社保由乡上出钱，医疗走市上的大病统筹，如果花费太大，乡上再给些补助，以免因病致贫，还有北京的补助。总之，上面有大的政策，下面有小的政策，综合提供保障。

劳动力与就业情况：

农民、居民共 11 000 多人，其中农民 7000 多人，在农民劳动力（农民才称为劳动力）中，女性 16～50 岁、男性 16～60 岁的有 4300 多人。拿 600 元/月的有 1900 多人。2009 年 11 月 6 日，全乡农业人口 7297 人，劳动力 4261 人，劳动力年龄以下（16 岁以下）的 873 人，劳动力年龄以上（16 岁以上）的 2163 人；非农人口三四千人。

在就业方面，真正没就业的还不到 1000 人，这里面还包括一些学生（从上下文所谈的内容来看，这里的数据是指 CY 乡农村户口的人）。这些数据是准确的，因为农民手里有转移就业证，他们一就业就会来这登记，可以领取再就业奖励。区里有就业奖励、岗位补贴，一旦就业就可以申请补贴。社区、区、市三级网络。签一年以上合同，拿上第一个月的保险证明，交了五险的，以前的区 26 号文件规定由 CHY 区和乡两级各负担 50%；今年实施的 15 号文件，对于绿隔（绿化隔离带建设）地区、“4050”人员，农民就业的补助，乡里再给 200 元，已实行 3 年，就业农民可得到 300 元+200 元+五险金补贴，按 15 号文件，五险部分由市政府交了，乡里每年就能减轻 600 万元的负担。五险补贴是给企业，再由企业交（要不然无法保证他们确实去工作了），另外企业用一个人给 3000 元奖励。所以，农民们会想尽办法去找工作，这样他们也就不再怎么挑，差不多就去干了。到 2009 年 6 月底至 7 月初，有 1421 人享受市政府每月 300 元的补贴，还有 970 人享受乡政府每月 200 元的补贴。主要是女 35 岁以上、男 40 岁以上，绿隔地区的（2006 年 6 月以后转来的及外来媳妇都不算）不享受这些补贴政策。

在就业培训方面，每年都有培训，居民参加一次培训给 100 元，参加一次就业指导给 50 元。培训的相关费用，如请老师、给居民的补贴，都是由区农业委员会提供。培训人员由指定学校承担，目前，主要是 BL 庄 CHY 区职业培训学校，培训后会发职业等级证书，与一般的职业等级证书有同等效力。可重复参加培训，许多“4050”人都不识字的，也无法通过。其实打扫卫生、绿化剪草那些哪还需要培训。参加这些培训出来也不好找工作，谁都能干的，没有竞争优势。就那些消防、燃气、锅炉、客车司机的一般培训出来用处还大些，不过这些证也不好考。这些拿上证的，CHY 区农保会给他们报学费，乡里还会再奖励 200 元/人。

每月领 450 元的有 1900 多人，拿区老农保的即五保户有 255 人，区里给 280 元/月（与拿 450 元的是有重叠的）。真正没工作的也就五六百人（劳动力），不过这也是活动的数字，今年这样的就好多没工作的，但也没闲着，如开个黑出租什么的。

社保所每年为居民介绍 100 多份工作，有些干一阵就回来不愿再去了，有些干三四年，也有的只干几个月就回来了。北京这种就业政策是地方保护政策，不过企业用那些人也不情愿，不好管，要求多，宁愿多花钱用外地的人。北京人好面子，不过嘴皮子厉害，做推销什么的应该挺合适，情商高。就业信息主要是与企业联系，企业也来找，还有与邻近的社保站共享信息。

失业人员再就业也有补贴，保险补 1/3，给单位补 1 万元，如果是农民只给补 5000 元，还未转居。与绿隔政策、市征地有关，很难，与其他政策难以对接。绿隔上楼，农民就业没有个人那样的纪律约束等。

与养老保障相关：

关于养老保险，2009 年出的文件，交够 15 年的，也可领，但一般还没有交够 15 年的。城乡养老保险有不同的缴费标准，从 960 元到 7420 多元，可任选缴费档。以前男女 60 岁以上无保障的，每月给 200 元，实行了 1 年多，现在的新农保原来不包括居民，后来他们闹也加上了，才叫城乡养老保险。到退休年龄时没交够 15 年的，连着交，交够了也可以领。如果今年 60 岁的，再交 1 年，明年退休时也可以领，59 岁的还要交 2 年，45 岁的要交够 15 年，所以今年 60 岁的最合适了。明年以后也不行了，要交够。以前的 200 元是什么都不用交，到年龄就可以领。但现在取消了，2008 年 1 月 1 日就停止了每月的 200 元。现在是到岁数交够才能领，后来实行新农保，是 183 号令文件。有个 280 元的公共账户，再加上个人部分。1994 年以前有个视同工龄，1 年抵 1 年，1994 年后就没有视同了，交 1 年才算 1 年。我们国家的养老体制是赔钱的，个人到 70 岁，能领上 10 年的养老金就是赚的了。

转居的刚开始给 400 元，与城市退休个人差很多，他们天天来这闹，只有给他们不断解释。

今年重残家庭所有成员补 95%，往年是只给重残者补，许多人一清户就能拿上钱，乡上补的划到个人账户。跟老百姓打交道，得有利益。

有低保 255 人，残疾 80 多人，家里收入人均不足 410 元。以家庭为单位，比如，一家 3 口人，低保补助可领 410×3=1230 元。目前，计划出台新政策，以后改由村民代表投票决定，有反对的就不能通过。

农民如果上城镇保，退休以后也能按城镇保的领取，有一半左右上的城镇保，一般是在自己单位上的，有单位才行，个人交不了。在缴费上，C 一居的目前是区、乡、个人 442 元，按当年最低城保标准走。男 60 岁、女 55 岁退休，因为交 15 年是 45 岁时，所以小于 45 岁的人就不用补，一年一年交就行。如果 50 岁了，就先补齐 5 年，再接着交，交够 15 年才能领退休金。所以一般是对男 50 岁、女 45 岁以上的而言的，以下的就应再去就业。

养老政策在 2006 年左右有一次大的变动，2008 年之前是老农保，2008 年实行新农保，2009 年开始走城乡居民养老保险，这个要求连续交。老农保还有一个月 8 元钱的呢，新农保出来后就直接合并了。养老上有城乡统一的趋势，很明显，以前农民不能上城保，现在是鼓励农民上城保，他们在找到工作单位后上城保，政府也会给补贴。

城保转农保一年算一年，农保转城保，一年折算成两三个月。目前，CY 地区走新农保的有 2260 多人，主要是 40 岁、45 岁以上的人有补贴，自己全额交的有 100 多人。对接五险的有 1200 多人（有工作的，交城乡养老保险的），各年龄段的都有。

2005 年 CHY 区民政局出的政策，2005 年超转的（超转一般是指转居时男 50 岁以上、女 45 岁以上的人员），当时常营有 98 人，乡交 520 万元给民政局，再由民政局发，给 430 元，以后每年涨，现在是 960 每月，C 一居 1996 年转居时是 280 元的商业保险。从 2005 年后退休的，必须靠缴费年限，以后没有超转人员。

社区工作人员的保险都是走的城镇保，包括打扫卫生的，工资低的，走最低标准，工资高的，按工资比例交。

与医疗保障相关：

利益相关者无权过问，无权支配是问题，没有发言权。找工作、临时救助，老人、小孩、社保。通过网银划钱，医保改革后，以后拿卡划 20%的费就可以了。

新农合参合 4000 多元，发生费用（报销的）2700 多元，这是卫生科负责的事，2008 年的有 5476 人，报销 4700 多元。医保卡在门诊可报。

其他方面：

关于农民素质教育，以社保所的技能、就业培训为主，别的也只搞一些插花什么的，也没多少人参加。主要有法制教育、道德教育、就业形势等。2004 年开始已有 2000 多人参加过，刚开始还不正规，现在更正规了，专门请学校的，如高里庄职业院校。一般是春秋两季，一年 2～3 期，偶尔 4 期，今年集中培训 143 个，就业指导 300 多人，没工作的都有名单，有培训时就发通知到社区，一般通知了都会来，看区里指标，每年可能有 150 人，总的有二三百人，对从未就业者进行培训和指导，还会对一些失业者进行二次培训，以促进他们再就业。

常营的地是北京市征的，但乡还是可以使用一些地，粮油补贴是乡里给发的。丧葬补贴 5000 多元。

整建制转居，是借鉴部队创的词，农民的管理方式变成社区，社区人员按级别领取工资。村撤了，由社区管理，邻里观念变了，公共用地增加，与自家用地不一样。以前院里什么都种，现在不让种。地里干活，干什么、怎么样都行，现在进工厂，会不适应，嫌管理太严，上下班的时间也不适应。农民在就业中反映管理严是一个很普遍的问题，与那些原来在工厂干活回来的人不一样，他们会沿用自己的纪律性。以前有方便面厂、肉联厂、面粉厂（社保所这里以前就是面粉厂的仓库。）

访谈整理 11（Y 医生、H 护士）

时间：2010 年 5 月 22 日

地点：CY 地区社区卫生服务站

访谈对象：Y 医生、H 护士

（1）社区卫生服务站的服务对象主要包括哪些？（社区流动人口是否包括在内，在享受卫生服务时如免费项目和报销等方面流动人口与户籍人口有无区别，如有，在哪些方面？）服务范围是如何界定的，按行政上的社区边界还是按人口，比如，多少人口设立一个服务站？

答：以区域为标准，按地区设一个中心，再下设服务站。主要是打疫苗，感冒发烧的小病，基层人员配置不够。

（2）社区卫生服务站的性质、主要目标是什么？从成立到现在开展过哪些卫生服务活动？

答：由现在的卫生局管，主要是负责保健。

（3）在社区卫生服务站看病的费用能否报销，按什么标准报（能报多少，如诊疗费、药费）？

答：都能报，具体标准看自己参加的保险。新农合，没有底线，但只报一半；医保有底线，报 80%～90%（根据年龄）；公务员公费医疗全报。在社区医院看病报得多，到三甲医院报得就少。

挂号费 1 元，诊疗费 2 元，60 岁以上老人可免挂号费 1 元。

（4）社区卫生服务站的营业时间，有无夜间值班人员？是否为高龄老人、残疾人提供上门服务？

答：服务中心 24 小时有人值班，夜里 3 人值班，有医生、护士；平时按时上下班。服务站没有值班的。有为高龄老人、残疾人提供上门服务的，但负责残疾人康复的就 1 个让你也忙不过来，有些残疾人脾气也大。上级来检查总是占用太多时间，干不了正经事。

（5）如何转诊，从社区卫生服务站转到相应什么级别的医院？哪些病需要转诊？哪些在这里就能解决？

答：先转到中心，不行再转。除了感冒、发烧、小外伤手术，服务站其他病基本都看不了。服务中心有中医、针灸、康复，没有住院的病房。这边还是需要一个大医院，看病还是不方便，一般要去朝阳看，说是以后要开一个三甲医院。

（7）我们这个社区卫生服务站有多少种零差率药品供患者选择？

答：有两三百种，一般是多少钱进多少钱卖，比药店便宜许多，有些限级的药品社区没有。

（8）社区卫生服务站向谁负责，开展卫生服务活动的经费来源是什么？

答：社区卫生服务站向社区卫生服务中心负责，经费向社区卫生服务中心要，社区卫生服务中心归卫生局管理。

（9）我们的家庭医生活动的开展情况和作用如何？（如培训了多少家保员，在哪些病种上能发挥作用？）

答：可能建有健康档案，但不太清楚，只是应付检查。

（11）社区卫生服务站的人员构成情况：

人员	性别	年龄	民族	教育程度	职称	来源（①实习生；②大医院下来锻炼的；③聘请坐诊；④其他）	是否为常营居民	从医时间	是否有编制
1	女				站长	陆医生			
2	男					李医生			

续表

人员	性别	年龄	民族	教育程度	职称	来源（①实习生；②大医院下来锻炼的；③聘请坐诊；④其他）	是否为常营居民	从医时间	是否有编制
3	女					安护士			
4	女					护士			
5	女					护士			

注：在职称处需注明全科医生、护士、工勤人员；在来源处注明在此的服务期限；服务站一般就五六人，两个医生，两个护士，一个收费，一个药房。服务站的都有医师资格。编内的工资卫生局给，编外的医院给。护士一级科室收入都不高，且医院收入与个人收入不挂钩

其他内容：

应加强医生的能力，光宣传保健起不了作用。关键还是治疗看病，但目前待遇太低。

国外，医生的工资由保险公司出，患者交保险，看病少，工资高，医生上门服务控制病情，三方都有好处。但我国目前的机制则三方都没什么好处，得好处的是第四方，即药厂、医疗器械厂。

在 CY 地区，4 个服务站加服务中心不到 100 人，管这么多人，小孩看病、打针、打疫苗（主要是保健科）都忙不过来。

未谈及的问题：

（6）目前，持有“绿卡通”的有多少人，主要是老人还是已扩展到其他人群？

（10）今年上半年我们服务站上门服务人次、门诊量如何？2008 年 8 月成立以来的情况如何？

（12）您以前在哪个医院工作，您觉得在社区卫生服务站与大医院相比，工作有哪些区别和特点？在工资待遇方面差异大不大，对工作积极性有无影响？

访谈整理 12（AZJ）

时间：2010 年 6 月 9 日

地点：CY 地区 MZJY 社区

访谈对象：MZJY 社区宣传干事 AZJ

（1）社区内社会组织情况。

①太极拳太极剑健身操队；每天早上都有几个领队，在公园里练，然后会带动一批人跟着练，他们一般都是自己自费出去学一些，然后回来互相教、互相学的。社区成立后，给他们提供光盘、音乐、音响。

②合唱队。

③星期一乐队。这个乐队是以商业形式存在和运作的，他们主要是在酒吧表演。不过他们

中的主要成员都是与常营女性结婚后，就留在 MZJY 社区的，所以也算社区的组织，他们大约是 2007 年进入本社区的。

④管乐队。成立于 2003 年。

⑤交谊舞街舞模特队。成立于 2007 年。

⑥空竹队。成立于 2007 年。

⑦舞蹈队。成立于 2001 年或 2002 年。

⑧快板队。成立于 2002 年。

⑨书法队。

⑩陀螺羽毛球队。成立于 2007 年。

⑪花毽队。成立于 2009 年。

⑫乒乓球队。成立于 2009 年 5 月。

⑬京剧队。成立于 2009 年。

⑭象棋队。

⑮健身队。成立于 2007 年。

⑯少儿才艺班。成立于 2009 年。

（2）组织的成立：除了舞蹈队是倡导成立的外，其他都是自发成立的。

（3）组织经费来源：①基本都是组织成员自费；②但有活动时居委会都会给予一些支持，比如，租服装、请一些指导老师等；③CHY 区政府每年都会给活动经费支持，这个经费拨到社区，各团体有活动时，打申请，批下来就会给一些经费。（谈到这里时，文化团体的副负责人进来，安委员提到这次“七一”活动，要求出了节目就要打响，计划上一个“四渡赤水”的合唱，与鑫兆家园合作表演回族舞蹈）

（4）组织基本都只是在居委会备案，没到哪里登记过。

（5）社区社会组织基本都没有书面章程。

（6）目前，各组织的活动场所，有些在社区活动中心，如合唱队、舞蹈队、书法队、京剧队，有些在常营公园，如太极拳太极剑健身操队；交谊舞街舞模特队；空竹队；陀螺羽毛球队；花毽；健身队（主要是“赵之心——健康大步走”的练习）。

有些既在社区活动中心也在公园，如管乐队、快板队、乒乓球队（一般上班族是晚上到活动室，小公园的是自由玩的，在公园有乒乓球案长廊）。

其他：星期一乐队是自己找活动场所；少儿才艺班是一个收费的培训班，但如果社区有活动需要少儿进行才艺表演时，可以找他们安排，他们一般都挺配合；象棋队，目前并未正式组队，还没有负责人，但参与的人挺多的。

从 2009 年 9 月开展了小空竹、花毽走进常营民族学校的活动，由这些队的主力队员教孩子们练习。

（7）各组织开展活动的范围。

各组织开展活动的范围主要在本社区内。

（8）社区社会组织在社区中的影响力状况。

社区社会组织在社区中的影响力比较大。

（9）社区社会组织在社区建设中的作用如何？

社区社会组织在社区建设中的作用比较大。

（10）各社区社会组织间的联系的情况。

组织间的联系较少，不过有些有交叉队员，比如，合唱队的，他们的人员最多，以马老师为主（马老师是退休音乐教师，比较热心）。

（11）您感觉社区社会组织在发展中的困难主要是什么？

答：第一，资源不足，经费不足。比如，舞蹈队排练新的舞蹈需要老师指导，但地区没有找到合适的老师来教；别的地方，比如，市文化交流中心倒是有志愿者，但我们这农村地区，大家学舞学得较慢，志愿者也无法长期到这里来教，我们这也较远。总之，我们的这些文化团体要发展还是有困难的，只能是维持住，让有兴趣的居民可以参加。第二，居民在参与方面热情还是挺高，但问题主要是太不稳定，时来时不来，毕竟是自愿参加，自发组织的，约束性小，也没什么管理可言。第三，目前的社区文化活动中心还是太小，周一上午、下午、晚上都有活动安排，周一到周日都是全排满的。

（12）社区与社会组织的关系。

要开展活动或组织比赛时，社区通知团体负责人，让他们召集人；各团体有什么困难可以找社区来解决。

（13）您对社区社会组织今后的发展有什么设想？

答：今年想打短、平、快的项目，如回族女性打快板。

社区文化活动中心情况：

（访谈过程中，有其他工作人员要统计社区文化活动中心的设备，顺便记下。）目前，MZJY 社区文化活动中心有 80 把椅子、数字电影放映设备、空调、乒乓球案子、铁柜、DVD 等。

活动中心一般是由各团体给社区提出申请，通过到社区领取钥匙才能去那里活动。乡里给了数字电影的设备，计划每月（看不清当时记的是每月还是每周了）放。

活动中心有 120 多平方米，可容纳 80 人开展活动（如看电影）。

访谈整理 13（Z 主任）

时间：2010 年 5 月 21 日

地点：CY 清真寺管理委员会办公室

访谈对象：CY 清真寺管理委员会 Z 主任

外宾，在附近住的，大使馆那边的也经常来这礼拜的有几十人，南下坡那边清真寺在改建。本地 7000 多固定户口穆斯林，还有 CHY 门、SQ 的穆斯林也来这里请阿訇。随着地铁的开通，更多房子建起来，会有更多回族人来这里。以前 CY 回族乡 11 个村居，一撤村，乡体制改变了，以后外来人口会更多。

两边是冲洗房，要先冲洗再进寺。横冲直撞的不让进，一直坚持“谢绝参观”。为确保清真寺安全，人员复杂的时候，要注意。真正的穆斯林来做礼拜的都是可以进的。

（1）清真寺管理委员会是从什么时候开始设立的？请谈谈从明朝到现在清真寺管理的变化？

答：改革开放前，清真寺没有固定工作人员，主要是尽义务，那时人少。

清真寺管理委员会实施管理形式从2003年、2004年开始，2002年扩建，2004年完工。规模上有了发展，管理上也要跟上。以前老的传统的管理样式就不行了，以前都进殿做礼拜时，外面就有人进来偷阿訇的东西。而且以前也没这么多电器，这些需要人来管理，操作，大殿有24小时监控。以前清真寺规模也没这么大，而且现在人多，人流动性大，派出所都从几人增加到几十人了。另外，都住高楼，也不好管理，人员更复杂了。按传统，清真寺是不能有站岗的人，以前寺里主要就是灌水的师傅和阿訇，但那已不符合现在的形势。人多，没人管不行。别的清真寺按伊斯兰教协会要求，有些规模小的，也不需要这么多人的。

（2）清真寺的修缮、维护情况如何？

答：都是乡政府出钱，这也是常营乡的一个窗口。以前有一次是写乜贴，乡政府和 CHY 区宗教局再分别给一些。一般不允许别的清真寺来这里写乜贴，他们要翻建清真寺让这里的教民也出乜贴，但来做礼拜的一般都是老年人，本身也没多少钱，有些还是子女供养的，所以一般不让在这里写乜贴。（调查那天是主麻日，有个自称是某地地方的要建清真寺来这里写乜贴，说是经过丁阿訇介绍的，开始清真寺管理委员会的人不同意，后来也没办法，他们就在清真寺门口搭了个台，让来做礼拜的人写乜贴，很多老人都给了钱。）

（3）清真寺管理委员会的性质是怎样的？（如是民间组织吗？）清真寺管理委员会的职责、功能是什么？（比如，清真寺旁边的饮食一条街是否归清真寺管理委员会管理，如租金的收取等，伊斯兰节日的组织、节日活动的开展等？）

答：清真寺管理委员会起桥梁、纽带作用。清真寺管理委员会就是管理宗教事务，清真寺管理行政事务（一年两次消防训练。把教职员工、阿訇都组织起来学习消防安全知识）。每年一次朝觐，每天五时拜，清真寺管理委员会就是为这些活动创造条件，提供服务。清真寺是宗教活动场所，在清真寺范围内行事，超过清真寺的要与相关部门协商。清真寺管理委员会严禁阿訇搞帮派，要化解矛盾。以前轰过一个阿訇，就是拉派，争夺乜贴。开会时经常跟他们说不要这样。以前还有个阿訇，叫一帮乡老与清真寺管理委员会作对。

清真寺财务是正规管理，有会计、出纳。清真寺土地所有权没转居之前都是集体所有，新中国成立前有400多亩地，新中国成立后都归国有，这个寺传下来500多年，养寺、养阿訇。乜贴箱，几个月一满，捐给抗旱赈灾的款，这两个月也有 1.6 万多元了。还有法定拜会也就是穆圣的女儿时，一些纪念日都会来给清真寺捐乜贴，出几十、几百、几千元的都有。外地来要乜贴的，给个500元什么的，对社会赈灾，国家有个什么需要，清真寺都捐几万元什么的。对无儿无女人的发放补贴，提供一个墓坑，其他的残疾人都由政府民政给，如有特别困难的到清真寺来了也会给。

（5）在居民的出生、成人、结婚、丧葬等活动中，清真寺发挥了怎样的作用？从什么时候开始有一些变化，主要是哪些变化？您如何看待这些变化？

答：起经名的还都来，办入教手续要来，还有结婚的要写尼卡哈，获得穆斯林内部的认可。当然也要符合婚姻法的规定，比如，男 20 岁、女 22 岁后结婚。关于成人礼，男 16 岁、女 14 岁时举行，而割礼已经没有了。

（6）清真寺管理委员会与阿訇的关系如何？各自负责哪些方面？目前，有几位阿訇，分别负责哪些方面？开学阿訇是由清真寺管理委员会来聘请吗？目前的开学阿訇在 CY 清真寺多少年了？

答：清真寺管理委员会，对于清真寺和服务中心 Z 主任都管，主管财务。D 阿訇是掌教阿訇，清真寺管理委员会副主任。W 副主任主管服务中心，以及穆斯林丧事。

阿訇以前是聘用制，一般 3 年到期。现在有伊斯兰教协会这样正规的组织管理阿訇。阿訇都有资格证书的，有学历，教经学院毕业，二三十岁以上，有一定阅历。阿訇没有退出制，D 阿訇 50 多岁了，以前的 Z 阿訇是 78 岁时让贤而退出的。阿訇一般是由区伊斯兰教协会派出，清真寺管理委员会管理，主要是给他们开会，管理他们的生活问题等。CHY 区有 9 个清真寺，只要阿訇不犯错误，受到穆斯林的好评，就可以长期做，除非工作需要，可能会被调到其他清真寺。D 阿訇是 2007 年年底过来的，有两年半了。LH 阿訇老家是东北的，在这待了 17 年，以前是挂账阿訇，（老挂账不行）后来到北京市教经学院进修，2007 年毕业后取得资格证书转为正式阿訇。YB 阿訇以前是河北沧州的，从 YZ 清真寺调过来的，是 CY 地区的女婿，待了四五年了。YZQ 阿訇是河北的，2009 年年初从小红门清真寺调过来的。LXL 阿訇是河南的，2009 年年初来这里。J 阿訇，本地人，2007 年来。阿訇的任期时间长短取决于穆斯林群众、清真寺管理委员会和伊斯兰教协会。原来有 5 位阿訇，2009 年 1 月退了一位老资格的阿訇。以前一般 2 个阿訇，现在人多，经济条件也好了，要了的事多，出舍也多，比如，宰头牛，一人分一份。

在具体管理上，阿訇面向穆斯林群众，带拜五时拜功。阿訇是宗教职业者，是穆斯林的师长。北京市对阿訇也有专门的规定和要求。而清真寺管理委员会负责管理清真寺的日常事务，组织安全、防火、防盗、防暴等活动，以及重大节日的保障工作，如奥运会、60 年国庆等都有安检任务。今天是主麻，平时到处都有保安的。一年两次消防训练，把教职员工、阿訇都组织起来学习消防安全，夜里三个值班的，做完礼拜就要拉闸限电。CY 清真寺是全国百所模范清真寺之一，是窗口。

目前，清真寺共有 6 个阿訇。D 阿訇是掌教阿訇，此外还有 5 个阿訇，负责葬礼、洗埋台、念经、七日游坟（100 天、周年都要游坟）。本地 7000 多固定户口穆斯林，还有 CHY 门、SQ 的穆斯林也来这里请阿訇。随着地铁的开通，更多房子建起来，会有更多的回族人来这里。

乜贴，给清真寺的归清真寺，给阿訇的归阿訇个人。对阿訇是管饭，每月 800 元补贴。政府补贴，乡政府一年给 50 万元，付给 6 个阿訇加保卫人员、保洁人员及服务中心等 30 多人补贴（Z、W 等人还不算在此，他们拿乡里的工资）。洗埋台的有 4 人，两男两女，还有管卫生、管水房的寺师傅，管宰牲的刀师傅。办事、了事、大节时才是阿訇宰。

（7）清真寺管理委员会与穆斯林服务中心的关系如何？

答：服务中心隶属于清真寺，都离不开阿訇。在服务中心办丧事，一天 500 元，包括场地、电、煤气费等，基本是赔钱的，服务中心就是服务的，提供条件的（跟 LGQ 一样，那边的回民公墓是全市都可去的）。

（8）平时礼拜有多少人，主麻日呢？开斋节呢？

答：以固定地人口为主。斋月时每天五六百人，主麻也五六十人，大开斋时能达到 2000 人，外面都站好远。

（9）关于社区名称。

答：2002 年或 2003 年时改用现在的名字（MZJY 社区），到现在 8 年。再改成回民小区、回民新村就特别费劲了，乡政府也不是非不改，各届政府有自己的任务，会给各种工作带来麻烦，如收信、车站等，但老人们不理解。应该在宗教意识、道德品质上下工夫，对子女教育多下工夫，灌输思想。自己的儿子一开始找的汉族，生活习惯有许多不方便，女方可随，但女方的亲戚不可能随。名字只是表皮现象，关键是练内功，年轻人什么都吃的是家长的教育有问题。清真寺很重要，在寺里阿訇讲经宣教，讲宗教意识。从这届清真寺管理委员会开始每天晚上办讲经班，已经办了六七期了，管庄、双桥的都有来参加的。要增强自身素质、增强民族气节。回族爱国、爱党、爱教，《古兰经》上有规定，要爱教，爱国。

当时命名，有民族小区、民族苑、回民小区、回民新村、MZJY，让大家讨论选择的，自己那时在六队当书记，征求意见开村民代表大会，讨论后定的名字，乡里都有备案，有代表签名的，但那些老人不明白。给乡老（乡老是经常做礼拜的人，教门）讲，让他们把自己的宗教知识传给下一代再传给下一代。有些人也可能不仅为名，还别有用心。大多乡老还是挺知足的。

广大穆斯林对现在的生活基本满意，心理服气，个别还是有问题的。改名几百人签字，想让后代知道这里是回族社区，对后代有个提醒，并用回族社区约束其他民族的习惯，但这恐怕起不了太大作用。改名还有一个影响问题，这一改别的地方要了解各方面的想法，如对穆斯林的认可问题。伊斯兰教是个卫生的、科学的宗教。如非典时，这边就基本没有。不吃杂食、乱七八糟的东西，得病少。

（10）清真寺管理委员会人员的产生及构成情况。

成员	性别	年龄/岁	民族	教育程度	职务	简介	是否为常营居民	任期/年
Z	男	61	回	大专	主任	1966 年初中毕业党校大专，只礼主麻	是	5
D	男	50	回	本科	副主任	经学院本科	住管庄	5
W	女	52	回	大专	副主任	兼职，管穆斯林服务中心	是	5

续表

成员	性别	年龄/岁	民族	教育程度	职务	简介	是否为常营居民	任期/年
H	女	40多岁	回	初中	委员	寺师傅，管卫生	是	5
Q	男	53	回	初中		负责安全	是	5
X	男	63	回	初中	委员	乡老	是	5
A	男	48	回	初中	委员	管安全，五功全做	是	5
Z	男	48	回	大专	委员	社区	是	5

清真寺管理委员会组成人员的产生途径是由政府、伊斯兰教协会推荐，征求乡老的讨论意见，再选举产生。任期由 CHY 区伊斯兰教协会规定，以前是 3 年，现在是 5 年。目前，清真寺管理委员会中 D 阿訇是区伊斯兰教协会会长、委员，Z 主任是区伊斯兰教协会副会长（区伊斯兰教协会有 5 个会长，CHY 区有 7 万多回民）。对清真寺管理委员会成员的要求如下：是回族，不抽烟，不喝酒，有教育，信仰要正，热心为穆斯林服务，不应有私心。

清真寺管理委员会有 8 个人，当时选上 9 个，有 1 人没干。市伊斯兰教协会规定不超过 60 岁，2008 年年底自己 59 岁。有一段时间还有一些六七十岁的来要办公室。这个位置不好坐，既要顾全大局，又要照顾寺里和群众。

（11）本清真寺与其他清真寺及国外的交流情况如何？

与西城、东城、丰台、区里的伊斯兰教协会有交流，他们也来这里参观学习，一年也有几回。朝觐 CY 地区去年 8 个，CHY 区超过 10 个，全北京市才几十个，CY 地区的人还是富裕。去一次至少要 5 万元，可能要交 3 万元办手续再加自己的路费。有些报了名也没批，岁数大的有毛病的，也不让出去的。按规定是走着去，现在交通工具发达了。

其他内容：

关于封斋，穆斯林都应封斋。身体确实不好的可以不封斋，无故不封斋的要罚，过去罚一个月粮食，现在不能封斋的，认识到的就捐乜贴；有些认识不到的，也不管，把不把斋两可，年轻的也没办法，他们不懂这个。看宗教意识如何，CY 地区这方面的意识比较强，历史悠久，以固定地人口为主，这是个教派特别认真的地方。斋月时每天五六百人，主麻也五六十人，大开斋时能达到 2000 人，外面都站好远，民族政策也宽松。不像“文化大革命”时期，那时自己刚初中毕业，1978 年改革后，1980 年才恢复落实民族政策，为信仰提供条件。历届清真寺管理委员会都由乡政府派出，乡政府、CHY 区、伊斯兰教协会推荐，再走程序。

《古兰经》有 1400 多章，通过穆圣回忆，然后才有《古兰经》。小净后才能进殿，在殿里脚流脓、放屁都不行。

个人到清真寺管理委员会后才经常参加主麻、礼拜，是为了工作方便。

未谈及的问题：

（4）村管理体制和社区管理体制对清真寺在教民中的作用有无影响或变化？如有，在哪些方面？

附录 B　DW 社区访谈记录整理摘选

访谈整理 1（DWXNXWC1）

时间：2007 年 1 月 15 日

地点：居民家中

（1）访谈对象基本情况。该户有 5 口人，汉族，男 62 岁，女 56 岁。三层楼，家中有三个女儿，其中两个已经结婚。但征地时间比较早，所以补偿较低。家里 5 口人，每人 7 分地，共 3 亩多，补偿 9000 多元，人头费每人 1.5 万元。

（2）公共基础设施。水电费以前是交到村里，现在归电力公司和水利所，费用较以前贵。门前的便道较以前好了些。暖气还是自家烧小锅炉，卫生费要交而且有专人清扫，但是卫生主要是自己家打扫，公厕主要是自己家的，排污不好。因为同巷道的居民和排污处的工作人员发生争吵，导致该巷道的排污管道到目前还没有彻底整修好。

（3）社保。集体在撤村建居时，为达到年龄的村民买了养老保险，男满 60 岁、女满 55 岁便可以拿到 360 元退休金。两个孩子都在外面公司应聘，公司不一定安排内部子女工作。

（4）教育。该村没有自己的学校，所以撤村建居没有产生太大影响。子女也大了，没有太多的教育问题。

（5）其他。村委会成立股份有限责任公司，村民都分有股权，男主人分得 3 万多元，妻子拿 1 万多元，两个孩子分得四五千元，分了三次红利，分得 2000 元左右。对公司的组成人员有很大意见，工作人员和以前村委会的领导基本没变。还有 NXW 的挂牌过程也很不民主，村民意见极大，很伤害村民感情。自建房的建筑问题，每家只能建两层，房产证上写着“超层建筑”，据说补偿时只折价一半。房屋的管理费 400 多元，卫生费每人 36 元。该村村民的党组织关系现转入公司，公司的活动有，却很少。

访谈整理 2（DWXNXWC2）

时间：2007 年 1 月 15 日

地点：居民家中

（1）访谈对象的基本情况。该户有 5 口人，汉族，男 66 岁，女 54 岁。二层楼，家中有两个女儿、一个儿子，其中两个已经结婚，孩子的教育程度都不高。家里以前有 2 亩地，人头费每人 1.5 万元。儿子的安置费 1 万元，由于村上说安排工作就不给了，后来去塑料厂没多久就又回来了，工作也没有，钱也没了。

（2）公共基础设施。水电和以前一样，都是自己交钱。暖气还是自家烧小锅炉。卫生费要交而且有专人清扫，但是卫生主要是自己家打扫，公厕主要是自己家的。没有什么娱乐活动和设施，治安、卫生都归 HJS 前街居委会管。路灯是市上安的，治安也是市上的人治好的。

（3）社保。可以拿到 360 元退休金。两个孩子都在外面自己挣钱，还有小女儿给别人站柜台，公司不安排内部子女工作，全家基本都住本楼。医保只有住院报销，平时挂号买药不报销，而且住院报销还有一部分要自己掏钱，觉得还是很贵。

（4）教育。子女没有受到太多教育，文化程度不高。

（5）其他。股金有五六万元，红利分了两次，1 万元分 100 元。其认为公司的组成人员有裙带关系，工作人员是以前村委会的原班人马，没有通过选举产生。家里条件很困难，老两口生病都没钱住院、看病。来收房屋管理费和房租税时，意见很大，和工作人员说后，只交了 100 元。

访谈整理 3（DWXNXWC3）

时间：2007 年 1 月 15 日

地点：居民家中

（1）访谈对象的基本情况。该户有 4 口人，汉族，家中有两个儿子，其中一个刚当兵回来，一个已工作。由于男主人是本村村民，女方嫁入户口仍然是城市的，两个孩子也随母亲，户口都没有落在该村。

（2）公共基础设施。水电费现在自己交钱，电费每月去银行交，水费去大队部交，有固定的时间，水电不经常停。有专人清扫，但是卫生还是很差，乱丢垃圾仍很严重。治安较以前好多了，这里人口密度大，流动人口多，不是很好管。巷道里的路灯是市上安的，暖气自己烧。

（3）社保。社保、医保是单位买的，和村里没什么关系。一般生小病去服务站，大病会去医院。

（4）教育。据说附近有房客的子女去上学，要看暂住证，还要依据房号收跨区费，单号不收双号收，并影响到了自己的房屋出租情况。

（5）其他。原来还有评选“五好家庭”“卫生庭院”等活动，现在少多了。

访谈整理 4（DWXNXWC4）

时间：2007 年 1 月 16 日

地点：居民家中

（1）访谈对象的基本情况。该户有 4 口人，汉族，家中有一个老人、三个孩子，两个女儿，一个儿子，孩子都成家了。老人身体不好，经常买药、看病要花钱。

（2）公共设施建设。水电都比以前贵，和以前一样，都是自己交钱，并不经常停。暖气还是自己家烧小锅炉，卫生费要交而且有专人清扫，垃圾转运站修了两年还没修好。家里电视可以收到很多台，比较清楚，没有安装宽带。坐车比较方便，出门有公交车。路修过，还可以，当时没有交钱。公厕主要是自己家的。没有什么娱乐活动和设施，希望能丰富些。

（3）社保。撤村建居时买了社保，现在还是比较有保障的，可以拿到退休金。孩子都在外面自己挣钱，比较孝顺，都是他们买药给自己。一般看病去正规医院，还勉强可以承受，在二院有“慢病卡”，自己充钱，没有买商业保险。

（4）教育。以前孩子在大湾乡小学上学，不是很方便，现在孩子都大了，孙子在市里上学，也比较远。其认为学费较以前贵了，男女上学都一样，孩子应该接受义务教育，都希望上大学，学校的教学质量还可以。

（5）其他。以前的老年活动室被公司的人拿去赚钱了，所以没场地，不合理。

访谈整理 5（DWXNXWC5）

时间：2007 年 1 月 16 日

地点：居民家中

（1）访谈对象的基本情况。该户有 4 口人，汉族，家中有两个孩子，都在上学，一个上大学，一个上中学。男主人身体不好，经常住院，花销较大。

（2）公共基础设施。水电和以前一样，变化不大，并不经常停。暖气还是自家烧小锅炉。卫生费要交而且有专人清扫，但并不好，有些人素质不是很高。没有安装宽带，坐车比较方便。公厕主要是自己家的。没有什么娱乐活动和设施，现在的人都挺冷漠的。

（3）社保。撤村建居时买了保险，孩子都还小，退的钱太少，对以后较担忧，还是有地心里踏实。没有买商业保险。

（4）教育。孩子在市里上学，也比较远，认为学费较以前贵了，男女上学都一样，孩子应该接受义务教育，都希望上大学。

（5）其他。青苗费还没有补偿，大概村里有 1/3 的人没有领到，很不公平。做领导的和普通老百姓差别太大，有意见，当时 NXW 撤的时候挂牌大会有武警阻止村民进会场，村民的意见极大。

访谈整理 6（DWXNXWC6）

时间：2007 年 1 月 15 日

地点：居民家中

（1）访谈对象基本情况。夫妻二人，有一个女儿，在上大学。

（2）公共基础设施。水、电、下水都是正常的，垃圾费每人 3 元，冬天巷子里的雪自己扫，自己烧的小锅炉。房子不征购，保持现状生活会好些，要是房子征购了，每月的收入就没有了，就只能靠死钱过日子了。集中供暖后，担心房子租不出去。暖气费每年的开支太大，用小锅炉供暖，每年 400 元就够了。闭路电视也是正常的。娱乐：村上以前有老年活动室，现在没有了，社区也没有。村里也没说以后再开。

（3）社会保障：①对老人来说，每月 360 元，每年工人的工资在长，但是养老金为啥不长。对中年人来说，他们已经交够 15 年了，可以不交，到现在已经交了 18 年，但是将来能拿多少不知道；从 1983 年开始实行包产到户，对村里的一些人来说不公平，例如，有的有地，嫁出去了，现在反而没社保；而娶进来的媳妇，无地，却有了社保，另外，新来的人员，把户口落在村里的，但是并不知道是怎么成为村里人的，却有社保。②在医疗方面，老人住院，2006 年 5 月花了 5 万～8 万元，报销了 3 万多元，社保的工作人员到村里来上课，说是改后，承诺要涨，但是没涨。③商业保险。撤村建居前，就访谈对象自己购买了商业保险，已经有 9 年了，这是 10 年期限的。

（4）教育。孩子上学前后没有变化。

（5）就业。在股东代表中，部分能闹事的，弄到公司给职务，公司建立后，有些职位并不提供给村民，形成了“村里有人能干，村里没人不能干”的局面。

（6）其他：①公司。公司什么样的保证也没有，干亏了也不承担责任；在公司成立的时候，包括公司的董事曾经提过公司经理外聘，但被拒绝。村民认为，经济应该留有一定的保证金，万一公司经营失败，监事会的成员是由股民代表组成的，而股民代表也是拉选票，保证要给股民什么利益，但是当上后，就和公司一起了，也不为村民说话，所以，村民也无法了解公司的情况。公司里干部都是原来村里的干部，一共分两次，夫妻一共拿到了 800 多元。②20 世纪五六十年代成立了农村合作社，家里也集资了一些钱，村民要求以 1∶3 的比例进行退股，只退了 1000 元和相应的股金，还剩下 1000 元没人管，未退钱也没折算成相应的股份。③房屋费和税。按照房租收入的 6%进行收取，但是有了钱就交些，没钱也交不起。收税人员按照 12%提成，而且报纸上说，TS 区的房屋出租谁没有交给国家，返还给社区做基础建设，也没看到。前段时间，居委会扣押证件办理暂住证，说不交钱就不给发，后来市里的公安局知道后，向街道要回了证件。

访谈整理 7（DWXNXWC7）

时间：2007 年 1 月 16 日

地点：居民家中

（1）访谈对象的基本情况。夫妻两人，两个儿子，大儿子没工作，小儿子上高中。

（2）公共基础设施。水电都是一样的。①供暖。自己烧的小锅炉，要是集中供暖，费用太高，承担不起，房产证、土地使用证也办下来了。②路。门口的路是在撤村建居前修的，但是修水管的时候把路挖开，也没修好。③垃圾。把垃圾放在门口，垃圾应该是每天都清理。

（3）社会保障。主要是医疗保险和养老保险。村改居时，用补偿的钱买了两年，但是其儿子没工作，也没法继续交；两个人的医保还继续每个月去交钱，但是养老保险没钱交了。关于养老保险，承诺按照工资涨，但也没涨。商业保险没买（医疗保险无继承权，商业保险有），有经济能力再买。

（4）教育。孩子上学，没交跨区费，小儿子上高中，成绩就差几分，每学期交 2500 多元。

（5）就业。社区上也没有相应的培训，年纪大了，还有院子要照看，也忙不过来，去年在东环市场做生意，也赚不上钱，就是因其儿子工作的事挺闹心的。

（6）其他。关于补偿，1 亩多地还没给青苗补偿费，地里没出苗，但是因为地前面盖房子，把水给挡住了，应该给补偿。关于公司，夫妻两人总共有 3 万多元入股，前年分了 2%，今年说是要分 3%。关于看病，一般自己买药吃，买的多了用医疗卡。其期待是：儿子的工作能解决，生活环境也就这样了。

访谈整理 8（DWXNXWC8）

时间：2007 年 1 月 16 日

地点：居民家中

（1）访谈对象的基本情况。父母二人，两个儿子，父亲为原 NXW 村书记，两个儿子做生意。

（2）基础公共设施。①锅炉。自己烧的小锅炉，认为集中供暖，价钱太高了，自己烧比较划算。水、电费都交给水电公司，按月交，停水、停电的现象很少有。②卫生。这里的卫生差，尤其是巷道的卫生，每天晚上，回收垃圾的炼铜，气味特别难闻，都不敢开窗户。③路。巷道的路是村里修的，现在坐车也很方便，新开了 304 路。④娱乐。以前村里有老年活动室，也定期召开党支部会议。

（3）社会保障。医疗保险和养老保险都办了，母亲 60 岁了，已经领了几年了。父亲明年就可以领了，这些政策对老年人挺划算的。老人受益，儿女也受益。关于商业保险，两年以前自己买了，但是没继续交，社保、医疗还是继续交。撤村建居的时候说，随着物价的上涨，养老金是要涨的，但是过了两年多，也没涨，上个月说是要涨，但是也不知道调了没有。

（4）教育。上学的时候也没交过跨区费。

（5）就业。1990 年开始，在开出租车，现在把车租给别人开，自己做点生意，社区也来调查居民的情况，但是没有组织过培训，对年轻人应该有这方面的培训。

（6）其他。关于公司，父亲以前管党政，参加董事会，现在在公司上班，去年分红加补助自己一共得了 280 元，今年可能要发 1%的补助。其期待是：顾虑也没有，就是希望生意越来越好。

访谈整理 9（DWXNXWC9）

时间：2007 年 1 月 15 日

地点：居民家中

（1）访谈对象基本情况。女，汉族，老年，有 7 个孩子，4 口人常住这边。自建房，有房产证（最近收上去换土地使用证还没有拿回来）。

（2）公共基础设施。①自来水。自来水与市区一样供水正常。②电。与市区一样了。③供暖。房东房客都是烧炉子取暖。集中供暖对治理污染是好事，但交 22 元/平方米的暖气费房租就得降了，要不然就租不出去了（自己才收 8 元/平方米的取暖费）。④巷道、公交。以前队上修的路。⑤娱乐健身设施、活动中心。以前村上有活动室经常去，现在被公司卖了，什么也没有了。⑥卫生。垃圾费半年收了 60 元。垃圾都倒路上，有人统一来拉。

（3）社保。没有。360元领上了，但根本不够花，正在等年底分红过年，今年可能没有了，去年两口才领几千元。

有医保卡，可报销。自己有心脏病（拿出来一叠以前检查拍的片子和大堆大堆的药），住了 6 次院，花了 1 万元，自己只用掏 3000 元。卡上一共 2000 多元，现在卡上没有钱了，只剩 900 多元了，都不敢去看病了，一住院要花的钱太多了，光平时买药也要花好多钱。最近还把手摔成了粉碎性骨折（挽起衣服让我们看她还打着石膏的手），其老伴也有病，看病还是很发愁的事。虽然可以报销，但只报住院费，门槛费还得自己掏，而且光拿药报不了。

听说儿子买的是商业保险，她自己不太懂。

（4）其他。房屋出租税去年交了1000多元，今年交了380元。有些人都不交，他们乱收费，有些交 300 元、700 元的，收税的人自己家的就不收。来说了好几回，大儿子那边房子的交了（他们刚结婚没那么多钱）。如这边有3间房，认为他们欺负自己不认识字，随便点名，说等女儿回来帮忙看，他们又不留下名单。本来就没什么收入，就靠房租生活了，房租没收多少，但要交的税很多。

现在自己这么多病，看病都没有钱。

访谈整理 10（DWXDWC1）

时间：2007 年 1 月 18 日

地点：居民家中

（1）访谈对象基本情况。夫妇俩（没有小孩），维吾尔族，老年，原 DW 村四队。男主人（77 岁）现在没工作（原来打工），有哮喘病，去街道找街道说他们有房子就不管。自建房，旧房子的房产证在乡上。新房子的房产证要另交钱才能拿上（由于语言障碍，此户情况了解得不太详细）。

（2）公共基础设施。①自来水。水费交了，但没文化具体都不清楚。②电。电费交了，但没文化具体都不清楚。电视能收到十几个台，有时看电视，有时听收音机。③供暖。自家烧炉子。想用暖气，没办法，没钱了。④卫生。垃圾箱有，垃圾倒垃圾箱里。

（3）社保。女主人的户口是 DW 村的，双保都有，每月 360 元。男主人户口在 XDL，没工作，各种保障都没有。

（4）就业。男主人希望找个工作，但有哮喘病没单位要。

（5）其他。希望有人解决他们的困难。

访谈整理 11（DWXDWC2）

时间：2007 年 1 月 18 日

地点：居民家中

（1）访谈对象基本情况。女（以前是县粮食局的，买断工龄），汉族，45 岁（丈夫 55 岁），（夫妇俩都是）下岗工人。4 口人（夫妇俩，2 个孩子）。1980 年到这里买地建房住（买地时 530 元/亩），有房产证。

（2）公共基础设施。①自来水。自来水管道以前村上换了 3 次，每次 1200 元。这次村改居市上又强行收 1200 元。②电。电压太低，通常才 130 伏（艺术学校的学生租房子时电脑都烧掉不少）。有线电视刚开始有，现在没有了（自己从大线上接的，也就是一个台清楚些），以前交几百元安的。那时住户少还可以，现在线路老化了，到处拉的也多，房东也很少住这里，所以也没人管，也没人收钱了。现在很多家要看的话只能是自己安天线、买锅。③供暖。自己烧小锅炉。集中供暖对治理污染是好事，但交 22 元/平方米的暖气费房租就得降了，要不然租不出去了（自己才收 8 元/平方米的取暖费）。④巷道、公交。主干道才修两年（以前也是土路），巷子的路没修过，是泥巴路。去年新开的 21 路（不过老跑空车，主要还是这个地方人少吧）。⑤娱乐健身设施、活动中心。没有，听说要建，不知道在哪里。⑥卫生。有垃圾箱，撤村建居后放的垃圾箱，但太远，不过也有自觉、不自觉的。卫生费 3 元（以前买这块地盖房子时花了 1 万元才把垃圾拉完）。公厕，有，但已废弃。

（3）社保。买断工龄时养老保险要自己先交些钱，但没钱就没交，养老就靠房租了，其一批买断工龄的医保都没买。身体不舒服时就自己拔火罐，顶多偶尔拿点感冒药。不敢生病。给丈夫买了人寿保险。

（4）教育。自己的小孩前几年考上大学，因为没钱供，就没上。一个孩子在上幼师。这边的小孩一般到十小上学，要交跨区费。

（5）治安。这里的治安一直不好。白天抢东西的很多，一些小学生都敢拦路抢劫，小孩上学都得专职家长接送。上次自己准备去换煤气，把罐放外面，回房子拿个东西，一转眼罐就丢了。这里的房东一般都不在这里住，现在大概只有 4 户是原住居民了。很多人到城里买房子，把这里的房子全租出去。租房子的主要是南疆来打工的少数民族和外地来做生意的，还有些城里有房子租出去来这租房子住的。

（6）就业。夫妻都已下岗，丈夫在外打工，自己要看着出租房，也就过了就业年龄，不好找工作。

（7）其他。对房屋出租税认为只是政策不执行，要是法律才执行。说是单位的分房补助没享受上，盖房时也没人管，要是房屋出租的税费都交了，一间房子的租金就全贴出去了，自己盖房还是贷的款，现在还有 14 万元不知何时能还上呢。感觉和自己一样买断工龄的人最可怜了，什么都没有。以前好多同样的同事都当了月嫂，还有些领低保的，说低保只够买一袋面、一壶油，连菜都买不起。前面平房是石油公司征迁时迁过来的，他们更惨。对以后最大的顾虑就是生病，自己心脏不好也没钱去做搭桥手术。

访谈整理 12（DWXDWC3）

时间：2007 年 1 月 17 日

地点：居民家中

（1）访谈人员的基本情况。该户有 7 口人，回族，家中有两个老人，4 个孩子，1 个女儿，3 个儿子，两个孩子成家了，老大没什么文化，目前也没工作；老二家工作还不错；老三是女儿，在打工；小儿子初中毕业，没事做。老人身体目前还可以，房子都给了孩子。原来有 7 亩地，2005 年还在种地。青苗费补偿标准不同，有每亩地 3 万、4.5 万、6 万元这些标准，如果什么也没种，就补 1 万元。股金分了十几万元。

（2）公共基础设施。水、电都变化不大，钱交到公司了，并不经常停。暖气从 2006 年开始是集体供暖，暖气费较贵，装暖气时管道挖开，使得自来水管发生渗漏，自来水管浸在下水管道中，有很大隐患。卫生费要交而且自家院中有专人清扫，垃圾厂位置较远，很不方便。家里电视可以收到很多台，但是费用较高，于是自己安装天线接收，可是有很多台是周边国家的，看不懂。坐车比较方便，出门有公交车并且撤村建居后开通了新路线，而且有几条路线延长了。路以前村上修过，当时没有收钱。公厕主要是自己家的。没有什么娱乐活动和设施，希望能丰富些。以前在地里锻炼身体，现在没地方可以去。治安不是很好，维吾尔族族人的房租不好收。

（3）社保。撤村建居时买了社保，现在还是比较有保障的，可以拿到退休金。一般有病去二医院（乌鲁木齐第二人民医院），小病去诊所，没有买商业保险。

（4）教育。家里孩子教育程度不是很高，以前家里就靠种地也供养了几个孩子上学，现在学费上涨了很多。

（5）其他。发了补偿费，去了一趟阿拉伯花了 8 万元，渐渐觉得钱很不够花，也为以后有所担忧。两个儿子没有工作，也很着急。现在菜价涨得很高，吃菜花钱，以前从来不觉得菜这么贵。现在没地方锻炼身体，平时也不出门，就做礼拜，无聊得很。还有发了补偿款后，周围有人说风凉话的，心里很不是滋味，还是觉得农民好。

访谈整理 13（DWXDWC4）

时间：2007 年 1 月 17 日

地点：居民家中

（1）访谈对象的基本情况。该户有 3 口人，汉族，家中有一个孩子，还在上幼儿园。

（2）公共基础设施。水、电都变化不大，两年前花了 3000 元左右改造电网，并不经常停。暖气从 2006 年开始是集体供暖，暖气费较贵，有点接受不了，很担心以后再涨。家里电视可以收到很多台，也比较稳定。坐车比较方便。巷道路面不是很好，没人整理，卫生也没人管。

（3）社保。撤村建居时买了社保，现在还是比较有保障的，和别家一样。但是担心以后，觉得几万块钱就把自己卖了。一般有病去拿点药，没有买商业保险。

（4）教育。家里对孩子教育程度的期望很高，要去最好的小学上学。男孩、女孩都一样，将来打算让孩子出国。

（5）其他。暖气费平摊在房客身上也不划算，自己还要补贴很多。希望当时撤村建居时给他们发“下岗证”，现在就业有困难。对自己股权不抱太大希望，总担心公司的人贪污折腾。和居委会的人不认识，是不好办，还是以前村委会好办事。

访谈整理 14（DWXDWC5）

时间：2007 年 1 月 17 日

地点：居民家中

（1）访谈对象的基本情况。该户有 5 口人，汉族，家中有一个孩子，两个老人，男主人 49 岁，曾担任该村的书记，女主人 46 岁。

（2）公共基础设施。水费是 2005 年交的，电费是 2006 年 8 月交的，以前很多村民都不交水电费，并且 1/3 的人是无表用电，现在都由水电公司接管，撤村建居时村里光水电就补贴了四五百万元。暖气从 2006 年开始是集体供暖，暖气费比较贵，还是可以接受，担心以后再涨。以前为了省钱，排污管道很不规范，现在排污只修理主干道，巷道都是自己找人修理。装暖气管道时，路面被挖开，没人恢复。坐车比较方便。以前村民要求一边撤村建居，一边建公共设施，市里说撤村建居完统一处理，但现在还没有兑现。

（3）社保。撤村建居时买的社保，并没有完全与城市并入，老百姓对医保、社保并不是十分有信心。一般有病去拿点药。没有买商业保险。

（4）教育。家里对孩子教育程度的期望很高，最好上大学。

（5）其他。对于撤村建居的合法依据是什么，不是很信服，就算是撤村建居，有没有必要一定撤这个蔬菜基地，有些想不通。为什么要限制居民自建房盖两层，依据又是什么，不明白。很多居民的宅基地划分了，但到目前也没有完全解决，而且房产证也没有完全发放。

访谈整理 15（DWXDWC6）

时间：2007 年 1 月 18 日

地点：居民家中

（1）访谈对象的基本情况。该户有 4 口人，汉族，家中有两个孩子。有门面房开商店，地是在 1995～1996 年征的，时间较早，补偿款也是分发了好几次。以前并不是靠种地为生。房产证目前没有办下来。

（2）公共基础设施。以前水费是在村上交，电费是直接在电力公司交的。路是 2005 年修的，又重新开通的路线，坐车方便，路灯在修完路时也安装了。排污一直没有什么变化。不经常停水、停电，治安还可以，比以前好多了。供暖还是自家烧小锅炉，认为还是集体供暖好，卫生，省事。关于社保，撤村建居时买的社保，并没有完全与城市并入，老百姓对医保、社保并不是十分有信心。一般有病去拿点药。没有买商业保险。

（3）医保、社保。村里都办了，小病去诊所，大病去正规医院，看病还是贵。

（4）教育。家里对孩子教育程度的期望很高，尽量上大学。没文化做不了什么事。以前也不在乡上上学，现在没什么变化，也不交跨区费，还可以接受。

（5）其他。认为房屋管理费不合理，自己借钱盖房时，没人管，现在也不应该交钱，而且政府也没管什么。以前做生意，现在认为撤村建居对自己生活的影响并不大。认为股权简单些，分了好。

访谈整理 16（DWXDWC7）

时间：2007 年 1 月 18 日

地点：居民家中

（1）访谈对象的基本情况。该户有 3 口人，回族，家中有一个孩子在上学。

（2）公共基础设施。以前水费是在村上交钱而且没现在稳定，电也是直接在电力公司交的。电以前是 0.6 元/度，现在是 0.48 元/度。村里改修电网时，每户交 2800 元，村里补贴 1200 元。坐车方便，路灯在修完路时也安装了。排污一直没有什么变化。不经常停水、停电，治安还可以，比以前好多了。供暖是集体供暖，价钱还可以接受，担心以后涨价。卫生也可以，每天有专人清扫。房产证也没有办下来。

（3）医保、社保。村里都买了，一般生病去二医院或三医院（乌鲁木齐第三人民医院），看病还是贵。没有就业培训，希望有。

（4）教育。家里孩子在上学，现在没什么变化，也不交跨区费，还可以接受。

（5）其他。认为房屋管理费不合理，自己借钱盖房时，没人管，现在也不应该交钱，而且政府也没管什么。而且加盖执法局有人管，但交钱后又可以盖了，老实人老吃亏。集体供暖时，测量房屋的建筑面积不合理，应测量使用面积。还有当官的都一样，都会贪，对股权不抱太大希望。

访谈整理 17（DWXDWC8）

时间：2007 年 1 月 18 日

地点：居民家中

（1）访谈对象的基本情况。该户有 3 口人，汉族，家中有一个孩子在上学。该户从 1985 年迁入，享受该村待遇，且划分了宅基地，但是在撤村建居时没有得到补偿和安置，并没有社保和医保，意见很大。男主人不是该村村民，女主人和孩子是，男主人是转业军人，到现在户口也没有妥善落入，且工作问题也没解决。

（2）公共基础设施。水、电都比以前好。供暖是集体供暖，价钱还可以接受，也比以前好。房产证也没有办下来。治安不好，大白天就有人抢包，但是没人管。

（3）医保、社保。都没买，以后很担心。没有就业培训，目前都没有工作。

（4）教育。以前在乡上的学校，现在去附近小学上学，要交跨区费，费用很高，连农民都不如（因为他们都不交跨区费），而且很担心孩子的午饭和安全。

（5）其他。认为房屋管理费不合理，强烈要求不交。对自己家没有补偿费和安置费非常气愤，自己的工作也没有解决，认为政府同意给钱，是村里有意为难，或者村里有人将钱另做他用。另外，类似的情况乡里共有 4 户，3 户汉族，1 户回族，要去上访，请求解决或反应。居委会态度很好，但是不管什么事。

访谈整理 18（DWXDWC9）

时间：2007 年 1 月 18 日

地点：居民家中

（1）访谈对象的基本情况。夫妻二人，一个女儿。

（2）公共基础设施。①锅炉。自家烧的小锅炉，价格要是合理，还是集中供暖好。②水电、有线。水电正常，家里没有有线，停了一段时间了。③卫生。比以前干净多了，垃圾扔到垃圾箱，离家 100 多米就有。④娱乐健身。不太清楚。⑤交通。坐车方便多了，2006 年 9 月，10 路开通。

（3）社保。医保和社保 2006 年 8 月开始交，主要是医保重要，但是现在医保没返还，村里交的也没返还。

（4）教育。孩子上学没交过什么跨区费。

（5）其他。看病到私人门诊或是到医院。出租税和管理费按 6%收，收得也不怎么合理，除此以外，炉渣费一个冬天 100 元，一般都是居委会、办事处来收。

访谈整理 19（DWXDWC10）

时间：2007 年 1 月 18 日

地点：居民家中

（1）访谈人员的基本情况。夫妻二人，3 个孩子。

（2）基础公共设施。①锅炉。自己家烧的小锅炉，还是集中供暖好，小锅炉晚上不热，有的房客更愿意自己烧炉子。②水电。水网是在撤村建居前修的，每家掏了 800 元，之后村里给补的。电网每家出了 2000～3000 元，水费和电费没多大变化。停电和停水的情况少。③卫生。都是街道打扫的，夏天扫得干净，冬天扫雪，都是街道拉的。这里人住得杂，卫生也不好。垃圾放到定点处，有人去拉。④有线。以前装了有线，乱插得太多，看不成了，架天线看，也不收费，也不管。⑤路。巷子的路是 2003 年市里修的，2005 年装的路灯。出行方便，有 10 路、60 路、61 路、70 路、304 路、920 路。⑥健身娱乐。他们不通知我，我们也不去了，附近也许有，但也不去。

（3）社保。社保、医保给办了，没到年龄的一人给补了 1 万元。也用医保卡买药，大病到医院看，医保还在继续交，遇到大病也发愁。在撤村建居之前，买了一份商业保险。

（4）教育。对孩子上学也没影响，也不交跨区费。

（5）就业。年龄大了，干啥也不懂，想做点小生意，家里的事也放不开，也没精力。

（6）其他。房租税6%，管理费100元。我认为这个不合理，租房子主要是维持平时的生活，还要供孩子上学。与以前相比，卖菜的收入和房租相比，总觉得以前要划算些，房租又不太稳定，夏天租的好些，冬天差些。期待：对目前的状况，也不好说。对其来说，最大负担是孩子上学，老大才上到大二，撤村建居后，最大的好处就是对老人进行生活补贴，对我们主要的好处是社保。村里本来上大学的孩子就少，应该进行补偿，鼓励一下。

访谈整理 20（DWXDWC11）

时间：2007 年 1 月 18 日

地点：居民家中

（1）访谈对象的基本情况。婆婆，夫妻二人，回族，两个孩子，一个女儿，一个儿子。

（2）公共基础设施。①供暖。自家小锅炉供暖，集体供暖费用太高，房租也不好收。②水电。水电费用前后都差不多，自来水管道是 2004 年换的，每家出了 1000 多元，水电都挺正常的。③路。路是 2005 年修的，巷子的路是柏油路。下水道是 2002 年安装的，排污也没出现问题。④卫生。垃圾一个礼拜清一次，每人 3 元的卫生费，是由街道上收的，前段时间清雪，每家收了 30 元，也挺好的，不贵。⑤交通。坐车也方便，前后变化不大。⑥健身娱乐。没有健身娱乐设施，以前村里组织过检查身体。⑦有线。巷子里四五年都没有有线了。

（3）社保。婆婆的社保、医疗都有，也不发愁；但是他们的钱都盖房子了，社保、医疗都没交，但是以后还可以补交，也没买商业保险。

（4）教育。小孩上学，在十小，DW 小学，65 中上学不交跨区费。但是十小的教学质量还没有 DW 小学好，但是前后孩子上学没什么影响。

（5）就业。文化程度不高，也想找个工作，社区也没有人给介绍，自己也不想去，但是也没听到过培训的事。

（6）其他。跟社区没怎么打过交道，也就是去年（2006 年）街道上有人来通知他们打预防针。另外，现在开始要交房屋出租税和房屋管理费。现在的生活，总觉得比别人在外面跑好些。小孩上学花钱的事还在后面。

访谈整理 21（DWXEDWC1）

时间：2007 年 1 月 19 日

地点：居民家中

（1）访谈对象基本情况。男，汉族，老年，70 岁，户口 1984 年迁出。1976 年到的原 EDW 村二队，买地盖的房子（说这一片 2/3 都是买地盖房的非原住户）。有房产证。

（2）公共基础设施。①自来水。自来水管道应该换的，但还没换，这是个大问题。现在偷水、漏水的现象严重，自来水管不规范，到处接，水不均匀。据说水费再收要收到 4 元/平方米。②电。电费已交供电公司。电网 2005 年改造，每户收 2000 元，供电基本正常。有线电视还正常，但乱接现象很多。③供暖。自家小锅炉供暖，但小锅炉是不好的，集中供暖是趋势，但收到 22 元就有些高（热力公司多余人员的成本费用不应由居民分担），MQ 最高是 16 元，而自己烧 12 元就可办到。④巷道、公交。路是 2000 年修的，外户交 300 元，原住户 150 元。巷子有人打扫。公交还挺方便。⑤娱乐健身设施、活动中心。没有（乡图书馆以前在延安路，现在好像没有了）。⑥卫生。有垃圾箱，卫生费是根据人口收的。下水道是以前村上修的，包给一个人 2 万元，其实 1 万元就可以了。排污管道新修了却没用，仍用老管道，而老管道却经常堵。

（3）社保。自己公司在 MQ，10 年了给每位员工都买保险。

（4）教育。这里的小孩上学可到 BT 三中。

（5）就业。没有就业培训。

（6）其他。感觉社区好像没那么多事，村委会要复杂些。关于原 EDW 村现在城里的公司建的超市，认为目前并不是很好的决定，因为这里的流动人口大约4.5万人，但这些人经济紧张，没钱高消费。而且那个公司把已有的8000万元都投进去了还不够，听说要9000万元，也有股民退股的。EDW 补偿是5.6万元/人，养老保险选的是280元的方案。

访谈整理 22（DWXEDWC2）

时间：2007 年 1 月 20 日

地点：居民家中

（1）访谈对象基本情况。女，回族，中年，原 EDW 村二队，户口 1984 年迁出，半身瘫痪。居住并出租的是在妹妹地皮上盖的自建房，有房产证。

（2）公共基础设施。①自来水。自来水管道是去年开始换的，但还没换到这里。去年好几个月都没水，有两三个月都只是晚上来一点，通常都是一会儿没水一会儿有水，有水时也是一点点，现在冬天还好些。目前，水费还是村上代收代管的，2.5 元/立方米。②电。电网换过了，每户收 2800 元。电费直接交电力公司，电基本没停过，有线电视正常。③供暖。自家小锅炉供暖，认为自己烧好点，集中供暖费用高些。④巷道、公交。以前村上修的路，水泥路面，好久了，现在都坑坑洼洼的。自己扫巷子，自己扫雪。出行较方便。（撤村建居前后没什么变化）公交主要有 908 路、602 路、44 路、29 路、919 路。⑤娱乐健身设施、活动中心。不知道有没有。如果有也挺好的，（那样夏天就有更多去处）以前夏天只能坐在院子里聊天。⑥卫生。感觉垃圾箱挺远的，满巷子都是垃圾，卫生费 3 元/人。没有公厕，上次还有一个人急急忙忙来找没有的，一般院子里的也不会让外人上。HD 那边有个公厕，超市边上有个私人开的。

（3）社保。单位买断工龄时给办了养老保险，自己一直交着呢。医保没买，有钱的话买上医保还是好些。身体不舒服时一般都是自己买点药，认为去医院太贵，一进医院几百元就没了。

（4）教育。两个小孩在上学，一个在 BT 三中上小学，一个在十二中上初中。用以前单位的户口没有跨学区。EDW 户口的学生要去那里上学，就跨学区了，要交跨区费。

（5）治安。治安费收了，但治安没人管，有人进院子把自己的耳环都抢了。2005 年以前还每家出一人管管，今年（2007 年）没再这样做了。

（6）就业。没有就业培训，来人就是收钱。自己已半身瘫痪，也没法工作。年轻人光靠租房也不行，现在房子也不好租（特别是冬天），买菜也很贵。

（7）其他。房屋管理费 400 平方米半年收 200 元。自己在 EDW 公司有 1 万多元的股份，是自己选的股民代表。对公司、超市没什么想法，建之前没征求过意见。盖房子时欠的几万元还没还呢。对未来没什么打算，就靠租房。

访谈整理 23（DWXEDWC3）

时间：2007 年 1 月 20 日

地点：居民家中

（1）访谈对象基本情况。男，中年，家里 7 口人。自建房，有房产证，拿去换了，集体转国有。两层是超层建筑。

（2）公共基础设施。①自来水。目前水费还是村上代收的，有时有水，有时没水，有时水大些，有时水小些，停过半个月的水。②电。电网换过了，每户收 2800 元，目前供电正常。有线电视 15 元/月，有时清楚，有时不清楚，有时一点也不清楚（有些房子装放大器，接到出租房）。③供暖。自家小锅炉供暖。听说刚开始优惠（16 元/平方米）认为还划算，如果涨到正常水平（22 元/平方米）就不行了。④巷道、公交。以前村上修的路，路还可以，挖管道时破坏过没修。主干道上有人扫雪，巷道没有，有个巷道有人扫。拾破烂的晚上烧胶皮，臭得睡不着觉。⑤娱乐健身设施、活动中心。附近没有什么活动设施，如果建上体育设施也挺好的。以前村上好像有个私人办的老年活动中心，因为有赌博的已经关了，以前村上过节过年组织一些活动。⑥卫生。垃圾箱不远，但有些租房的懒，其实人勤快点也没事。排污管道是以前村上的，经常堵，一堵就叫排污公司来。

（3）社保。老两口的双保都有，是 A 档 280 元的，孩子们的没继续交，也没给退。小病一般都是自己买点药，也住过一次院，报了。基本没有为看病发愁的事。医保以前交 100 多元返 50 元，现在只交 90 元不返钱。撤村建居时有老师来讲双保方面的，但不清楚时间他们也没讲。没买商业保险，也不了解。

（4）教育。孙子在 BT 三中上小学。以前的 EDW 小学条件不好，烧炉子。原来在 EDW 小学上的有些分到第四十小学去了。

（5）治安。治安还不如以前村上的时候，现在乱得很，被抢的事件很多，前几天还有个抢劫，人还在院子里呢。片警脾气大，一般都不来，去派出所反映也没人管。

（6）就业。撤村建居时说是有免费培训，但没有落实，没人管，以后孩子没工作也是个事。董事会有原村委会的人，外面的人一般是当官的亲戚或有关系的。

（7）其他。大约10年前收过天然气费500元，后来没装就退了。

在补偿款方面，宏达征地时补1.5万元，后来是2万元，撤村建居是4万多元。以前种地卖菜，有8亩多地。公司建超市时征求过意见。想退股的可以退，去年退股的有六七十万元。到居委会办事，不认识那里的人不好办。

现在对生活比较满意，主要担心孩子以后没地种，没工作，没保险。感觉撤村建居是被哄了，当时是1亩地10万多元，现在卖80多万元，DW一块地拍120万元。

访谈整理24（DWXEDWC4）

时间：2007年1月20日

地点：居民家中

（1）访谈人员基本情况。男，中年。自建房，有房产证。

（2）公共基础设施。①自来水。自来水是原来村上集体安的，自来水公司今年可能来换。②电。电网已改，交过钱。③供暖。自家小锅炉供暖。集中供暖好，但价格高。④巷道、公交。公路早建了，巷道是2004～2005年村上改造的，是水泥路。巷子里的路有破损的，没人打扫，经常泼水。冬天时主干道上有人扫雪，巷道的雪基本没人扫。出门坐公交较方便。⑤健身娱乐设施、活动中心。没有什么活动设施。⑥卫生。垃圾倒垃圾箱里。下水一部分改了，只改了主干道，没改巷道，巷子院子下水道堵了要自己掏钱。

（3）社保。双保都办了，养老一次交，是A档280元的，再交3个月到60岁就能领了。医疗保险自己还不清楚，听说不往卡上打钱了，以前每月交100多元，打20～30元时，身体不舒服就买点药。没有为看病发愁的事。有医保卡还可以，也有慢性病卡。有商业保险退了，有现在的社保再买商业保险也没必要。

（4）治安。治安状况太差，大前天还抢劫打人。没有村改居前还好些，还有联防队，现在就过年过节公安的车跑两趟，可那起不了什么作用。

（5）就业。就业培训当时说了，但没有组织过。

（6）其他。公司说要分红的还没分。公司建超市时征求过意见，股东代表开过会。

撤村建居让社员亏了，当时是1亩地10万元，区上拿去就不止这些。安置费1.5万元，上访10年，关于安置费还没有解决。对以后生活没啥顾虑的。

访谈整理25（DWXEDWC5）

时间：2007年1月20日

地点：居民家中

（1）访谈人员基本情况。女，34岁，有房产证，第三层是遗留问题。3口人，两人户口在这里。

（2）公共基础设施。①自来水。自来水管还没换，白天三楼没水。村上代收水费好像是2.1 元/立方米，两个月一收，抄水表。②电。电网换过了，每户收 2800 元。电费直接交电力公司。因线路改造停过一次电，有线电视正常。③供暖。自己烧小锅炉，明年可能集中供暖。觉得还是自己烧省一点，集中供暖太贵，如果一直是 16 元/平方米还可以。④巷道、公交。巷子里的路是柏油路，建房挖管都挖坏了，说是要再挖。自己扫巷子，自己扫雪。出行方便，有很多公交。⑤娱乐健身设施、活动中心。旁边的 HD 花园里有健身设施，希望建设，这样小孩有地方去玩。⑥卫生。垃圾箱还算近，垃圾往垃圾箱放，有人专门清扫垃圾箱。公厕以前村上有。这一块在大楼后面，直接接市排污管道上，到户的管道等配件是各家收钱大家集体买的。

（3）社保。双保都在续交。一般身体不舒服就拿点药，舍不得进医院，费用太高。没买商业保险，小孩在学校的保险买了。

（4）教育。小孩以前在 EDW 小学（第七十三小学），那里的教学质量还可以。现在在第七十三小学分出来的第三十一小学上四年级（三年级就开始借校了），还是以前的老师在上课。但现在孩子们都被分流到别的学校，想搞集体活动都不好搞了。本来说重盖第七十三小学的，现在还没盖。小孩的学费没什么变化。希望小孩文化程度越高越好。

（5）治安。这块治安还可以，市场上的小偷多。

（6）就业。原先协警员、协勤员、执法考试都报了名，只要招工有三金就去报了（招工信息是自己从报上看的及听亲戚朋友说的），但一直没消息。现在在自己公司的超市打扫卫生，试用期 480 元/月，转正后 600 元/月。（有些宁愿用外面的人也不用原村民，因为不好管）光靠房租都过不下去，各种税费一收就剩不了多少，小孩还要上各种辅导班。

（7）其他。房租出租税 6%，房屋管理费 100 元（有 9 间房子出租面积 200 平方米）。自己分时有 2 亩多地，还从村子承包了很多地。以前种菜卖，种苜蓿喂牛。安置费 1.5 万元。搞得最好的是 BJH，还有 SQH 也搞得挺好的。股民代表来通知过要建楼。资金要运转起来才能赚钱。

对现在的生活不满意，钱太少，公务员都涨工资了；房租涨了还租不出去。对未来打算要看社会、公家怎么变，原先有地还有保障点，现在总担心以后怎么办。

访谈整理 26（DWXEDWC6）

时间：2007 年 1 月 20 日

地点：居民家中

（1）访谈对象基本情况。老年夫妇，汉族。买自建房，有房产证（5 年前办的）。以前在华凌，在这里买的房子，两层楼 42 万元。4 口人，女儿已结婚，现在 3 口人。

（2）公共基础设施。①自来水。自来水夏天都没有，去年一年总是停，管道老化，自来水公司说今年可能修。②电。电费交电力公司，改网时收 2800 元，实际上贵了。有线电视是去年重新换的，现在好了，以前乱接。③供暖。自家小锅炉供暖，自己烧省一些，房子租不出去暖气费交的就太多了。④巷道、公交。路一到开春都是泥巴糊糊，原来打的水泥毛了，挖下水道又挖烂了。巷道没人打扫，自己扫。冬天主干道上有人扫雪，巷道的雪基本没人扫。出门坐公交较方便。⑤娱乐健身设施、活动中心。没有什么活动健身设施，一天也忙没空去那些地方。⑥卫生。有垃圾箱，垃圾倒垃圾箱里。

（3）社保。单位办的双保。身体不舒服时买点药，没有为看病发愁的事。退休金原来 350 多元（退休时），现在已涨到 650 元（这次涨了 100 多元）。儿子买了商业保险（平安保险的）。

（4）治安。治安不好，小偷太多了，昨天还把一个姑娘的钱偷了。这地方人杂不好管。去年一户出一人巡逻。

（5）其他。租房的房租收不上来，跑的也挺多。房屋出租税6%，房屋管理费 200 元（房子面积 300 平方米）。华凌征地时补 1.5 万元。生活上主要是看病贵，有门槛费。希望治安、卫生搞一下就好了。

办第二代身份证时才知道自己属于 HJ 社区，社区的人收费时来了，平时都见不到人，还让房东代收卫生费，认为自己连房租、水费、电费都收不上来，代收也应给点劳务费。

访谈整理 27（DWXEDWC7）

时间：2007 年 1 月 20 日

地点：居民家中

（1）访谈对象基本情况。回族，一家三人回答了问题。只有两层楼有房产证（房子共 3 层）。共 8 口人，两个儿子、儿媳，女儿在上师范院校。

（2）公共基础设施。①自来水。总停水，有的自己交钱并到自来水公司。②电。交给供电公司，今年才开始。有线电视正常。③供暖。烧小锅炉，明年可能集中供暖。暖气费太高，房子更不好租。④巷道、公交。巷子里的路是村上以前修的水泥路。巷子没人扫，自己扫雪。出行时公交车很方便。⑤娱乐健身设施、活动中心。以前村委会过节组织活动，希望像小区那样安装健身设施。⑥卫生。垃圾往垃圾箱放。交到社区后管得好，以前村上没人管。这边感觉还可以，那边经常堵。

（3）社保。有双保，280 元/月，女 53 岁，男 52 岁，要领钱还要交几年呢。医疗卡，感冒时可买药，住院可报销。小孙子有个看病的保险，其他人没有，没钱交。

（4）教育。后面 BT 三中，交跨区费。流动人口凭三证可少交（第七十三小学）。

（5）治安。不好，经常被偷、被盗，公安的来了看看也没说什么。

（6）就业。在工作培训方面，公司超市开时，让大家愿意的可报名。

（7）其他。征购给 1.5 万元/亩地，后给 2 万元。新落户的给 5 万元，还给地皮；老住户够 18 岁才给，说是前后规定不同。

公司建超市时通知过。有人退股的，自己家里还等着分红，没退。

社区提供打疫苗，比如，糖丸 1 元 1 粒。

其认为生活是怎样就怎样吧，对今后没什么打算。

访谈整理 28（DWXEDWC8）

时间：2007 年 1 月 20 日

地点：居民家中

（1）访谈对象基本情况。女，回族，老年，55 岁，6 口人，迁出户，房产证有两层的（房子共 3 层，可有关系的 5 层都办了）。

（2）公共基础设施。①自来水。自来水 4～10 月都没水（每家基本上都打井用井水），11 月份才基本正常。②电。重接了线，每户 2800 元（电力公司说 1400 元就够了），村上说不交钱就断电。有线电视一直有。③供暖。自己烧小锅炉，明年可能集中供暖。觉得还是自己要烧省一点，集中供暖太贵，如果一直是 16 元/平方米还可以。④巷道、公交。巷子路面还可以。坐车方便。⑤娱乐健身设施、活动中心。没有。⑥卫生。垃圾箱还算近，垃圾往垃圾箱放，一满就有人拉走了，夏天常来打扫。公厕以前村上有。排污以前一个月交 10 元，现交到市排污处就没收钱了。以前经常堵，夏天到处跑污水，9 月份以后才好些。

（3）社保。双保都在续交。一般身体不舒服就拿点药。几个小孩的双保都没办，村上也没给退钱。

（4）教育。早一批迁出去的小孩上小学到处推，都要交跨区费。户口先划到小 DL，现在又交到 XF 路，路这边到 BT 三中不交跨区费，路那边不知道。

（5）治安。前天一个人出去给人过生日回来被抢了，公安系统的人也不能一直蹲在那里守着呀。

（6）就业。没有就业培训。自家老大、老二、老四都没工作。公司盖的那个超市招人交给私人老板，说要进的话先交 500 元培训费。以前村上妇女节还一起吃瓜子聊天、发点钱，现在村集体资产都几百万了，却不怎么组织活动了。

（7）其他。1992～1993 年的给 1.5 万元，去年给的 2 万元。地还有 8 分地没给补偿（这种情况的人不少，但告了 12 年，北京也去了，还是拿不上补偿款，都承认那 8 分地是我们的，就是不给补偿）。1992～1993 年征购之前走了 530 户，后来一两千人找村长落了户，每户 50 万～60 万元，这些外来户把地都承包了，种好多树，拿了很多钱，其实这些户很多都不认识。今年又合 90 多户地皮，都是外来户不认识。以前迁出去的也是和村长好的就给地皮。以后也没什么打算，希望 8 分地的补偿能给，儿女生活好些，儿子能找到工作。

访谈整理 29（DWXBHLC1）

时间：2007 年 1 月 26 日

地点：居民家中

（1）访谈对象基本情况。夫妇，回族，中年，原 BHL 村七队，5 口人（老人一个，夫妇俩，一个儿子，一个女儿）。男主人在 HT 物业公司工作。自建房，有房产证，正在换土地使用证。

（2）公共基础设施。①自来水。自来水管道去年 12 月才换的，每户 1400 元。去年经常停水，最长一次停了 4 个月，还到四队那边井里提水喝的。新换管道后还没收水费，听说是 2.3 元/立方米，希望按时收，不要再停水了（换水管之前，把水费从 1 元多涨到 2.3 元，而且每 5 立方米折 1 立方米耗来补以前总表与各户小表总和的差价。居民认为管道上跑掉的水不应该让居民户来分担的）。②电。电网换过了，电费 0.65 元/度，电基本正常。③供暖。自家小锅炉供暖，集中供暖说过但还没换，感觉都差不多，换成集中供暖也没什么影响，暖气费出租房的租户就分担了嘛。④巷道、公交。主干道两三年前修了，巷子的路没修过。社区派的两人就是捡捡，冬天把捡的垃圾埋雪里，夏天把垃圾埋土里，那能算打扫吗？没人扫雪，没有路灯。出行不方便。至少要走 10 分钟才能到 16 路站台，而且多是中巴，小孩的学生卡都用不上，新开的 537 路、304 路要坐也要走好长一段路呢。⑤娱乐健身设施、活动中心。没有。HYC 那边的很少去，感觉别人还是看不起我们。他们的活动没通知我们，也不去。以前村上时也就“三八”节搞些活动。⑥卫生。感觉垃圾箱清理还挺及时的，卫生费 3 元。没有公厕，希望建上，要不然停水时上厕所就成问题了。排污时下水道还是以前的，还可以。

（3）社保。45 岁以上的办了，老人的卡都拿上了，刚开始 360 元/月，现在 400 多元了，老人住院报了。医保卡才拿上，儿子没有社保，想用退的 1.5 万元给他买上保险，给女儿买了人寿保险。

（4）教育。女儿在六十五中上六年级，不用交跨区费。其认为教学质量一半在老师一半在学生吧，还可以。希望她好好上，能上到什么程度就什么程度。

（5）就业。没有就业培训。儿子初中毕业还没工作，以前学了电焊太累就不干了，现在在学驾训。希望儿子能找一个差不多的工作。自己也想找个工作，但那些打扫卫生、护工什么的不合适，像自己早上要照顾孩子上学，中午又回不来，再说夏天房子都租出去了，家里这边还有很多事要做，如果能找一个在家可做的活就好了。

（6）其他。当时响应政策，十几户从村里迁出去几年都没算村龄。对现在的生活还满意，希望水能一直有保障，希望两个小孩有出息。

访谈整理 30（DWXBHLC2）

时间：2007 年 1 月 25 日

地点：居民家中

（1）访谈对象基本情况。夫妇，回族，中年，原 BHL 村四队，5 口人（夫妇俩，3 个孩子）。男主人在村上干了 15 年，后到水泥厂工作过，已退休，孩子们大学毕业已工作。自建房，有房产证、土地使用证。

（2）公共基础设施。①自来水。村里安的从水塔抽泉水的自来水，现在水质不好，被污染得很严重。一旦抽水的坏了，就停上几天，一旦停电，也会停水。水费主要是交抽水的电费钱，一个院子一个月交十几元。②电。电费 0.65 元/度，有时一场风就可能停几天电。买了电脑好几年都联不上网。（访谈时）电话线被盗了正在维修。有线电视好久都没有了，以前集体安装过一次，初装费都掏了350多元，才用了3个月，刮风坏了也没人修，前两次还来人修一下，后面再没人管了。③供暖。自家烧炉子。集中供暖还没说，自己烧好些。④巷道、公交。主干道20世纪90年代村上修过，去年市上又重修了。巷子的路没修过，有人打扫。路灯没有，去年从SQH拉到学校，但这一片就没拉，晚上黑，小偷也多。在出行方面，新加开了537路。⑤娱乐健身设施、活动中心。没有。⑥卫生。没有垃圾箱，（居委会说）垃圾倒路边，扫马路的天天来收。有公厕，以前村上修的，居委会有人来打扫。没有下水道，自己挖渗坑，租户的污水自己提出去倒到前面的湿地。

（3）社保。女主人54岁了，还要再续交一年。医保卡已拿上。听别的村民说360元/月，只能领到350元，听说现在已涨到400多元，加了80多元。女方买了4份保险，其中太平洋保险买了很久，退不划算；另外几份是医疗方面的保险，一般小病去三环的诊所拿点药。

（4）教育。自己的小孩以前在四十八中那里上，现在一个亲戚的孩子在那里上。

（5）就业。没有就业培训。孩子们已工作。村上还有好多年轻人都在门口蹲着没什么事。那些补偿根本不够，按30年算一个月也就摊200元，干什么都不够。这边人思想还是落后，保险也不愿买。拿了钱主要是盖房子、买个车玩（一半左右都买了车）。

（6）其他。老股金没退，说了要退的还没退（DW村退了）。撤村建居两年了，啥事都没办，股民证还没发。四五十人在公司上班，每年花那么多钱。社区光收钱不管事，收钱的时候来了，服务的事不管。撤村建居了，也没人管了，办个身份证也推来推去，这个人说在那里，那个人说在这里。房屋管理费收了，出租税6%。国家规定了交也就交了，但没提供服务就不对了。

对现在的生活还算满意，没什么打算。

访谈整理31（DWXBHLC3）

时间：2007年1月25日

地点：居民家中

（1）访谈对象基本情况。男，回族，中年，原BHL村一队，3口人（夫妇俩，一个女儿）。自建房，有房产证，2001年盖的。

（2）公共基础设施。①自来水。自来水管道2004年新换的（一家自己掏材料费四五百元），已交自来水公司，水费2.1元/立方米。②电。电是私人承包的，电费0.65元/度，线路老化，经常停电。交钱有线电视就一直有，12元/月。电脑买了，但申请几次都没联上网，说这边线路不行。③供暖。自家小锅炉供暖，自己在LDW拉的洁净煤2000多元，一个冬天就够了，而且供暖比他们开始得早（如果冷9月就可烧），结束得晚（可以4月才停暖），自己家200平方米集中供暖得交不少暖气费。④巷道、公交。主干道TS区修的，马路这边没人打扫，马路那边YEW社区有人打扫。出行方便多了，537（新开的）路、101路、39路、801路（门口过停）都可以。⑤娱乐健身设施、活动中心。没有设施，没有活动。⑥卫生。2001～2002年开始有垃圾箱，还没收卫生费，清理及时，YEW办事处每天四五个人来收拾（这一片是属 SMC 社区，但社区不管）。有旱厕，办事处雇有两人专门打扫。排污。没有下水道，自己挖滲坑。

（3）社保。40 多岁的人才给双保，老人父母都已享受，老人卡上钱多些，住院 3 万元可报 2 万元。附近就一个小诊所也不敢去那里看病，要看病得去三医院。准备给女儿买商业保险，说是春节给小孩退 1.3 万元。

（4）教育。女儿在新大附中上高二（自己若没工作可能都养不起了），不用交跨区费。四十八中只有初中没有高中。原先是在纺织厂的子弟学校，现已交市上。

（5）治安。治安一直不太好，有人打架，打电话报案，一小时都来不了。

（6）就业。没有培训。回族一般不让女的上班，在家收拾房子、做饭。男主人在新疆城建工作，夏天上班，冬天在家。

（7）其他。以前种地，1990 年后就租出去了，那时 6 口人有 7 亩地。自家的补偿是安置费每人 9 万多元，青苗补助四五万元，一家三口有 40 多万元的股份在公司。但公司那边乱七八糟的没人管，动不动就都跑到中国香港或泰国去玩，最近市上才派工作组下来开始办些事。那个董事长连小学三年级都没读完，当初上台都是给人许诺分地或给钱而被选上的，一旦知道有谁闹事就去找那人给他划地皮、往公司某个职位上放或给多少万来让他不要去告。对以后没什么打算，希望孩子能上大学。

访谈整理 32（DWXBHLC4）

时间：2007 年 1 月 25 日

地点：居民家中

（1）访谈对象基本情况。男，汉族，中年，（女主人户口是）原 BHL 村一队，3 口人（夫妇俩，一个孩子）。自建房，有房产证，前年办的。

（2）公共基础设施。①自来水。自来水管道是 2003 年村上换的（自己掏从总管接到房子的材料费 100 元左右），已交自来水公司，没停过水。②电。电是村上承包出去的，电费 0.65 元/度，线路老化，一刮风什么的就停电。没有有线电视，如果要安装，包括初装费、线路费、一年的收视费，费用太高。③供暖。自家小锅炉供暖，集中供暖说过还没换，感觉都差不多，换成集中供暖也没什么影响，暖气费出租房的租户就分担了嘛。④巷道、公交。主干道 2004 年 TS 区修的，有人打扫。巷子的路是以前村上修的，没人打扫。主干道有路灯，巷子没有。有一片的路灯不亮，也没人来管。公交还可以，新增的 537 路，还有 39 路、801 路。⑤娱乐健身设施、活动中心。没有。⑥卫生。有垃圾箱，有人拉垃圾，不收垃圾费。村上有建的旱厕，不收钱，归赛马场社区。没有下水，自己挖滲坑。

（3）社保。女主人 50 岁还没领。男主人已退休，有退休金。小病自己拿药，严重了去医院。没买商业保险，不太懂，也不想买。

（4）教育。不清楚，孩子跟父亲的户口，在六中上。

（5）治安。治安还可以。

（6）就业。没有就业培训，社区只是收钱。

（7）其他。1 亩 2 分地 2002 年前都是自己种，2002 年华凌兼并时给了 8.8 万元，后来官司打赢了。撤村建居时补了 5 万元，青苗补助 4.8 万元，总共所有加起来可能有 19 万元。以前是农民没什么收入，撤村建居后分钱还可干点事。希望把公司分掉，各家拿点钱算了。其认为股东代表是选的，但选上后就不管股民了。

房子不好出租。300 多平方米，房屋管理费 100 元/年，6%的税。

访谈整理 33（DWXBHLC5）

时间：2007 年 1 月 24 日

地点：居民家中

（1）访谈对象基本情况。男，汉族，43 岁，原 BHL 村二队。自建房（两层），有房产证，土地使用证没有。

（2）公共基础设施。①自来水。自来水已交自来水公司，没停过水。村上掏钱换的，有些自己买管子。②电。电是私人承包的（收电的人有好几块地皮），电费 0.65 元/度，安电表 350 元。有线电视有，也有些人不交钱，乱接，有时就没有了。电脑有，没联网。③供暖。自家小锅炉供暖，自己烧成本低些。④巷道、公交。巷道村上修了，去年挖自来水管道又挖得乱七八糟，挖后也没填，也没修。巷道有居委会的人打扫。没有路灯。出行方便，终点站车挺多的。⑤娱乐健身设施。没有。⑥卫生。垃圾箱在附近。那些人把羊肠子、羊杂碎都往里扔，臭得不敢开窗。没有公厕，外头去不方便。原来规划的盖厕所的位置被人盖了自己的房子。排污是自己挖的下水管，小管堵了，自己找人通。去年堵了近半年，卫生比撤村建居前还差。

（3）社保。正在办，但自己岁数不够，还没办到自己。父母的领了，360 元/月，当时说是一年涨 30 元，涨到 600 元就不涨了。自己身体不舒服一般拿点药，给孩子买了平安保险。

（4）教育。两个小孩上学。一个在新大附中，因分数不够交 2000 多元。小的在六十五中上三年级，认为这个学校的老师太黑了，老师很多都是走后门的，校风很乱。孩子数学考 93 分没上老师的辅导班，那个老师就不愿意，找孩子的麻烦。希望孩子有能力就一直上。

（5）治安。治安比前几年好点了，抓得紧些，抓住罚钱的，打架的少了，但小偷小摸避免不了。

（6）就业。没有培训。

（7）其他。股份划了还没发股民证。现在以出租房子为主要经济来源，前后一共领的钱 18 万元/人，家里有 3 人领了。以前家里种地，从 2003 年开始不种地的，以前做事没本钱，现在有本钱了。以后把房子好好整整。其认为公司领导一帮人像黑社会一样，收 280 万元花掉了 340 万元，财务不敢公开。以前村上 7 个人工作，现在公司 30 多人将近 40 人，要给他们发那么多工资。

以前种的树，都 20 多年的树龄了，也没给补偿，700 多亩，政府说给公司了，公司说是集体的。自己以前是社员代表，但社员的话没人听，找过政府也不管。一旦有谁带头去找，他们就用地皮、钱堵嘴。

房屋管理费、出租税交了，不交就天天找麻烦。不合理，看人收的，有些人都不收。

访谈整理 34（DWXBHLC6）

时间：2007 年 1 月 24 日

地点：居民家中

（1）访谈对象基本情况。男，回族（北京经学院本科毕业，SMC一寺的主持），中年，原BHL村二队，4口人（夫妇俩，两个孩子，一个6岁，一个3岁）。自建房（1993年建的），有房产证（3层）（房子是自己在银行贷款建的）。

（2）公共基础设施。①自来水。自来水已交自来水公司，没停过水。②电。电是私人承包的（法律规定电是不能由私人承包的），电费0.65元/度，350元安的表，那个表走得特别快。电压不稳，偶尔停电。供电公司说没交过去。没有有线电视，打电话没人来安，撤村建居撤得一塌糊涂。③供暖。自家小锅炉供暖，集中供暖有好处也有坏处，但费用高。④巷道、公交。巷道有人打扫，夏天可以，冬天就拾拾纸。公交方便。没有路灯，不知道谁管。⑤娱乐健身设施、活动中心。没有。自己和寺里的篮球队每天去飞鹰基地训练打篮球。⑥卫生。有垃圾箱，天天清。没有公厕，以前村上有，已推掉。排污，下水管道还可以，堵了让居委会找人来修，自己掏钱。

（3）社保。双保有还没发。小病自己拿点药。没有商业保险。妇幼保健都有时间表，孩子一般到街道上打疫苗。

（4）教育。孩子在六十五中上学。学生太多，教学质量一般，学费不贵，准备转到十小，跨区费可能高些，希望孩子多学些知识，一直上越高越好，想让孩子以后上北京经济学院的研究生。

（5）治安。治安一般。

（6）就业。没组织过就业培训。

（7）其他。地是 2004 年征的，拿到手的钱不多（领导不是二队的），青苗补偿一分钱没拿上。其认为自己栽的树别的队拿钱。一个人 9 分地，1995 年还在种，后来不给水了就没种了，SQH（他们都是荒地）把钱拿走了，一家几十万、上百万的都有。华凌征地时给了 8 万元，又收回去了，现在几亿元到公司了不发给农户，跑了一年多也没消息，一直不给（光二队100 多户），五队最惨，20 世纪 80 年代就分出去了，宅基地都没有。

对国家政策是满意的，但对下面的政策不满意。有股份，但没拿到股民证，没分过红。

房子不好出租，租房也不稳定，一年收入不抵支出。以后打算说不上，过一天算一天。房屋出租税 6%，认为是自己盖的房子，贷款还没还完，不应该交税。

访谈整理 35（DWXBHLC7）

时间：2007 年 1 月 26 日

地点：居民家中

（1）访谈对象的基本情况。本户有 4 口人，回族，家中有两个孩子在上学。地是 2002 年、2003 年征的，以房屋出租为主要收入。

（2）公共基础设施。水曾经停了近半年，原因是管道整修，另一方面是欠电费，后来经各方协调，政府、村里、居民各出 10 万元换水网，居民也都掏了钱，本地居民每户 1400 元，外来户每家 2100 元，现在市上水费是 2.1 元/立方米，这里还没有收过水费，还不清楚交多少。电一直由电力公司管，没什么变化。暖气是自家烧，集体供暖会好些，干净些吧。排污一直没有什么变化。主干道市上修过，巷道没有修过，路灯没有，公厕也没有，卫生也可以，扔垃圾也很方便，每天有专人清扫。房产证办下来了。坐车很方便，新开了 304 路。有线电视也可以。没有娱乐和健身设施。

（3）医保、社保。村里都买了，也划分了股权，小病去诊所，大病去医院，看病还是贵。没有就业培训。

（4）教育。家里孩子在六十五中上学，现在没什么变化，也不交跨区费，认为学费 100 多元，不贵，还可以接受，学校学风不好，教学质量也不怎么样，老师言行不一。

（5）其他。对房屋管理费认为不合理，自己借钱盖房时，没人管，现在也不应该交钱，而且政府也没管什么，自己不想交，家里就靠这些收入，没多余的钱交。曾潜入 ANQ 7 年，对扣除 7 年劳龄有意见，每人少拿 3 万元，很有意见。对 YL 公司不抱太大希望，当官的都一样。

访谈整理 36（DWXBHLC8）

时间：2007 年 1 月 24 日
地点：居民家中

（1）访谈对象的基本情况。父亲，4 个孩子，其中 1 个女儿，3 个儿子，维吾尔族。

（2）基础公共设施。①供暖。集中供暖好，虽然价格有些高，是 2006 年 11 月改装的，只装了自己住的房子，房客的房子里自己烧锅炉。②水电。2005 年换的自来水网，每家掏了1500 元，现在水费直接交到自来水公司；电是0.65 元/度，村里的公司派人来收，巷道的线换了，但是主道上的线很旧了，也没换，这也浪费电。③有线。没有有线，自己接电线，能收到七八个台。④路。路本来修好了，可是又挖开了，说是今年修，也不知道修不修。⑤卫生。巷子没人打扫，垃圾箱不规则，要是有垃圾房就好了，这样垃圾不会倒得到处都是。村上以前有厕所后来拆了，现在也有，但是是私人的。⑥排污。下水一般都是自己通，维修还没有交到市里，一般都是闹了，上面知道了，才有人管。⑦娱乐健身。附近没有什么健身设施，有私人台球室，社区好像有，但是也没兴趣去，有些人素质不高，搞破坏。也没听说有社区运动会，社区的通知我们也看，但不愿意去，一般有问题到社区去解决。以前村里也没什么活动，阅览室也没有报纸和杂志。村上有过一次冬季长跑，我还得了第三。公交车方便，前后没什么变化。

（3）社会保障。家里的老人给办了，也按时发。按规定，25 岁以下的人不给办，受访对象的给交了一部分，但是要续交，家里的收入又少，也交不上，还有弟弟要上学。说是 25 岁以下的要给退，但是也没拿到。生病了就到医院看，自费，没办医保对年轻人是个问题。买商业保险，经济上不行。

（4）教育。小学主要是在六十五中，高中主要是在新大附中和十六中上，不交跨区费。

（5）就业。社区有就业培训，也有工作岗位，前段时间去找工作，说是要保安证或是退伍军人证，受访对象都没有，也没让干。考公务员两次，也没考上。

（6）其他。自己家承包土地种的树，有 20 多年了，征地时，这些树没有给补偿。房产证、土地证还没有批下来。不知道村里的账目，撤村建居前，为保住村里的账目，自己的保安在村里住了有一年，可是别处的保安把本地人给换了。在费、税方面，一个院子 100 元，每间房子按出租的 6%收，前段时间，费、税不交，新身份证不给发。现在，普通工人是按照个人收入超过 1200 元才征税，而他的房租收入不到 1200 元，为什么还收税，认为这不合理。期待：对现在的生活基本满意，这也就是有基本的生活保障，把环境整整，把有线给安上，大路上的线给换了就好了。有时也给社区说，但是政府的事多，居委会比村委会办得好，态度好，和和气气的。

访谈整理 37（DWXBHLC9）

时间：2007 年 1 月 24 日

地点：居民家中

（1）访谈对象基本情况。夫妻二人，一个儿子。

（2）基础公共设施。①供电。电费有些高，更愿意直接交给供电公司。②供暖。暖气是集中供暖，邻居前几天暖气给爆了，大家过去帮忙，还是安装得不太好。目前，就给一楼装了暖气，有钱了再安楼上，现在是 16 元/平方米，价格还可以，再涨就承担不了了，冬天的房子空得多。③路。还是 20 世纪 90 年代村上给修的。④有线。两三年前就没有了，前面有段时间有，但是也不怎么规范，又看不成了。⑤卫生。DWN 社区还好，SNC 社区挺差的，巷子里的卫生打扫得不行，门面卫生还可以。下雪，一般年轻人门口的自己扫，年老的人门口的雪没人扫，挺危险的。有的住户，房东没有厕所，就有人在门口大小便。⑥娱乐设施。门口没有娱乐设施，这一点最差了，社区的活动室也经常是锁的，活动也没人组织，也不知道有什么社区运动会，也没贴出来，小孩打疫苗，这方面的通知倒是见过，在巷子口，别的方面的通知倒是没见过。下水是每家出了300多元安的，坏了自己修。公交车挺方便的。

（3）社会保障。养老、医疗、股权证都没办下来，家里妻子的养老、医疗每个月都按时交，但是丈夫的还没办下来。没有钱买商业保险。

（4）治安。这里的治安乱，抢劫、贩毒、吸毒的多，给社区民警反映，SL 路派出所去年有巡逻车，秩序就好些。

（5）教育。六十五中那里的安全不好，老有小孩在那里出车祸。那里的教学质量，小学还凑合，中学的教学质量差，但是收费还可以。每天孩子放学都去接。中学打算让孩子去十六中上，学费高也让他上。

（6）就业。最近才找到工作，自己找的，照片和身份证倒是没少收，也没解决什么。其希望的工作就是工作时间稳定，工资稳定，这样就可以了。

（7）其他。①公司。市场去年盈利了200万元，但是花了260万元，公司的账也不公开。选举都是拉选票，有的说董事长是终身制，有的说是3年一换，具体也不清楚。到现在公司也没给分红。前段时间，公司到南山去开会，拿大家的钱去消费。公司到处都是监视器，有17个保安。希望他们把公司撤掉，把钱分给大家。说是按5%分红，但是还没分。②生活。出租费和税按时交，但是他们有事不通知，收费跑得挺快的。这样的生活还可以，就这样过吧，自己是存了一部分钱，但是也不敢乱花，还是想找个工作，每个月有个稳定的收入（两个人里面有一个找到工作就好）。现在就是担心公司破产，影响其个人利益。

访谈整理38（DWXBHLC10）

时间：2007年1月26日

地点：居民家中

（1）访谈对象基本情况。父母，自己，儿子（1岁）。

（2）基础公共设施。①水电。还是用HYC的水，自来水公司要接，地势太高，水费比市里的要高些。先前停了4个月的水，是因为不交水费，但是又不单单是大家的原因，HYC把水管接在管子上浇绿化带，最后是政府拨款，把这些钱交了才来的水。电费是0.65元/度，比市里高，电费以前就是这样。②供暖。家里自己烧的小锅炉，一年最多是7000元就够了，要是集体供暖，价钱太贵了。③娱乐健身。也没什么活动，社区刚刚成立，位置太小，也没办法给居民搞活动。听说有跳舞的，但是又不会，也不想去。④卫生。垃圾箱清扫得挺及时的，巷道的垃圾一般是把大块的拣拣，也没见人扫过。⑤路。路是村上修的，好多年了，挖管道又把路给挖坏了，说是要修，也没动静。以前有厕所，现在都拆了。有线电视还可以。排污是自家挖的，一家家连在一起。路灯没有，也没听说要建。社区通知打疫苗。

（3）社会保障。医疗和养老卡，父母都办了，年龄大的人还是要好些，也没有买商业保险。自己的每月按时交。

（4）就业。有过培训，也有过介绍工作的活动，也愿意参加，但是自己文化差，有的工作人家看不上自己，有的工作工资太低，自己又不想去。

（5）治安。还好，但是没见过联防员。

（6）其他。①公司。村里到年底，要分红。“他说挣了就挣了，说赔了就赔了”，这样对大家很不公平，公司也不好好办事。干部是哪个队的，就对哪个村好。房租费和税，受访对象家交了，好多人都不交，都觉得不合理。房子好多都租不出去，租不出去的要去说一次，每个月都要跑，太麻烦，认为应该在政策上改改。②变化。变化很大，房子盖了起来，这还是好的，也没啥顾虑，自己找工作，还年轻，自己该干啥干啥。开春了，家里还要盖房子。③期待。还算基本上可以，收些房租，基本上还可以过得去。

访谈整理 39（DWXDWNL1）

时间：2007 年 1 月 24 日

地点：居民家中

（1）访谈对象的基本情况。属于原来的五队，55 岁，家里有 5 口人。

（2）公共基础设施。是集体供暖，现在的价格是 16 元/立方米，感觉挺好的。但是只有房东的房子是集体供暖，其他的房子是烧小锅炉。水是由自来水公司提供的，比较方便。电是 0.65 元/度，有私人承包，电表花了 380 元，希望归供电公司来管理。排污问题由自己花钱找人修理。巷道里的垃圾没有人清扫，雪也没有人清扫，但是垃圾箱清理得比较及时。有公厕，要收费。乘车比较方便，增加了 70 路。没有路灯，治安状况跟以前差不多，没有有线电视，靠天线，收的台比较少。社区有老年活动中心，但不经常去。感觉居委会服务态度可以，办事效率也比较高。

（3）社会保障。访谈对象本人的医保和社保都有了。

（4）教育。家里有两个上幼儿园的小孩，以后上学要转到六十五中去。

（5）就业。目前的主要收入靠房租，房屋是两层，有地下室。居委会有过就业培训，但是因为孩子比较小，去不了。

（6）其他。对现在的公司预期比较好，但也存在着担心，觉得还是钱放在自己口袋比较放心。是独生子女，但是领不了独生子女费。还有就是觉得分配不公，如树林的问题。

访谈整理 40（DWXDWNL2）

时间：2007 年 1 月 24 日

地点：居民家中

（1）访谈对象的基本情况。回族，家中 4 口人，两个孩子，一个已经大学毕业，另一个初中毕业。

（2）公共基础设施。是集体供暖，现在的价格是 16 元/平方米，感觉挺好的。但是只有房东的房子是集体供暖，其他的房子是小锅炉。水是由自来水公司提供的，比较方便。电是 0.65 元/度，由私人承包，希望归供电公司来管理。排污问题，主干道由排污处管理，巷道由自己花钱找人修理。卫生状况要比以前好多了，主干道有人清扫，巷道里的垃圾没有人清扫，雪也没有人清扫，但是垃圾箱清理得比较及时。有公厕，要收费。乘车比较方便，增加了 70 路和 919 路。没有路灯，治安状况跟以前差不多，没有有线电视，靠天线，收的台比较少。村上以前组织过一些活动，现在的社区有老年活动中心，但不经常去。感觉居委会的服务态度可以，办事效率也比较高。

（3）社会保障。安置费 5 万元/人，觉得有些不合理，七队是新来的，不应该分那么多。因为土地是 1995 年和 1996 年征购的，所以自己现在就没有青苗补偿费。社保和医保都有了。

（4）教育。孩子原来在六十五中上学，比较方便，教学质量也还可以。

（5）就业。自己原来是村上的治安员，现在没有事情做。社区居委会有就业培训，但是自己感觉不合适，就没有去。

（6）其他。有病了自己去诊所买些药品，配药就可以了，一般不去大医院。撤村建居是件好事情，是趋势，但是在实际施行的过程中分配不合理，就像个人安置费和树林问题，七队因为有干部在其中，就和他们分的一样多，感觉不合理。当官的应该多为老百姓谋利益。公司现状跟以前相比变化不大，前景应该是好的，但是如果领导会经营的话，将来肯定会更好。对现在的生活状况基本满意。有许多东西不合理，建议应该提高政策的透明度。

访谈整理41（DWXJQJ1）

时间：2007年1月29日

地点：居民家中

（1）访谈对象基本情况。男，回族，51岁，原JQJ工贸公司，原DW乡村民（1977年来的），3口人（夫妇俩，一个孩子在武汉大学上大三了）。自建房，有房产证。开了个澡堂（3元/人）。

（2）公共基础设施。①自来水。自来水也是每户集资1500元换水管，已交自来水公司，这倒没啥说的，交了后水正常了。水费从去年10月到现在还没收。今年、去年供水还可以，前些年常停水。听说澡堂用水要收4元以上。②电。其他地方0.468元/度，这里还是0.7元/度。前面部分有些人已交电力公司，自己也去找了，但那边说变压器不行，要掏十几万元换，没办法就没弄。有线电视和互联网还可以。③供暖。自己烧小锅炉，还没说何时集中供暖，自己烧省钱些，集中供暖污染也许少些，听说不太热。④巷道、公交。路是2001年每户集资1500元修的，也只修了这一小段，其他路还都是土路。有个打扫卫生的，但没人扫雪，好多人摔过跤，以前自己把门前雪扫了没人来拉，后来也不扫了。坐车还挺方便的，原来只有30路、36路，现在920路、46路、917路也过来了。没有路灯，就靠做生意的房子的灯照一下。⑤娱乐健身设施、活动中心。没有。应该有一个老年活动中心，有些健身设施。平时要坐车去广场，但冬天就不行了。⑥卫生。有垃圾箱，也有车来拉，但可能人多，垃圾箱还是少，有时满了也没人拉。房东卫生费108元/年（3人），房客交给房东5元/月（旁边一租户说道）。排污，下水管道还可以，八九年前村上弄的，每户掏了七八百元。

（3）社保。个人的40%交了，还没拿上卡。自己51岁了，但担心交到60岁，公司那30%交不上数，自己交了也白交，而那些差10年或8年的，一是没钱交；二是担心以后能否拿上。一般小病就到附近的私人诊所看看，附近有四五家私人诊所，大医院太贵。很早以前买了一些太平洋保险。

（4）教育。自己孩子已在武汉大学上大三了，对这所中学的情况现在不清楚。

（5）治安。治安不太好，人多，挺复杂的。

（6）就业。没听说过培训，这里没工作的人很多。

（7）其他。这块来的时候是煤矿化工厂管的，后来交出去，然后是DW乡管。（大概1994年、1995年）成立工贸公司。成立这公司啥也没干，就开个小管厂、开关厂。公司整得乱七八糟，就是个烂摊子，地早就被卖光了，没地种。现在改成LQ公司，股权证还没发，还是老的证，到市政府、天山区都找了，都没答复，到信访局站几个小时也没人管。前两年按15%、20%分了点红。当时说的3万元的安置费也没发。现在那个董事长，初高中毕业后在这里的财务上干过，后面出去混，卖车，现在撤村建居就拉回来当董事长。根本没什么选举，村民根本不知道谁是干啥的。公司 1 千万元的债不知道哪来的，也不知道怎么欠下的。

房屋出租税、费去年社区来收过一回。这边的人虽然没钱，但对政策还是都遵守的。对现在的生活说不上好坏，以前县上管，对百姓考虑还周到些，现在交社区、市上，对村民还是不了解，不从老百姓的角度考虑。社区起不了什么作用。建议要不把社区去掉，不然两套机构五六十人开销很大，而且干不了什么事。

以后的打算说不上，自己吃饱饭就不错了，过一天算一天，担心儿子今后的就业、房子。

（租户反映）这边的店都给工贸公司交钱，鸡鱼肉店就一家，东西都贵得很。

访谈整理 42（社保中心）

时间：2007 年 1 月 30 日

地点：乌鲁木齐市社会保险基金中心

（1）养老保险必须要交够 15 年，15 年以后进行续费，到退休年龄就领得多。

（2）关于调整市撤村建居被征地人员养老基本生活保障金的通知，问到这个问题时，工作人员说，到目前为止，他们还没有接到正式的政策通知，程序上还没实行，调整还没实行。

（3）每个村整体进行选择参保的档，村民自己不能选择。

（4）医疗保险是按剩余年限交的，没有单位的按照个体灵活就业档交，全额自己交，按照乌鲁木齐市的标准。每年所要交的金额是不一样的，以今年为例，养老有两个档，社平均工资是 1297 元，第一档是 1297×20%，是 259.4 元，第二档是社平均工资 1297×60%×20，是 115.6 元（按照新疆维吾尔自治区的社平均工资作基数）。医疗 1696×5%=84.8+10（大额医疗救助）（按照乌鲁木齐市的社平均工资）。2006 年 7 月，系数由 8.5%调到了 5%。目前，就全市而言，村里分几批进行执行，所以有些村还未到位。

（5）村龄两年折一年。城市职工养老保险 700 多元（以前和新增的），养老保险我国是 1994 年开始办的，到目前还不到 15 年，职工年龄有的达到 30 多年。

（6）当时交费时按照 2003 年的社平均工资的 26%，其中 11%是个人账户，15%是社会统筹。要续交的按照个体灵活就业档交，交 20%，其中，8%是个人账户，12%是社会统筹。

后　记

在这本书即将付梓之际，还有许多要感谢的人和事。

一要感谢我的导师良警宇教授。因为正是良老师引领我进入博士论文的调查地——MZJY 社区，并为我的实地调查提供了帮助。此后，良老师从论文的选题、研究框架的构建直到整个论文的写作过程，都给予了悉心指导。无论是开题还是每次参加暑期实践的调查报告，以及博士论文的一稿到五稿，良老师都认真审阅，提出了很多富有建设性的修改意见。正是在良老师的指导和帮助下，我才顺利完成了博士论文。在多次请教的过程中，良老师严谨的学术作风深深地感染着我，谆谆教诲将永记心中。在计划出版本书之前，再次请教了良老师，又得到了很多好的建议。

二要感谢参加我博士论文开题、答辩的老师，以及给我上过课的所有老师。感谢包智明老师、艾斌老师、张继焦老师在开题时提出的宝贵意见、建议。感谢色音老师、徐平老师、王延中老师、姚丽娟老师、何俊芳老师等在我答辩中提出的宝贵意见、建议。感谢所有我选修过、旁听过的各门课程的授课老师，以及我所听过讲座的各位老师，是他们的知识营养点燃了我思考论文的点点灵光，最终汇聚成本书的雏形。

三要感谢我的同学和我指导过的学生。感谢各位同学一起分享知识，以及在各种讨论中给予我的种种启发。感谢同门的博士张岳，硕士王佳、施丝、刘金菊、李婷婷、王丽梅等同学，感谢我的硕士同学赵耘、杜苗苗、杨杰、张玉刚。感谢他们与我一起做实地调查，感谢他们的帮助和支持。感谢我指导的 2015 级社会工作专业硕士研究生张明明和赵霜在最后成书前帮助我整理资料。

四要感谢所有的调查对象，是他们的倾心相助，才使我收集到丰富的一手资料，是他们的耐心让我的一次次问卷和访谈得以顺利完成，没有他们就没有本书。

五要感谢中央民族大学、西北民族大学的学校图书馆和国家图书馆提供的丰富的学术资源，为我的论著撰写奠定了坚实的资料基础，为与各种前沿的学术理论观点的碰撞提供了条件。

六要感谢我所在的西北民族大学民族学与社会学学院及文化院长的支持和鼓励。另外，也要感谢科学出版社付艳、苏利德编辑的辛苦努力。

七要感谢我的家人和朋友。感谢辛勤的父母、感谢弟弟妹妹、感谢所有我认识的朋友，感谢他们予以我生活上的关爱，特别是在我写作困难时期所给予的精神鼓励和支持。特别要感谢我的先生，感谢他多年来的相伴，感谢他在我求学期间的所有付出，感谢他在我写作期间的默默支持和理解。感谢我的小宝宝在我改写书稿期间的乖巧和配合。

千言万语也难道尽所有的谢言。谨以本书献给所有关心、帮助过我的人。

唐　梅

2016年8月于兰州皋兰山下